AF332558

EUGÈNE MOUTON

LA BIBLIOTHÈQUE
DE L'ÉCOLE NATIONALE DES BEAUX-ARTS

PARIS

JOSEPH BAER ET Cⁱᵉ, LIBRAIRES-ÉDITEURS

2, RUE DU QUATRE-SEPTEMBRE, 2

187?

LA BIBLIOTHÈQUE

DE L'ÉCOLE NATIONALE DES BEAUX-ARTS.

La Bibliothèque de l'École nationale des Beaux-Arts date de dix ans à peine. Telle qu'elle est, on peut la considérer comme un des dépôts les plus riches de ce que l'architecture, la peinture, la sculpture et les arts du dessin en général, ont laissé de monuments écrits ou figurés dans des livres.

Quelques services qu'elle ait rendus et qu'elle soit appelée à rendre de plus en plus aux élèves de l'École, qui naturellement sont ses lecteurs les plus attitrés et les plus assidus, son utilité ou, pour mieux dire, sa nécessité, n'est pas moins évidente à l'égard de ces artistes, de ces amateurs, de ces critiques et de ces historiens de l'art, qui faute de trouver réunis et « à pied d'œuvre » les matériaux dont ils ont besoin pour travailler, ou se laissent aller au découragement et ne font rien, ou se lancent au hasard et font mal.

La Bibliothèque de l'École des Beaux-Arts leur offre à tous un atelier incomparable où, en quelques heures, ils peuvent

1

se procurer toutes les ressources d'instruction et tous les moyens de travail dont la science et le génie ont enrichi le domaine de l'art : avantage d'autant plus précieux qu'on n'a pas à craindre là, comme dans les bibliothèques universelles, de perdre son temps et sa peine à fouiller et à sonder parmi des milliers d'ouvrages étrangers à ce qu'on cherche.

Je pense donc être utile à la classe nombreuse des personnes que l'art intéresse, en leur signalant et en leur faisant connaître la Bibliothèque de l'École nationale des Beaux-Arts. Les étrangers et les curieux trouveront là de quoi satisfaire leur intelligent désir de voir de belles choses, et je crois pouvoir leur dire qu'ils seront éblouis de ce qu'on leur montrera.

A la fin de l'année 1862, l'École des Beaux-Arts, seule de tous les établissements d'enseignement public, n'avait pas encore de bibliothèque. Le Conseil d'administration y songeait bien, mais la question, quoiqu'on l'eût maintes fois soulevée, retombait toujours par suite de causes qu'il serait trop long d'énumérer ici, et qui peuvent au surplus se résumer dans cette grande vérité, bien familière à quiconque a vu de près les affaires : que le meilleur moyen de mener à bonne fin une entreprise est de la confier à un seul homme.

C'était à M. Ernest Vinet, bibliothécaire actuel, qu'il était réservé d'organiser un établissement dont il avait depuis longtemps et le premier compris la nécessité et conçu le plan.

Une conversation avec M. Ravaisson, où les deux interlocuteurs s'étaient mutuellement animés et éclairés par la communication de leurs idées à ce sujet, fut le point de départ de l'entreprise que M. Vinet devait un jour accomplir si heureusement. Cet incident, tout fugitif qu'il soit, mérite d'être retenu pour faire voir une fois de plus combien sont fécondes ces relations personnelles entre des hommes unis dans un commun dévouement à quelque grande idée.

La nécessité d'une bibliothèque pour l'École des Beaux-Arts était d'ailleurs quelque chose de si évident, qu'elle s'était imposée d'elle-même, en fait, par des dons et par des legs : tant on sentait qu'une collection de livres d'art fait partie intégrante d'un établissement consacré aux arts.

Quelques livres provenant des débris dispersés de l'ancienne Académie royale de peinture et de sculpture, des souscriptions des ministères d'État et de l'instruction publique, la collection achetée par le gouvernement à M. le marquis de Chennevières, formaient un fonds de quelques centaines de volumes. M. Gatteaux, membre de l'Académie des Beaux-Arts, avait légué d'avance, par testament, à la Bibliothèque de l'École, l'admirable collection de livres et de gravures qu'il avait mis cinquante ans à former. La Commune, entre autres choses, a incendié la maison de M. Gatteaux, et ce trésor est perdu.

M. Ernest Vinet fut nommé bibliothécaire le 17 décembre 1862. M. le comte Walewski était alors ministre des beaux-arts, et nul plus que lui n'était digne de protéger le nouvel établissement dont l'École des Beaux-Arts allait s'enrichir. M. Duban, architecte de l'École, avec ce goût exquis et cette entente des aménagements dont toutes ses œuvres témoignent, transforma en salle de lecture la galerie du premier étage du musée des études, jusque-là consacrée aux modèles d'architecture.

Cette salle, longue de 20 mètres environ et large de 7 à 8 mètres, est éclairée du côté de l'est par une rangée de dix larges fenêtres qui y versent à flots l'air et la lumière. Elle a un vestibule et une entrée à chaque extrémité. Les rayons sont disposés sur un seul côté, celui qui fait face aux fenêtres, sur quatre rangées divisées en séries désignées par les lettres de l'alphabet. Les in-folio sont au niveau du plancher, et les grands in-quarto au-dessus, à hauteur d'appui : c'est le rez-de-chaussée.

Un balcon avec escalier dessert les deux autres rangées de livres, qui sont composées de petits in-quarto, d'in-octavo, et des formats inférieurs. Ce côté de la Bibliothèque est divisé en deux parties par l'ouverture d'une porte monumentale dont les panneaux, en chêne orné de dorures, sont une merveille et proviennent de la chapelle du château d'Anet; elle est réservée pour la communication avec les services intérieurs de l'École. A droite et à gauche, deux cartouches portent les noms des écrivains d'art les plus illustres parmi les anciens et parmi les modernes.

Le milieu de la salle est occupé dans toute sa longueur par des meubles dont le dessus forme pupitre et dont le bas sert à placer, soit verticalement dans des cases, soit horizontalement sur des tiroirs, les plus grands ouvrages d'iconographie. Le tiers moyen de la longueur de la galerie est réservé aux tables de lecture, qui sont pourvues de toutes les variétés de supports et de pupitres appropriés aux formats souvent exorbitants des grands ouvrages d'iconographie. C'est au milieu de cette partie moyenne de la salle que sont placés le bureau du bibliothécaire et les tables du commis d'ordre et des deux garçons de salle.

Les baies des fenêtres sont occupées par des vitrines renfermant la collection des moulages de médailles et de médaillons de Depaulis, achetée par le gouvernement. Quelques bustes, quelques bronzes, un modèle d'une porte de l'Alhambra, une série de reproductions, en liége, des monuments de Nîmes, par Pelet, sont placés sur les meubles ou sur des supports entre les fenêtres. M. Louis Peisse, conservateur des objets d'art de l'École des Beaux-Arts, a son bureau à l'extrémité de la Bibliothèque.

La Bibliothèque est ouverte tous les jours, de midi à cinq heures en été et de midi à quatre heures en hiver, excepté le samedi et les jours fériés. Elle est fermée du 1er août au 1er octobre. Les personnes étrangères à l'École doivent s'adresser au secrétaire de l'École ou au bibliothécaire pour obtenir une permission toujours accordée.

Pour les simples curieux, rien n'a été décidé, mais nous pouvons donner l'assurance que les personnes impatientes de satisfaire tout de suite leur désir de voir les trésors de la Bibliothèque trouveront chez M. Ernest Vinet l'accueil le plus gracieux, et qu'il interprétera de la façon la plus favorable le silence de ce règlement, « qui ne dit mot » sur les visiteurs et qui dès lors « consent », si le proverbe est vrai.

A raison de la nature et du prix infini de la plupart des ouvrages, on a dû prendre une mesure qui, du reste, est appliquée dans toutes les bibliothèques, et notamment à la Bibliothèque nationale : c'est qu'il est défendu de calquer, de mesurer avec le compas ou autres instruments, et de se servir d'encre. Cette dernière interdiction est absolue pour ce qui est de copier les dessins, mais pour ce qui est des notes par écrit, le bibliothécaire peut autoriser à les prendre à l'encre sur une table à part.

Par une exception que justifie la nature de l'œuvre, le recueil des *Restaurations des architectes de l'École de Rome* ne peut être communiqué que par autorisation spéciale, sur une demande motivée. Quant aux autres ouvrages, ils sont donnés sur un bulletin de demande signé, daté, et indiquant les nom, prénoms, demeure et qualité du demandeur.

Par ce qu'elle a déjà rendu de services depuis qu'elle existe, on peut juger de ceux que la Bibliothèque des Beaux-Arts pourrait rendre encore si elle était plus connue. En dix années, elle a eu 43,340 lecteurs. D'après la récapitulation annuelle de 1872, sur 4,235 lecteurs il y a eu : 1,655 architectes, 1,422 peintres, 525 sculpteurs, 84 graveurs, 549 amateurs. Ces chiffres donnent assez exactement la proportion de l'utilité que le livre ou les travaux figurés représentent pour chaque catégorie d'artistes : ils nous font voir que les architectes et les peintres ont deux fois plus besoin de livres que les sculpteurs; que les graveurs (dont le nombre absolu est d'ailleurs très faible), ont peu recours aux bibliothèques. Le chiffre des amateurs est significatif, encourageant pour l'art et les artistes, puisqu'il figure pour un huitième environ du nombre total.

On peut aussi tirer de cette statistique une autre observation qui fait voir combien la Bibliothèque est utile aux élèves de l'École : c'est que pendant les concours le nombre des lecteurs diminue, et qu'aux approches des concours il augmente. Ainsi les élèves n'osent plus affronter le concours sans s'être d'abord fortifiés en travaillant à la Bibliothèque. Voilà un fait palpable.

Or, il faut en rapprocher cet autre fait non moins constant, que depuis quelques années le niveau des concours s'élève dans une progression rapide. Toutes réserves faites à l'honneur du talent des professeurs et de la valeur des élèves, peut-on douter que le travail à la Bibliothèque n'ait été pour beaucoup dans ces heureux résultats? Ainsi se justifie le mot de M. Eugène Guillaume, l'éminent directeur de l'École des

Beaux-Arts, lorsqu'il a dit que la Bibliothèque est le point de départ et la vérification des études de l'École.

Si l'histoire de la formation de cette bibliothèque et des services qu'elle a rendus est intéressante, celle de sa composition et de son Catalogue ne l'est pas moins. Le fonds primitif, à part quelques ouvrages parmi lesquels il est juste de citer l'*Œuvre d'Hyacinthe Rigaud*, celui de *Watteau*, le *Cabinet du Roy*, les *Œuvres de du Cerceau*, ne peut guère être compté que comme un appoint aux 3,000 ouvrages formant à peu près 10,000 volumes, dont elle se compose à l'heure qu'il est. Ce nombre est loin de comprendre tous les livres publiés sur l'art, sans compter ceux qui seront publiés dans la suite et qu'il y faudra faire entrer.

On peut dire de l'École des Beaux-Arts ce qui, du reste, s'applique malheureusement à la plupart des trésors artistiques et intellectuels rassemblés à Paris, qu'elle est peu ou mal connue. Il n'est pas indifférent au sujet qui nous occupe de rappeler que le nombre de ses élèves se décompose ainsi :

Architectes : de 1re classe, 80; de 2e classe, 340; aspirants, 200; inscriptions, 200. Total : 820.

Peintres : 240; inscriptions, 80. Total : 320.

Sculpteurs : 90; inscriptions, 30. Total : 120.

Graveurs : 25; inscriptions, 8. Total : 33.

Le nombre total des élèves de l'École est donc de 1,293, dont beaucoup plus de la moitié sont des architectes. Dans une ville de près de 2 millions d'âmes, où l'on est coudoyé par 200,000 maçons et où peu de gens couchent à la belle étoile, il est difficile de s'expliquer que le public et la presse s'obstinent depuis tant d'années à ne savoir de l'École des Beaux-Arts que sa peinture et sa sculpture, à la juger là-dessus, et à oublier que les maisons et les monuments de

Paris ont été construits par des architectes, sans compter qu'en province, il faut en convenir, on bâtit bien par-ci par-là, de temps à autre, quelque maison ou quelque église.

La nature des choses donne donc à l'architecture, dans le programme de l'enseignement de l'École des Beaux-Arts, une importance proportionnelle au rôle que l'art des constructions joue dans les sociétés humaines. L'architecte ne donne pas seulement un abri à des œuvres d'art qui, comme les tableaux, les gravures, les meubles, périraient au grand air ; il les incorpore à ses monuments d'une manière si intime et si universelle, qu'il devient impossible, lorsqu'un édifice d'art est achevé, d'y trouver un seul point où il n'y ait ou de la peinture, ou de la sculpture, ou de l'ornement. Et si l'on ne se laissait pas détourner de cette vérité par les ardeurs de la discussion ou par le zèle de l'esprit de corps, combien puériles paraîtraient ces disputes de préséance entre des arts qui n'existeraient pas les uns sans les autres ? Car le peintre et le sculpteur à leur tour pourraient dire à l'architecte que sans fresques et sans statues il n'y a ni palais ni temples.

L'architecture a d'ailleurs une partie technique dont l'étendue est presque illimitée. Donnez un charbon à Giotto, et il va vous faire un chef-d'œuvre : mais supposez que vous rencontriez quelque Michel-Ange enfant, est-ce que l'idée vous viendra de lui dire : « Fais-moi un palais » ? C'est qu'en effet, pour arriver à produire la moindre de ses œuvres, il faut que l'architecte connaisse à l'avance, et sous tous les rapports, la fonction de chacune des parties de son édifice à l'égard de toutes les autres parties, et cela au point de vue matériel comme au point de vue artistique.

Quand l'édifice est achevé, quand les colonnades, les dômes, les escaliers, tout splendides des formes et des couleurs dont

l'art du peintre et du sculpteur les a décorés, développent
leur fière ordonnance, tous les problèmes qu'il a fallu résoudre pour faire tenir tout cela debout sont résolus, ils
n'existent plus ; l'immense travail qui a préparé toutes ces
solutions s'est évanoui sans laisser plus de trace que les maçons et les manœuvres qui ramassent leurs outils et s'en vont :
mais les lois d'ordre et d'harmonie, les forces de pesanteur et
d'équilibre, dont l'action combinée a donné au monument sa
grandeur et sa stabilité, restent enfermées dans les pierres,
travaillant toujours tant que le monument restera debout.

Cette énorme quantité de travail absorbé à l'état latent
par chaque œuvre d'architecture, le public n'y prend pas
garde : mais pour qui aime la justice et la vérité en toutes
choses — même dans les arts — c'est un devoir de réagir
contre l'ignorance des uns, contre l'indifférence des autres,
et de ne pas laisser amoindrir dans la plus belle part de son
domaine l'École à laquelle le xixe siècle devra ses plus illustres
architectes et ses plus beaux monuments.

Ces réflexions se confirmeront aux yeux de quiconque visi-
tera la Bibliothèque des Beaux-Arts et en parcourra d'un
coup d'œil le Catalogue. La proportion des ouvrages relatifs
à chacune des branches de l'enseignement de l'École pouvant
se mesurer à peu près au nombre des pages consacrées à
chaque branche, nous voyons qu'elles y occupent : l'architecture, 72 pages ; la peinture, 52 ; le dessin, 10 ; la gravure,
5 ; la sculpture, 11 ; les arts industriels, 4 ; les études générales, 10.

Si l'on rapproche ces chiffres, qui sont du reste bien gros-
siers, de ceux que nous avons produits plus haut, on voit
reparaître sous une troisième forme le rapport de proportion
que nous avons déjà trouvé deux fois. On peut donc dire que

les parties du Catalogue sont entre elles, pour chacune des branches des beaux-arts, dans la même proportion que les lecteurs des diverses catégories sont entre eux. Voilà un résultat très intéressant : il fait voir avec quelle justesse les besoins ont été mesurés et avec quelle précision il y a été pourvu ; et même nous ne craignons pas d'ajouter, au risque d'être taxé de superstition en matière d'art, que l'influence souveraine de la règle et de la proportion, qui éclate à tout ce qui se voit et à tout ce qui se fait dans une École des Beaux-Arts, a dû sans aucun doute, par la puissance incalculable du cours des idées, agir sur l'intelligence du bibliothécaire et diriger sa volonté.

Ce qu'on appelle l'inspiration n'est pas autre chose : aussi une œuvre inspirée, dans le sens où nous venons de l'indiquer, ne peut jamais manquer d'être précise, harmonieuse, féconde, artistique enfin. Telle est la bibliothèque composée par M. Vinet. Il y a là plus qu'une collection de livres : il y a une œuvre d'art, et il est juste de le dire, parce que c'est vrai.

I

Le Catalogue de la Bibliothèque des Beaux-Arts est l'œuvre de M. Ernest Vinet. De ce travail de recherche et de classement auquel il lui a fallu se livrer pour former le premier fonds, il a déduit, on peut le dire, une théorie nouvelle, et il aura l'honneur d'avoir appliqué le premier la méthode scientifique à la bibliographie des livres d'art. M. Vinet ne prétend pas sans doute avoir inventé l'idée de la classification méthodique, qui est appliquée dans tous les catalogues : ce qui lui appartient en propre, c'est un travail immense d'analyse et de synthèse de tout ce qui, en France et à l'étranger, a été publié sur l'art, chez les anciens et chez les modernes.

Dans la notice qui sert de préface à son Catalogue, M. Ernest Vinet rappelle que le ministre de l'instruction publique et des beaux-arts, en décidant que les catalogues des collections de l'École seraient imprimés, a montré une sollicitude éclairée qui place le ministre au nombre des bienfaiteurs de l'École.

Témoin de ce labeur entrepris sous ses yeux et sous sa direction, l'artiste éminent qui dirige l'École avait tout de suite, avec cette hauteur de vues qui caractérise son esprit, senti qu'il y avait là une grande idée à développer, et c'est lui qui a poussé M. Ernest Vinet à écrire une Bibliographie des beaux-arts, dont le Catalogue de la Bibliothèque n'est que la réduction (1).

(1) BIBLIOGRAPHIE MÉTHODIQUE ET RAISONNÉE DES BEAUX-ARTS, par *Ernest Vinet*, 1 vol. in-8° de 600 pages à 2 colonnes. Paris, Firmin Didot, 1874 et suiv.

On voit que la Bibliothèque, le Catalogue et la Bibliographie, se tiennent et ne font qu'un. Toute classification peut être critiquée, il est vrai, et celle de M. Vinet le sera sans doute, à telles enseignes que moi-même j'ai une réclamation à lui faire : mais quelles que puissent être les critiques de détail, le cadre et les grandes divisions sont acquises et resteront.

Dans ce grand mouvement intellectuel qui tend de plus en plus à diviser les sciences en deux groupes, sciences morales et sciences naturelles, il faut une grande fermeté d'esprit pour ne pas se laisser entraîner du mauvais côté. Or, s'il est un cas où l'on doive s'en tenir à la méthode naturelle, c'est en matière de classification. On est perdu si on commence par faire quantité de cadres grands et petits, pour y encadrer ensuite les faits à classer. Ce n'est pas ainsi que les grands ordonnateurs d'idées ont procédé : ils ont d'abord inventorié les individus, puis ils les ont assemblés d'après la conformité de leurs types. Le grand principe, celui qui fait la gloire de Cuvier et la vie de toutes les classifications qui ont paru après lui, c'est celui de la subordination des caractères. C'est ce que M. Ernest Vinet a parfaitement compris : il le montre par les termes excellents dans lesquels il s'en explique dans la préface de sa Bibliographie : « On y verra aussi que nous n'avons point cherché à paraître profond ou ingénieux ; que les titres de nos divisions et subdivisions ne sont autres que le résumé du titre des ouvrages que ces divisions comprennent, et qu'en définitive au lieu de conduire nous avons été conduit. » Il le fait voir encore d'une façon plus évidente, et qui est la meilleure manière d'affirmer une idée, à savoir, en la pratiquant.

Le travail de la classification présente toutefois, il ne faut pas l'oublier, des difficultés spéciales lorsqu'il s'applique aux produits du travail humain. Les êtres de la nature sont en nombre limité et forment un tableau complet et achevé dont l'ordonnance peut être embrassée d'un coup d'œil : les produits du travail humain, au contraire, sont perpétuellement en voie d'accroissement, et à mesure qu'une production nouvelle paraît, elle agit sur l'ensemble et le modifie : c'est une création qui ne finit pas. La première condition d'une classification des travaux de l'esprit est donc d'être assez large pour laisser aux œuvres de l'avenir la place indéfinie et indéterminée qu'elles pourront réclamer par la suite des temps.

Une autre difficulté, c'est de choisir sûrement le caractère spécifique dont la prédominance devra servir au classement des ouvrages. Par exemple, comment distinguer l'archéologie de l'histoire? Où placera-t-on l'œuvre gravé d'un peintre, à la gravure ou à la peinture? Et ainsi pour tant d'ouvrages complexes qui tantôt traitent de plusieurs arts et tantôt se rattachent à la littérature, à la science, à l'histoire, à la géographie. De même qu'il y a cent itinéraires à décrire pour parcourir un pays donné, de même il y a cent façons de voyager dans le monde de l'art. On peut suivre le cours des temps; on peut étudier chaque peuple à part; on peut étudier les produits de l'art par catégories : mais, quelque méthode qu'on adopte, on ne tardera pas à s'apercevoir qu'on ne peut jamais s'y maintenir jusqu'au bout.

C'est pourquoi, mesurant ses catégories aux proportions réelles de chaque partie, le bibliothécaire de l'École des Beaux-Arts a tracé ses divisions dans la matière à diviser et non dans sa propre Minerve, et bien qu'il n'ait pu encore donner une place dans sa bibliothèque à tous les ouvrages d'art existants aujourd'hui, il les connaît, et cela suffit pour

que son Catalogue présente l'abrégé exact — un abrégé en
10,000 volumes — de toute la bibliographie de l'art. Ses catégories sont formées de faits, c'est-à-dire de livres existants,
et non pas d'idées préconçues attendant des livres à naître.

Tel qu'il est, ce Catalogue est donc un de ces guides intel-
ligents qui savent diriger le visiteur sans lui ôter sa liberté
d'action. Une table alphabétique des noms d'auteurs et des
ouvrages anonymes, placée à la fin de l'ouvrage, lui donne
d'ailleurs tous les avantages d'un dictionnaire.

Quoi qu'il en soit et quelque place qu'on veuille réserver
pour la critique du système ou de son application, la vue
d'ensemble de cette bibliothèque, telle que la donne le Catalogue, ouvre certainement sur l'art en général, et sur tous
les arts en particulier, des perspectives nouvelles et inatten-
dues. Je ne dis pas qu'elle ajoute quelque chose à la beauté
de l'art, mais elle agrandit, s'il est permis d'ainsi parler, les
yeux du spectateur : il voit plus loin et de plus haut, il comprend mieux et il sent plus vivement.

Dans ces innombrables images où la gravure, la photographie, l'aquarelle, la lithochromie, ont fait de la reproduction
réduite de tant de chefs-d'œuvre autant de merveilles, il y a
une concentration et une multiplicité qui donne aux effets
artistiques une intensité incroyable ; il est certain que ce qu'on
éprouve là est un sentiment nouveau, que les plus beaux
musées, que les plus beaux monuments, ne sauraient donner.

Et puis, ce qui domine et qui éclaterait aux yeux les plus
rebelles à l'évidence, c'est l'universalité de l'art. Certainement, si on voulait réfléchir, cette idée devrait être la plus
élémentaire des notions usuelles, car dans tout le cours de sa
vie l'homme ne voit pas, ne touche pas un seul objet, fait par
la main de ses semblables, qui ne porte au moins une trace

d'art. Cela est absolu et sans exception; une planche brute, une feuille de papier, a ses proportions, et les angles droits qui en déterminent la figure sont à eux seuls une conception que l'animal ne peut ni former ni exécuter. L'homme a un instinct de l'art tellement irrésistible, qu'il semble ne pas pouvoir se résoudre à laisser sortir de ses mains le moindre objet sans y mettre un ornement, ne fût-ce qu'une ligne, une rangée de points. Les ustensiles des âges préhistoriques portent non-seulement des ornements réguliers, mais des sculptures, où des animaux antédiluviens sont représentés avec une étonnante perfection; et sous nos yeux, l'enfant ignorant, le berger presque sauvage, dessine à la pointe ou sculpte avec son couteau des figures pareilles à celles que traçaient les oisifs sur les murailles de Pompéi ou le troglodyte sur le manche de son poignard d'os de renne.

C'est cette idée-là, mais élevée jusqu'à la splendeur, qui éclate dans des milliers de pages de ces livres où le burin, la couleur, l'argent et l'or, merveilleusement assortis sous toutes les formes que le génie a pu rêver, nous font voir, parés des magnificences de l'art, ces objets qui sont l'histoire même de l'humanité. Nos vêtements, nos armes, nos maisons, nos palais, nos églises, toute notre vie est là : voici le berceau d'un Égyptien; plus loin, la couche nuptiale d'un Grec; tournez quelques feuillets, voilà les tombeaux.

J'ai cru pouvoir insister sur ce point, parce que c'est un de ceux que M. Guillaume, dans ses appréciations sur la Bibliothèque des Beaux-Arts, signale avec le plus d'insistance : « M. Vinet, dit-il, a fait apparaître d'une manière tout à fait nouvelle l'universalité de l'art et son union indissoluble avec tous les détails de la vie individuelle et sociale. »

II

Maintenant, je crois, nous pouvons entrer dans la Bibliothèque et feuilleter les 10,000 volumes, où les chefs-d'œuvre de tous les temps et de tous les peuples n'attendent qu'un rayon de lumière pour éclater à nos yeux.

Et tout d'abord, si vous n'êtes qu'un philosophe ou un critique, si vous vous en tenez à l'esthétique générale et à l'histoire de l'art, vous vous renfermerez dans la grande section des *Études générales*. Vous êtes, suivant l'expression de M. Ernest Vinet, de « ceux qui se contentent de mesurer de l'œil la masse du monument et qui ne dépassent pas le péristyle ». Cette grande section est divisée en quatre titres, savoir :

I. *Vues sur l'essence de l'art, ses principes et son but ;*

II. *Du rôle de l'art dans le monde ; de ses rapports avec les religions, la société et la littérature ;*

III. *Histoire générale de l'art ;*

IV. *Matériaux pour l'histoire générale de l'art.*

Milizia, Hegel, Guizot, Quatremère de Quincy, Louis Vitet, Charles Blanc, nous entretiendront tour à tour de la nature de l'art, de ses moyens d'expression, de ses règles, de sa dignité, de son idéal ; Hogarth, Lotze, Tœpffer, Charles Lévêque, du goût, de la beauté. C'est dans cette partie qu'on trouvera le livre célèbre de J. Milsand sur John Ruskin, le grand apôtre de l'art préraphaélique en Angleterre.

Ce titre ne comprend pas plus de 18 ouvrages. Les théories pures, en effet, ne doivent pas compter sur une trop grande place dans la bibliothèque d'une École où l'élève doit trouver avant tout l'exemple, puis après le précepte, et réserver son opinion sur les théories pour le temps où son éducation artistique sera complète.

Aussi déjà le second titre : *Du rôle de l'art dans le monde,* se compose-t-il, à peu d'exceptions près, de recueils figurés où le texte est surtout explicatif et historique.

Dans le premier chapitre : *Des religions,* passant successivement des plus anciens monuments païens aux objets d'art chrétien les plus modernes, nous pouvons suivre des yeux, dans les recueils d'Overbeck, de Lajard, de Louis Millin, les évolutions de l'histoire des anciens dieux et des personnages héroïques. Arrivés à l'art chrétien, nous apprendrons avec Raoul Rochette, Napoléon Didron, les PP. Cahier et Martin, à reconnaître l'origine et à suivre les développements de l'idée chrétienne dans l'iconographie religieuse ; avec Luigi Canina, Albert Lenoir, et surtout avec le bel ouvrage anglais de Henry Gally Knight sur l'architecture ecclésiastique de l'Italie, nous suivrons l'histoire de l'architecture chrétienne. Ce titre comprend 17 ouvrages, tous de grande valeur.

Le second chapitre : *De la société,* se subdivise en six paragraphes. C'est ici qu'on peut commencer à reconnaître comment le Catalogue est véritablement un traité de philosophie de l'art. Suivons ces divisions ingénieuses, et nous verrons comment l'art et la société s'influencent réciproquement, comment la littérature à son tour va de l'un à l'autre, et finit par se confondre avec tous deux dans la magnifique unité de l'intelligence humaine. Destination des ouvrages d'art (Quatremère de Quincy) ; effets et influence de la peinture sur les hommes, sur leurs mœurs et sur le gouvernement (G. Mario Raymond) ; recherches sur les obstacles au progrès des arts en Angleterre (James Berry) ; idées sur la direction des

arts et sur le maintien du goût public (Léon de Laborde);
tels sont les titres des ouvrages où les auteurs les plus éminents ont traité la grande question des rapports entre l'art et
la société.

Vient ensuite dans des ouvrages spéciaux la non moins im-
portante question de l'enseignement et du patronage officiel
des arts, traitée d'abord *ex professo* dans une série de quinze
ouvrages dont quelques-uns portent les noms d'Émeric-David,
de Victor Baltard, de Beulé, de Viollet-le-Duc. Un paragraphe séparé contient l'histoire et l'organisation des corporations et des académies. A côté de recueils de discours de
Coypel, de Reynolds, on trouve les vieux règlements, les
mémoires, les histoires des corporations d'arts et métiers.

La pièce maîtresse de cette collection est un recueil d'Académies « au nombre de 130 et plus », dessinées d'après le
modèle vivant par les professeurs de l'ancienne Académie
royale de peinture, depuis 1664 jusqu'en 1763. Beaucoup
portent les signatures de Mignard, Jouvenet, Lafosse, Bou-
chardon, Audran, etc.

Un chapitre à part comprend le recueil des documents
législatifs sur la réglementation des beaux-arts en France et
à l'étranger. Ce n'est pas la partie la moins curieuse de la
Bibliothèque.

Le paragraphe qui suit est consacré à l'art officiel qui com-
prend : *Solennités et Fêtes ; Entrées de villes ; Funérailles.*
C'est dans la première partie qu'on trouve *les Plaisirs de
l'Isle enchantée ou les Festes et Divertissements du Roy à
Versailles,* en 1664, suite de gravures extrêmement cu-
rieuses par Israël Silvestre, et qui fait partie du *Cabinet du
Roy.* La Russie a fourni ici un luxueux contingent : c'est la
Description du sacre et du couronnement de Leurs Majestés

impériales Alexandre II et l'Impératrice Marie-Alexan-drovna. Cet ouvrage, imprimé avec un luxe digne du sujet, est encore plus remarquable par les gravures sur bois et les excellentes chromo-lithographies dont il est orné.

S'il est vrai que l'état de l'art soit le plus sûr témoignage de la grandeur d'un peuple, la vue de ce livre et des autres publications russes de même valeur, que possède la Biblio-thèque, est faite pour donner une bien haute idée de la civi-lisation russe. Elle est faite encore pour éveiller un autre sentiment, que nous avons trouvé très vif dans le cœur du directeur et du bibliothécaire, et dont nous sommes heureux de nous faire l'interprète, parce que nous le partageons : c'est le sentiment de la reconnaissance. La Russie, outre ce beau livre, en a donné trois autres : les *Comptes-rendus de la Commission impériale*, les *Antiquités de l'empire de Rus-sie*, et les *Antiquités du Bosphore cimmérien* qui ne sont pas moins admirables.

Comment l'art et la littérature se touchent-ils, ou plutôt comment pourrait-il exister un seul produit où l'art et la lit-térature ne soient pas combinés dans une proportion quel-conque, telle est la question qui résume le troisième et der-nier chapitre du titre. Là sont rassemblés tous les ouvrages dont le caractère dominant est la littérature d'art. D'abord les rapports de l'art avec la société, comme par exemple dans le livre où sir J.-G. Wilkinson nous montre les mœurs et l'histoire des anciens Égyptiens, en comparant leurs monu-ments d'art avec les textes qu'ils ont laissés; ou bien encore dans l'*Histoire de France d'après les monuments*, par Bor-dier et Charton. Viennent ensuite les symboles, allégories et emblèmes, comme l'*Explication de la Danse des morts de la Chaise-Dieu*, par Ach. Jubinal.

Les *Salons*, *Expositions*, *Livrets*, *Critiques des œuvres d'art*, forment à coup sûr une des plus intéressantes parties de la Bibliothèque. Parmi les 59 ouvrages qui s'y trouvent groupés, deux surtout sont faits pour attirer l'attention ; ce sont : *De l'état des beaux-arts en France et du Salon de 1810*, par M. Guizot (Paris, 1810), et *Salon de 1822*, par A. Thiers (Paris, 1822), ce dernier rarissime. Rien n'est plus intéressant que de lire ces deux petits livres où l'on retrouve tout entiers, aussi entiers qu'ils l'étaient, ces deux hommes qui n'ont jamais changé d'un trait. A côté de ces illustres critiques, Louis Énault, Théophile Gautier, E.-J. Delécluze, A. Barbier, P. Mantz, A. Jal, viennent tour à tour donner leur jugement sur des Salons moins perdus dans la nuit des temps.

Viennent ensuite les écrits périodiques sur les beaux-arts, au premier rang desquels brille notre *Gazette des beaux-arts* française, à côté de la *Gazette des beaux-arts* de Lützow. Il y a dans cette section 8 ouvrages seulement : mais il ne faut pas oublier qu'il s'agit ici de tous les beaux-arts en général, et que nous retrouverons d'autres livres, ceux-là spéciaux, sur l'architecture, la peinture et la sculpture.

Quant aux poèmes sur les beaux-arts, il n'en est pas un qui ait jamais justifié le mot d'Horace : *Ut pictura poesis erit.* En parcourant ces médiocres élucubrations, on reconnaît que si les arts sont liés entre eux par des rapports, ce n'est point du tout par quelque analogie dans les moyens d'expression, mais uniquement par une similitude d'effets propres à chaque art et inséparables de ses procédés spéciaux. Un art peut représenter le symbole ou l'allégorie d'un autre art, mais jamais l'effet.

Seize *Dictionnaires et Encyclopédies*, dont chacun vaut à

lui seul tous ces poèmes, ouvrent aux chercheurs et aux érudits les trésors de cette science facile qui permet de s'édifier en quelques minutes sur n'importe quel sujet. On trouvera là Baldinucci, François Brulliot (Monogrammes), Guénebault (Iconographie chrétienne), William Smith (Antiquités grecques et romaines); l'excellent dictionnaire anglais d'archéologie d'Antony Rich, celui des antiquités chrétiennes de l'abbé Martigny, et enfin cet intéressant *Dictionnaire de l'Académie des Beaux-Arts*, dont M. Ernest Vinet a été pendant quatre ans rédacteur auxiliaire.

Quelques mélanges de pièces relatives aux beaux-arts, quelques ouvrages de bibliographie en cette matière, complètent ce chapitre. Sauf les ouvrages de Rodolphe Weigel et de Georges Duplessis, qui sont généraux, les autres ne constituent que des bibliographies particulières.

III

Le titre III du Catalogue : *Histoire générale de l'art*, nous montre les origines et les développements, non pas de certains arts en particulier, mais de l'art en général, d'abord chez les anciens et particulièrement chez les Grecs, puis chez les modernes; et ici M. Vinet divise ses documents en généralités d'une part, et en histoire particulière, d'autre part, de chacun des pays de l'Europe.

On voit la : les ouvrages de Winckelmann, traduits en

français ou en italien; les *Leçons sur l'histoire et la théorie des beaux-arts*, par Schlegel; les *Études sur les beaux-arts*, par F.-B. de Mercey; l'*Étude sur l'histoire de l'art*, par L. Vitet; les *Manuels*, de Vasari, de Clarac; le *Mémoire sur l'ancien état des beaux-arts en Suède*, par Brunn-Neergaard; l'important ouvrage du comte Athanase Raczynski, sur l'*Histoire de l'art moderne en Allemagne;* les *Ducs de Bourgogne*, par Léon de Laborde.

La France y est représentée par les *Monuments français inédits*, de M. X. Willemin, et surtout par l'admirable publication des *Archives de la Commission des monuments historiques;* l'Italie et l'Allemagne, par les curieux ouvrages de Ch. Fréd. de Rumohr, de L. Cittadella, d'Ernest Fœrster.

Le titre IV, *Matériaux pour l'histoire générale de l'art*, se divise en : *Archéologie, Géographie d'art, Biographie universelle des artistes*, et *Biographie et Correspondance des écrivains d'art et des amateurs*. Monuments, collections, vases, bijoux, médailles, costumes, armes, meubles, orfévrerie, émaux, pierres gravées, recueillis dans toutes les époques et dans tous les pays; missions et explorations scientifiques, voyages d'art; vues pittoresques; notices enfin et travaux de tout genre sur ces chefs-d'œuvre, tel est le domaine immense qu'il nous faut parcourir en quelques lignes. Ici la matière est si vaste que nous sommes forcé de nous borner à indiquer en passant, en courant, ce qui nous a le plus particulièrement frappé.

Dans le paragraphe des *Monuments figurés*, il faut signaler d'abord *Les Tombeaux des Grecs*, dessinés et publiés par le baron de Stackelberg, et surtout les *Comptes-rendus de la Commission impériale archéologique de Saint-Pétersbourg*, un des plus beaux ouvrages connus en ce genre. Il ne faut pas oublier, parmi les recueils d'archéologie, les *Annales* et le *Bulletin de l'Institut archéologique de Rome* et celui de l'archéologie napolitaine, deux collections des plus rares et des plus importantes.

Les *Antiquités du Bosphore cimmérien, conservées au Musée impérial de l'Ermitage*, nous montrent une des plus belles séries peut-être de vases antiques qui se puisse voir. La Bibliothèque ne compte pas moins de 19 ouvrages, tous de premier ordre, sur les vases peints.

Nous recommanderons encore le magnifique ouvrage des *Miroirs étrusques*, ouvrage allemand, par Édouard Gerhard, parmi 13 ouvrages sur l'Étrurie ancienne.

Un paragraphe particulier du Catalogue est réservé à Herculanum et à Pompéi.

Je me souviens de l'émotion extraordinaire que j'ai ressentie à la représentation de je ne sais quelle féerie, dont un des tableaux représentait Pompéi, non pas en ruines telle que nous la voyons aujourd'hui, mais en plein soleil, splendide de luxe et de gaieté, avec ses palais et ses temples polychromes, et animée par une foule aux vêtements bariolés de mille couleurs. A la pensée que tant de vie, tant d'art, tant de puissance intellectuelle, avaient été étouffés sous un peu de matière brute, les larmes me vinrent aux yeux, et je n'ai pas été le seul à éprouver ce sentiment. Mais combien il redouble lorsqu'on parcourt les recueils où sont reproduits les monuments et les peintures d'Herculanum et de Pompéi! (1).

L'ouvrage allemand de Zahn, sur *Les plus beaux ornements et les peintures les plus remarquables de Pompéi*,

____

(1) Il est juste de rappeler ici que les costumes de ce tableau, dont les croquis ont figuré à l'Exposition du Costume, en 1874, au Palais de l'Industrie, sont l'œuvre de M. Lacoste.

d'Herculanum et de Stabiæ, donne encore une idée plus
étonnante de cette civilisation. Exécuté en lithographie colo-
riée, à une époque (1828) où la lithochromie n'existait pas encore, il est d'une étonnante perfection, et d'une fidélité telle,
que tout ce qui a pu entrer dans les dimensions du format
de l'ouvrage est calqué de grandeur naturelle sur le mur.
Les Maisons et Monuments de Pompéi, par les frères Nicolini, dessinés par Abbate et lithographiés par Richter, peuvent
rivaliser avec la première publication. Cette section spéciale
comprend 10 ouvrages.

A propos d'un ouvrage de Wolfgang Helbig sur les peintures murales des anciens, nous nous permettrons de signaler
à M. Vinet un travail de M. Benjamin Fillon sur la *Villa et
le tombeau d'une dame romaine,* découverts en 1847 à Saint-
Médard-des-Prés, aux environs de Fontenay-le-Comte. On
a trouvé là un document unique sur la question : c'est, à côté
des peintures faites par cette artiste sur les panneaux de sa
villa, la boîte à couleurs et les couleurs dont elle s'était ser-
vie, couleurs si bien conservées que M. Chevreul a pu les
analyser. Ces objets, absolument uniques dans l'histoire de
l'archéologie, figuraient à l'Exposition universelle de 1867
sous le n° 1277 du Catalogue de l'Histoire du travail.

Les *Explorations et missions scientifiques* comprennent
27 ouvrages. Nous citerons particulièrement : d'abord l'*Expédition d'Égypte,* par les savants français; les voyages de
MM. Léon de Laborde en Orient, F. de Saulcy autour de la
mer Morte, Georges Perrot et Edmond Guillaume en Galatie
et en Bithynie, Léon Heuzey en Macédoine et en Acarnanie,
Ernest Renan en Phénicie, Jules Oppert en Mésopotamie;
pour l'Angleterre, les beaux ouvrages de Fellows, de Layard,
de C.-T. Newton sur la Lycie, Ninive et Halicarnasse. L'*Ex-*

pédition scientifique en Égypte et en Éthiopie, par Lepsius, 12 vol. in-plano, publiée à Berlin, est peut-être ce que
la Bibliothèque possède de mieux en ce genre.

Sous le titre de *Mélanges d'archéologie classique* sont
réunies 14 monographies sur des sujets limités; nous trouvons là les noms de Panofka, de Quatremère de Quincy, de
Lenormant, de de Witte, d'Heuzey.

Enfin l'archéologie gallo-romaine nous montre, parmi 9 ouvrages spéciaux, les trois principaux livres, *Normandie souterraine, Sépultures gauloises, Seine-Inférieure historique
et archéologique*, du savant abbé Cochet, qui est, comme on
sait, le grand-maître de l'archéologie gallo-romaine.

L'archéologie du moyen-âge comprend les monographies
de monuments, les trésors d'abbayes ou d'églises, les armes
et armures, la chevalerie, les costumes, les émaux et bijoux,
enfin les musées et collections. Le plus ancien de ces ouvrages est l'*Histoire des hauts faits de l'empereur Maximilien I*er, par Treitzsaurwein. Quoiqu'il ait été publié seulement en 1775, les planches dont il se compose étaient gravées
et conservées à la Bibliothèque de Vienne depuis le temps
du règne de Maximilien, lequel était né en 1459 et mourut
en 1519. Nous avons donc là un des plus beaux et des plus
rares incunables qui existent au monde. Ses planches sont
tout ce qu'on peut voir de plus curieux, tant par la composition que par les procédés de dessin et par la bizarrerie des
costumes. On voit là des batailles où les tas d'hommes et de
chevaux empêtrés les uns dans les autres, le tout hérissé de
lances, de flèches et d'épées, ressemblent à s'y méprendre
aux batailles fantastiques de Gustave Doré.

L'Autriche figure encore brillamment dans cette série par
un ouvrage qui est en cours de publication : *Collection des*

équipements et armes de la collection I. R. d'Ambras, photographiés par Grall, avec texte historique et descriptif par M. de Sacken. Il faut voir encore les *Joyaux du Saint-Empire romain,* œuvre de cette imprimerie impériale de Vienne qui a produit tant de chefs-d'œuvre. Ce livre colossal avait été donné par l'empereur d'Autriche à Napoléon III, qui en avait fait cadeau à M. Cornu. Cet honorable artiste l'a légué à la Bibliothèque de l'École des Beaux-Arts. Il est renfermé dans un écrin, et relié en chagrin La Vallière avec compartiments, cadres en bronze doré, médaillons en argent bruni. L'auteur en est M. Bock, conservateur du trésor d'Aix-la-Chapelle.

Les lithochromies qui représentent les joyaux de grandeur naturelle sont autant de chefs-d'œuvre : c'est là qu'on peut voir la fameuse *Couronne de fer,* et s'assurer par ses propres yeux qu'elle est en or.

Les Antiquités de l'empire de Russie, contenant 520 planches chromo-lithographiques, ne forment pas moins de 6 tomes d'atlas en 4 volumes in-folio et 6 tomes de texte en un volume in-4°. C'est là un des plus précieux trésors de la Bibliothèque, et l'Europe artistique n'a rien produit en ce genre qui soit plus beau.

Citons toutefois, à l'honneur de la France, de l'Allemagne et de l'Italie, les *Monuments d'art du moyen-âge chrétien dans les provinces rhénanes,* par Weerth; les *Arts somptuaires,* dessins de Ciappori, texte de Ch. Louandre et impressions en couleurs par Hangard-Maugé; le *Trésor de l'église de Conques,* par A. Darcel; le *Dictionnaire raisonné du mobilier français,* par Viollet-le-Duc; la *Armeria Real de Madrid,* texte par Ach. Jubinal et dessins de Gaspard Sensi; enfin l'*Orfévrerie mérovingienne, les Œuvres de saint Éloi et la Verroterie cloisonnée,* par Charles de Linas.

Les costumes de tous les pays et de tous les temps forment la matière de 16 ouvrages. Le livre italien de Lorenzo Roccheggiani donne tout ce qui se rapporte aux Égyptiens, aux Étrusques, aux Grecs, aux Romains : c'est un des recueils les plus curieux. On verra aussi avec le plus vif intérêt celui de Camille Bonnard. *La Science du costume,* par Hermann Weiss, est l'ouvrage imprimé le plus important de cette partie du fonds.

Une mention spéciale est due à l'*Histoire des arts industriels au moyen-âge et à l'époque de la Renaissance,* par Jules Labarte. Ce livre, qui a coûté plus de 100,000 fr. à son auteur, est d'une exécution achevée. Certaines planches sont des chefs-d'œuvre. L'ouvrage se compose de 4 volumes de texte in-8° et de 2 volumes d'atlas in-4°. C'est un des livres les plus consultés de la Bibliothèque.

Mais tout est primé par les trois ouvrages de Théodore Valerio : *Études sur les populations hongroises, etc.; Souvenirs de la monarchie autrichienne,* et *Populations des provinces danubiennes.* Le premier de ces ouvrages se compose de deux suites, l'une de 80 aquarelles et l'autre de 80 croquis, tous dessins originaux de la main du maître. L'atlas est in-folio ; les personnages sont en quart de nature. C'est une collection sans prix ; comme intérêt, elle est incomparable, et à voir les petites lithographies cotonneuses de Valerio que les marchands ont vendues si longtemps, on ne se douterait pas de ce qu'il y a de vigueur, d'esprit et d'originalité dans le crayon et dans le pinceau de cet artiste.

Un dernier paragraphe réunit deux ouvrages sur les ruines du Mexique et de Palenqué ; l'un, les *Antiquités mexicaines,* d'Alexandre Lenoir ; l'autre, les *Monuments anciens du Mexique,* par Frédéric de Waldeck, texte par Brasseur de

Bourbourg. M. Frédéric de Waldeck est certainement le doyen des artistes du globe, car il est aujourd'hui âgé de *cent neuf ans*. A une de nos dernières expositions, on a pu voir de lui un tableau portant cette inscription : « Loisirs d'un centenaire », et qui représentait une scène d'amour dans l'antiquité.

Le chapitre de la *Géographie d'art* se compose des guides artistiques, des publications et notices sur les musées, galeries, collections, peintures, et de voyages d'art dans tous les pays de l'Europe. On trouve là, outre les excellents guides anglais de Murray, tous les renseignements sur les trésors d'art de l'Angleterre, de la Prusse, de l'Allemagne et de l'Italie ; des descriptions de Paris, de Versailles ; des monographies d'églises, comme celle de *Notre-Dame de Paris*, par Lassus et Viollet-le-Duc ; de la *Cathédrale de Bourges*, par les P. P. Martin et Cahier, de la Compagnie de Jésus ; des *Monuments et antiquités d'Arles*, par Estrangin ; la *Galerie de Dresde* ; les *Musées d'Espagne*, par L. Viardot ; la *Description du Musée des antiques*, commencée par Visconti et achevée par de Clarac ; la *Collection Sauvageot*, par Alfred Darcel ; le *Catalogue de la collection de M. Ch. van Hulthem*, de Gand ; les descriptions des musées de Rome, Pio Clementino, du Capitole ; le *Vatican*, de Pistolesi ; *La Peinture au Vatican*, 346 photographies par Braun, et *La Peinture à Florence*, 64 photographies par le même.

Le paragraphe des *Voyages* nous offre, dans une série de 19 ouvrages spéciaux, les noms de Mérimée, de Caumont, Mercey, Alf. Darcel, Rey et Chenavard, et surtout le beau livre des *Voyages pittoresques et romantiques dans l'ancienne France*, par Ch. Nodier, J. Taylor et Alph. Cailleux.

Parmi les *Vues pittoresques*, signalons d'abord *la Grèce,*

par le baron de Stackelberg, superbe ouvrage. On peut admirer, dans les *Photographies d'Athènes,* par Bonfils, un
des meilleurs produits de cet art moderne.

Parmi la *Biographie universelle* des artistes, il est juste
de signaler comme tout à fait hors ligne le *Nouveau dictionnaire général des artistes*, par le Dr G.-K. Nagler, de Munich. C'est le plus riche et le plus exact des ouvrages de ce
genre. On le réimprime en ce moment.

La section des études générales se termine enfin par quelques recueils de lettres d'artistes et d'amateurs. On y remarque, parmi les anciens, une lettre de Nicolas Poussin au
P. Nicaise; un recueil de lettres d'artistes et d'amateurs, par
Jay; des testaments d'artistes vénitiens, par L. de Mas-Latrie;
parmi les modernes, la correspondance du peintre Gérard
avec une notice par M. Viollet-le-Duc. A cette série se
joignent les trois ouvrages de J. Dumesnil sur les amateurs,
et celui d'Henri Chardon sur les amateurs et collectionneurs
nouveaux.

Nous avons ainsi parcouru rapidement la partie du Catalogue qui intéresse le plus les critiques et les amateurs d'art.
Si nous donnions autant de détails sur la seconde partie du
Catalogue, *Études spéciales,* il nous faudrait étendre les pro
portions de notre travail jusqu'à en faire un livre. Nous nous
bornerons donc à indiquer sommairement les grandes divisions de la nomenclature établie par M. Ernest Vinet, et nous
décrirons ensuite les ouvrages qui nous paraissent les plus
dignes d'attention. Aussi bien avons-nous fait connaître la
théorie de M. Ernest Vinet assez pour qu'on puisse tout à la
fois en apprécier la valeur et en deviner l'application.

IV

Les *Études spéciales* comprennent huit divisions : Dessin et arts du dessin; Architecture; Sculpture; Iconographie; Gravure; Lithographie; Photographie; Arts industriels.

C'est dans cette partie qu'on peut voir avec quelle exactitude M. Ernest Vinet a su proportionner le nombre de ses catégories à celui des parties réelles de son objet. Pour l'architecture, la sculpture, la peinture et la gravure, il a appliqué une division uniforme entre la partie technique et la partie historique et descriptive de chaque art et la biographie des artistes spéciaux.

Pour le dessin, la gravure et la sculpture, qui sont plus particulièrement délimités par la spécialité de leurs procédés, il a placé, en avant des deux parties technique et historique, une première section sous le titre de *Traités généraux.* Pour l'architecture, qui tient à tous les arts et à toute l'histoire, il a formé un groupe d'une autre nature, comprenant les vues générales, l'enseignement, la législation, les dictionnaires et écrits périodiques, et il lui a donné le nom d'*Introduction.* Pour la peinture, c'est l'*Esthétique* qui sert d'introduction. Pour la lithographie et la photographie, une seule partie, *Manuels, Traités et Ouvrages spéciaux;* pour l'iconographie, recueils de *Statues, Bustes et Portraits.* Enfin, pour les arts industriels, trois divisions : *Application, Histoire, Produits.*

Ainsi que nous l'avons indiqué plus haut, l'architecture occupe dans la Bibliothèque une place proportionnelle à celle qu'elle occupe dans l'enseignement de l'École. Sur 320 intitulés qui composent, en cette partie, la nomenclature de la Bibliographie de M. Ernest Vinet, 110 sont réservés à l'architecture. Outre les matières de l'introduction, nous trouvons : dans la partie technique, tout ce qui a trait à l'ordonnance, aux proportions, à l'exécution, aux divers genres, aux restitutions d'édifices tant anciens que modernes, aux projets et prix académiques ; dans la partie historique et descriptive, l'histoire et la représentation de monuments de tous les peuples et de toutes les époques ; enfin la biographie.

En étudiant avec la plus grande attention cette partie de la division méthodique des matières, je n'y ai pas trouvé de mention relative à l'architecture militaire, qui, par l'importance des monuments qu'elle a laissés, me semble mériter une place à part. C'est une lacune que je me permettrai de signaler à M. Ernest Vinet, lacune de pure forme, au reste, car les ouvrages sont dans le Catalogue, mais ils n'y forment pas un groupe déterminé.

Dans la sculpture, dans la peinture, dans la gravure, nous retrouvons, d'une part, les ouvrages sur les procédés spéciaux de chaque art ; d'autre part, les documents historiques sur l'art ancien et sur l'art moderne.

Les ouvrages de Vallée, de Jean Cousin, le *Polyclète* de Godefroy Schadow ; Lavater, André Vésale, Salvage, Gordy, Fau, Vignole, Abraham Bosse, Bibiena, Chevillard, tels sont les noms qu'on rencontre parmi l'indication des 61 ouvrages que possède la Bibliothèque sur l'enseignement, les proportions et la physionomie de l'homme, l'anatomie, la perspective.

Je voudrais qu'on eût pensé un peu plus aux animaux, qui sont étudiés peu ou point, sauf le cheval, le chien, et un peu le lion, et que tout le monde semble s'accorder à laisser dans le domaine de l'art empirique. Au reste il ne faut pas s'étonner du silence du Catalogue sur une partie de la littérature d'art qui est encore à naître et où il y aurait, je crois, de la gloire à moissonner. Il serait à désirer que des artistes tels que notre grand Barye, Mène, Fratin, Rosa Bonheur, Brascassat, eussent écrit des traités sur la partie de l'art où ils ont produit tant de chefs-d'œuvre.

Le paragraphe de l'*Ornement* comprend 2 ouvrages presque de premier ordre et du plus grand prix. Le plus rare, un petit volume grand comme la main et qui vaut 2,000 fr. au bas mot, c'est le livre des arabesques et nielles de Du Cerceau, simple recueil de 80 petites planches d'ornements gravés, sans une ligne de texte. Dans les *Arts décoratifs* de M. Ed. Lièvre on voit, reproduites dans de superbes chromo-lithographies, les collections de MM. de Saulcy, Riocreux, Jacquemart, du Sommerard, de Witte, de Longpérier, Henry Colle.

Le *Recueil d'estampes relatives à l'ornementation des appartements aux* XVIe, XVIIe *et* XVIIIe *siècles,* par MM. Destailleur, Pfnor, Carresse et Riester, aussi beau comme impression que comme illustration, fait voir dans toute sa magnificence ce grand art de Louis XIV, trop longtemps oublié, et chacun des maîtres qui y figure par ses œuvres y a une notice particulière.

Mais ce que cette partie a d'incomparable, c'est un recueil des gravures des loges du Vatican, par Volpato, coloriées à l'aquarelle par Savorelli. C'est cette collection qui a servi, à l'état de portefeuille, à Duban pour les décorations des loges de la galerie de l'École.

Les *Ornements de toutes les époques classiques,* par Zahn, recueil de 100 planches chromo-lithographiées, peuvent riva-

liser avec ces beaux ouvrages. Il faut encore citer la collection des prix d'ornement dits *prix Rougevin*, formant 28
feuilles de dessins originaux.

Pour l'architecture, les ouvrages à citer seraient trop nombreux, si nous voulions essayer de donner seulement un
échantillon de chaque série. L'introduction comprend 12 ouvrages, où l'on voit les noms de Patte, de de Caumont, de
Viollet-le-Duc, pour les généralités; l'ouvrage de M. Lachez,
sur l'enseignement de l'architecture à l'École des Beaux-
Arts; le *Manuel d'architecture* de Fergusson, et enfin le
*Recueil des calques des études des élèves architectes de l'A-
cadémie de France à Rome*, forment 30 vol. in-folio. Ces
études, au nombre de 222, sont signées de noms qui tous,
sauf un petit nombre, sont devenus célèbres.

Parmi les dictionnaires, on peut voir réunis côte à côte
celui de Quatremère et celui de Viollet-le-Duc, le premier
niant l'art gothique, le second l'exaltant, et chacun ayant fait
un ouvrage excellent; plus loin, dix recueils périodiques, au
premier rang desquels on remarque la *Revue* de César Daly
et l'*Encyclopédie* de Victor Calliat et Adolphe Lance.

Dans la partie technique on compte 105 ouvrages, dont
20 sur la décoration intérieure et extérieure des édifices. C'est
dans ce groupe qu'on trouvera le superbe ouvrage, avec notices en anglais, français et allemand, de Louis Gruner, sur
les *Décorations de palais et d'églises en Italie*. Les planches
chromo-lithographiées sont très belles comme gravure au
trait; nous recommandons la planche 34, *Vue extérieure de
la Chartreuse de Pavie*, qui est prodigieuse de finesse et de
détails. Une idée très heureuse est d'avoir, à la fin du recueil,
réuni sur deux ou trois planches les échantillons coloriés de
chacun des détails des monuments représentés en noir dans

l'ouvrage, de sorte qu'on peut colorier les ornements qu'on
voudrait reproduire ou imiter.

Les ouvrages sur les divers genres d'édifices chez les anciens et les modernes sont au nombre de 150. L'Angleterre
peut être fière du contingent qu'elle a fourni à cette partie
du fonds. On peut dire que, par des œuvres telles que : le
Temple de Jupiter Panhellenius, de Cockerell; les *Effigies
tombales de la Grande-Bretagne,* par Stothard; les livres de
Stuart et Revett, Chandeler, Wilkins, Stanhope, Irwood,
Penrose, Falkener, sur la Grèce et l'Asie-Mineure, elle s'est
presque approprié ce domaine. Tous ces beaux ouvrages sont
réunis à la Bibliothèque.

La France peut leur opposer des ouvrages moins nombreux, il est vrai, mais qui ne le cèdent en rien aux leurs :
le *Voyage en Perse,* de MM. Eugène Flandin et Pascal
Coste; les *Monuments de Ninive,* par Botta; le *Parthénon,*
par L. de Laborde; l'*Acropole d'Athènes,* par Ernest Beulé.
L'Allemagne figure surtout dans cette partie par ses historiens, et l'Italie par de magnifiques ouvrages sur les palais et
villes, parmi lesquels il faut feuilleter le *Palais ducal de Venise,* par Fr. Zanotto, gravé au trait avec une merveilleuse
finesse. Cet ouvrage est très rare.

Au reste on ne trouvera pas seulement des édifices, mais
aussi des fermes, des cottages, des chalets suisses, des maisons d'ouvriers, et ici au moins on n'a pas oublié les animaux,
car si on ne trouve rien à la Bibliothèque qui enseigne à les
dessiner, on y trouvera du moins un traité, et in-folio encore,
des *Bâtiments propres à loger les animaux qui sont nécessaires à l'économie rurale* (Leipsig, 1802).

Parmi ces beaux livres, il en est trois qui méritent une
mention à part. Ce sont les *Monuments de l'Espagne,* pu-

bliés par le gouvernement espagnol ; *Les monuments de l'art du moyen-âge dans l'Italie méridionale*, par G. Schulz, continué par von Quast, publié à Dresde et qui est la contre-partie de l'ouvrage de M. le duc de Luynes sur les monuments de la Pouille et de la Calabre. Nous recommandons aux amateurs la planche 22, représentant les portes de la cathédrale de Ravello : on voit dans ce beau livre quels trésors d'art renferme cette partie peu explorée de l'Italie méridionale ; enfin l'*Art arabe d'après les monuments du Kaire*, par Prisse d'Avennes. Le spectacle de certaines planches, comme la mosquée d'Ibrahim-Agha, la faïence murale du tékieh des derviches, la mosquée du Thelây d'Abou-Razyd, les incrustations en marbre, les pages du Coran, les ornements en papier découpé, les grillages en bois tourné, les menuiseries délicates, les tapis, les métaux, les dallages, tout cela n'est pas seulement la plus splendide des fêtes que la vue puisse donner à l'esprit, mais c'est aussi un sujet de méditations bien profondes quand on songe à ce que représentent de grandeur et d'intelligence ces monuments de peuples et d'époques sur lesquels nous nous croyons tellement en progrès.

La Suède est magnifiquement représentée par les *Monuments scandinaves du moyen-âge avec les peintures et autres ornements qui les décorent*, par M. Mandelgren. C'est le seul ouvrage de ce genre sur une partie de l'histoire de l'art qui présente le plus grand intérêt.

Nous ne pouvons pourtant passer sous silence les *Tombeaux d'Italie*, de Grandjean de Montigny, ouvrage qui peut rivaliser avec celui de Stothard ; les 15 ouvrages qui forment avec ceux-là le groupe de l'*Architecture funéraire* sont d'ailleurs tous de premier ordre.

Pour l'architecture privée, nous citerons un *Recueil factice de l'œuvre complet d'Israël Silvestre,* comprenant plus de 300 pièces montées sur feuillets blancs in-folio, et qui servit de morceau de réception à Israël Silvestre présenté par Le Brun, en 1670, à l'Académie royale de peinture et de sculpture. C'est un des recueils les plus précieux de la collection, et il est unique.

Nous arrivons enfin, et c'est par là que nous finirons sur l'architecture, à l'œuvre incomparable qui fait la gloire de l'École et de la Bibliothèque, et dont l'acquisition est l'honneur du bibliothécaire actuel : les *Restaurations des monuments antiques de la Grèce et de l'Italie, depuis l'année 1788 jusqu'à présent, par les élèves architectes de 4e année de l'École française de Rome.* Ce recueil en 57 vol. atlas, qui comprend 63 restaurations, se compose de 697 dessins au lavis de 2 mètres au moins de largeur sur 1 mètre 50 au moins de hauteur, montés sur onglets et reliés. Chaque restauration est accompagnée d'un mémoire.

Il faut avoir vu ces travaux pour se faire une idée de ce qu'ils représentent de recherches et de talent. Percier, Hugot, Duban, Labrouste, Duc, Vaudoyer, Baltard, Lefuel, Ballu, Garnier, Ancelet, Guillaume, tels sont, parmi tant d'autres qu'on ne peut tous nommer, les hommes que l'École a donnés à la France, et qui tous sont arrivés au premier rang de leur art. La valeur de ce recueil est incalculable.

En mettant à 100 fr. chaque dessin, sans compter le mémoire, on n'arriverait qu'à 69,700 fr., somme évidemment dérisoire pour représenter un pareil trésor.

C'est M. Ernest Vinet qui, par l'énergie de ses revendications, a tiré ce recueil de la Bibliothèque de l'Institut pour le faire joindre au fonds d'une école à laquelle il appartient incontestablement, puisqu'il en est l'œuvre.

La restauration de la *Voie Appienne*, par M. Ancelet, et qui a valu à son auteur le grand prix d'honneur à l'Exposition universelle de 1867, fait partie du recueil.

Un arrêté du ministre de l'instruction publique a ordonné la reproduction de cette œuvre par les procédés de la lithochromie. Une Commission spéciale, nommée à cet effet, s'est mise en rapport avec la maison Firmin Didot, qui a entrepris des essais. Une somme de 2,000 francs a servi de premier fonds. Quand cet ouvrage sera achevé, la France pourra se vanter d'avoir publié le plus beau livre qu'on aura encore vu. Son honneur artistique ne lui permet pas de laisser ralentir un seul jour cette entreprise.

111 ouvrages composent le fonds de la sculpture. Visconti, Overbeck, Perkins, de Clarac, Conze, Kekulé, ont là leurs livres les plus autorisés.

Nous citerons, entre autres recueils, l'*Œuvre de Canova*; celui de *Jean Goujon*; ceux de Fogelberg, de Thorwaldsen; l'*Iliade* et l'*Odyssée* de Flaxman; les *Terres cuites*, par Campana; les *Marbres Campana*, par Henry d'Escamps; ceux de Berlin, par Panofka; enfin le bel ouvrage de Gruner sur les *Bas-reliefs du dôme d'Orvieto*.

Sur la peinture, 392 ouvrages en tout. Nous trouvons là tout ce qui fait autorité en fait d'ouvrages généraux. Citons notamment : le *Traité de la Peinture* de Léonard de Vinci; celui de Cennino Cennini; celui d'Abraham Bosse; les *Observations* de Taillasson, un des meilleurs ouvrages de critique qui existe; un travail curieux de M. Feuillet de Conches sur les peintres européens en Chine et les peintres chinois; l'ouvrage de M. Chevreul sur la définition et la dénomination des couleurs; le livre de Mérimée sur l'histoire des procédés de la peinture à l'huile.

Le groupe des œuvres des miniaturistes est à lui seul un trésor. Les *Statuts de l'ordre du Saint-Esprit,* par le comte Horace de Viel-Castel: le *Livre d'heures de la reine Anne de Bretagne,* par l'abbé Delaunay; l'*Art de l'enluminure,* par Tymms et Wyatt; les *Fac-simile des miniatures et ornements des manuscrits anglo-saxons et irlandais,* par J.-O. Westwood, lithographiés par Tymms, seraient à coup sûr d'incomparables ouvrages, si celui de M. le comte Auguste de Bastard sur les *Peintures et ornements des manuscrits depuis le* ive *siècle jusqu'à la fin du* xvie, n'était pas lui-même le dernier mot de la perfection et de la beauté. Ces deux volumes in-folio valent à peu près 20,000 fr. Photographies, lithochromies, gravures, pages de pourpre écrites en lettres d'or, initiales à figures d'oiseaux, de poissons, de serpents; alphabets dits ichthyomorphes, zoomorphes, ophimorphes ou serpentins, et surtout pages de missel encadrées d'une architecture vraiment céleste, voilà ce que ce livre contient.

Nous recommandons aux amateurs un *Fragment de l'Évangile selon saint Marc,* tiré d'un manuscrit du prieuré royal de Saint-Martin-des-Champs. (Le manuscrit est à la Bibliothèque de l'Arsenal.) Ici on peut faire les mêmes réflexions qu'à propos de l'*Art arabe.* Dans nos jugements sur le moyen-âge et sur les peuples orientaux, lorsque nous considérons leur civilisation comme inférieure à la nôtre, ou nous nous trompons absolument, ou bien il y aurait à faire une distinction que pour ma part je crois nécessaire, entre la partie intelligente et la partie brute de l'humanité. Ce sont, je crois, deux histoires différentes qu'on a grand tort de mélanger, et il n'est pas étonnant qu'on s'y embrouille, parce que tout ce qui est vrai de l'une est faux de l'autre.

Sur les verrières, les émaux et les mosaïques, la Bibliothèque possède, entre autres traités, celui de John Weale sur les *Divers ouvrages d'anciens maîtres dans la décoration des édifices chrétiens*; les *Calques des vitraux peints de la cathédrale du Mans*, par Eugène Hucher; les *Œuvres complètes de Bernard de Palissy*, publiées par P.-A. Cap; enfin les *Mosaïques de la chapelle Chigi*, à Ste-Marie-du-Peuple, à Rome, d'après les cartons de Raphaël, gravées et publiées par L. Gruner, ouvrage admirablement gravé au burin.

La partie historique et descriptive de la peinture n'est pas moins riche que la partie correspondante de l'architecture. On y trouve les ouvrages d'Ottfried Muller, de Rossignol, de Raoul-Rochette, d'Émile Gebhart, d'Arsène Houssaye, d'Alfred Michiels, de Crowe et Cavalcaselle, de Waagen; puis des recueils d'estampes où les chefs-d'œuvre de tous les peintres sont reproduits, tantôt collectivement, tantôt séparément.

Parmi les grands noms qu'on trouve dans cette dernière partie, Raphaël, Michel-Ange, Rubens, Holbein, Ingres, ont là tout ou partie de leur œuvre reproduit. On remarque là les photographies des *Peintures de la Pinacothèque du roi Louis Ier de Bavière*, par Kaulbach; l'œuvre de Rembrandt; toutes les galeries de France et d'Europe; les *Spécimens des galeries publiques de l'Europe*, 100 photographies par Braun; enfin 947 dessins de 164 artistes, photographiés d'après les originaux de la galerie des Offices à Florence, de la collection de l'archiduc Albert à Vienne, et de l'Académie des Beaux-Arts à Venise. On voit là les *Ports de France*, de Joseph Vernet, les *Émaux de Petitot*, gravés par Ceroni, les *Portraits* de Van Dyck.

Deux recueils méritent particulièrement d'être signalés :
d'abord les *Figures de différents caractères*, d'Ant. Watteau,
série de gravures à l'eau-forte d'un esprit, d'une originalité,
d'une variété, d'une élégance, qui sont faits pour donner une
idée bien haute de la valeur de ce maître. Cet ouvrage vaut
de 10 à 15,000 francs. Ensuite, l'*Œuvre de Rigaud*, collection de 150 portraits gravés sur cuivre par Vermeulen, Audran, Duchange, Drevet, Edelinck. Ce magnifique et très
rare ouvrage est relié en maroquin, reliure et fers du temps.
Nous signalerons au hasard les portraits de Coysevox, de La
Fontaine, de Boileau, de Fontenelle, et surtout celui de
Louis XIV, où il y a des effets de fourrure et de velours com-
parables à la fameuse *Nappe de Masson*, dont nous aurons
occasion de parler bientôt.

Telle est, complétée par 139 ouvrages de biographie, cette
partie de la peinture, où nous aurions voulu pouvoir signaler
tant d'autres livres égaux à ceux que nous avons cités. Elle
se complète par un appendice, l'*Iconographie*, commun à la
sculpture et à la peinture, et où, parmi les ouvrages tous de
premier ordre, nous trouvons les iconographies de Visconti
et celle de l'Espagnol Carderera, classiques toutes deux.

La gravure comprend 56 articles. Trois recueils, capables
de former à eux seuls une collection sans prix, font de cette
partie un véritable trésor. Le *Cabinet du Roy* forme 23 volumes in-folio. On sait que ce recueil fut commandé pour le
roi Louis XIV pour encourager les graveurs de son temps.

C'est dans le premier volume, *Tableaux du cabinet du
Roy*, qu'on trouve les gravures des principaux tableaux de
la galerie actuelle du Louvre, exécutées par Edelinck, Picard,
Chasteau, Rousselet, Audran, Baudet, Thomassin, Scotin et
tant d'autres, et qu'on peut admirer, dans la gravure des

Pèlerins d'Emmaüs, par Masson, la célèbre *Nappe* dont la prodigieuse perfection a fait donner à la gravure elle-même le nom de *Nappe de Masson*. Le second volume, *Batailles d'Alexandre*, où Le Brun a trouvé un moyen d'immortaliser ses tableaux en flattant le grand roi, n'est pas moins intéressant.

Un second recueil, composé de 40 volumes in-folio, est la *Chalcographie du Louvre*, comprenant, outre le recueil des planches exécutées d'après tous les dessins de maîtres, toutes les gravures dont la chalcographie du musée possède les planches. Cette collection est trop connue pour qu'il soit nécessaire d'en vanter l'importance.

Le troisième recueil est une collection de 15,000 gravures formant 16 volumes in-folio et un volume de table, qui avait été formée par M. le baron Cloquet, membre de l'Académie de médecine, et qu'il a donnée à la Bibliothèque. A une époque où l'on voit tant de soi-disant amateurs engraisser honteusement des collections pour la vente comme on engraisse des bœufs pour la foire, on est heureux de voir de pareils traits qui honorent également et le donateur qui fait un tel présent et l'établissement jugé digne de le recevoir.

Parmi les livres d'art industriel, nous signalerons, outre les ouvrages généraux de MM. Charles Blanc et Reiber (le *Trésor de la curiosité*, l'*Art pour tous*), un recueil de conférences faites à l'Union centrale des Beaux-Arts par M. Eugène Guillaume, directeur de l'École des Beaux-Arts, dans lequel cet artiste éminent, qui est aussi un administrateur et un penseur, a exposé l'idée d'un enseignement des beaux-arts appliqués à l'industrie. C'est une des questions les plus difficiles de notre temps.

Sous l'ancien régime, il n'y avait qu'un seul courant dans

l'art industriel, et l'art dominait toujours : aujourd'hui nous avons, à côté de l'art industriel, l'industrie artistique, où l'industrie passe la première. Elle tuera l'art dans ses applications usuelles, si la société doit rester désarmée contre ces tendances qui ont produit, après la pendule de zinc, *imitation bronze*, la pendule de plâtre doré, *imitation zinc*, où le cadran est de papier et le ressort de carton-pierre.

Mais éloignons ces tristes pensées en jetant, pour adieux à la Bibliothèque, un regard sur les ouvrages consacrés aux vieilles *Tapisseries de Bayeux*, au *Musée céramique de Sèvres*, à la *Manufacture des Gobelins*, à l'orfévrerie, aux émaux.

La *Monographie de l'œuvre de Bernard de Palissy*; le *Recueil des pièces de faïence de Henri II et de Diane de Poitiers*; le *Recueil de faïences italiennes des* XVe *et* XVIe *et* XVIIe *siècles*, par Carle Delange et Borneman, nous ramèneront à ces régions sereines où nous pourrons, dans la contemplation de l'œuvre des vieux maîtres de l'art industriel, consoler nos yeux et raffermir notre foi dans cet idéal du beau qu'un grand esprit a défini : « la splendeur du vrai ».

Dans cette course trop rapide à travers tant de belles choses, nous avons pu à peine effleurer un sujet qui pourrait donner matière à un travail bien intéressant s'il était traité à fond. Nous ne nous consolerions pas d'avoir été contraint de passer sous silence tant de noms d'auteurs éminents ou illustres qui se pressaient sous notre plume, si le Catalogue ne consacrait leurs titres à la place honorable qu'ils occupent dans la Bibliothèque de l'École des Beaux-Arts.

Nous avons eu soin, autant qu'il était en nous, de mettre en lumière les travaux étrangers, oubliant tout pour nous souvenir seulement des liens qui unissent les peuples dans

leur commun amour pour l'art et dans leur admiration universelle pour le génie, nous associant au sentiment élevé qui
a dirigé M. Ernest Vinet dans la composition de sa Bibliothèque.

Le relevé que nous avons fait du Catalogue par nationalités
nous a permis de compter 153 ouvrages italiens, 101 allemands, 94 anglais, 40 latins, 12 espagnols, 4 belges ou flamands, 3 suédois.

Si l'on veut se donner la peine de revoir notre travail au
point de vue de cette statistique, on verra que nous avons
réservé une proportion relativement prépondérante aux ouvrages étrangers. Nous avons voulu par là, non-seulement
remplir un devoir de reconnaissance envers les peuples qui
nous ont enrichis de leurs chefs-d'œuvre, mais montrer
combien ces échanges magnifiques font naître de richesses in-
tellectuelles partout où ils se répandent.

Si complète qu'elle soit déjà, la Bibliothèque n'est pas
achevée. S'il nous est permis d'exprimer ici nos vœux, nous
voudrions la voir s'étendre dans certaines directions. L'art de
l'Inde, de la Chine et du Japon, qui est, lui aussi, l'art d'une
grande portion de la famille humaine; l'architecture de l'A-
mérique du Sud, qui a couvert cette partie du globe d'églises
et de palais trop peu connus; les iconographies d'histoire naturelle, où des recueils admirables offrent à la fois des figures
d'animaux de toute espèce et des dessins de produits naturels
où l'ornement trouverait des motifs nouveaux; l'anthropologie
enfin, qui a fait de l'étude des types humains une science nouvelle, tout cela doit, par la suite du temps, trouver sa place
à la Bibliothèque de l'École des Beaux-Arts.

Nous voudrions aussi qu'une collection peu nombreuse,
mais bien choisie, de dictionnaires et d'encyclopédies, plaçât

entre les mains des élèves et des lecteurs ces renseignements indispensables sur l'histoire, la géographie et la biographie générales, sans lesquels le peintre, le sculpteur, l'architecte, l'écrivain, sont exposés à des erreurs qui ridiculiseraient le plus beau chef-d'œuvre.

Il est enfin un livre dont tout notre travail n'est, en quelque sorte, que le commentaire et la paraphrase, et dont on peut dire justement qu'il est le plus beau de tous : c'est le Catalogue, car il contient l'âme même de la Bibliothèque et l'essence de ce beau travail de toute une vie consacrée à l'art. Sous les lignes froides et régulières de ce plan tracé par la main savante du bibliographe, on sent l'inspiration de l'artiste et l'honnêteté de l'homme.

On le voit très bien et ce sera l'honneur de M. Ernest Vinet et de M. Eugène Guillaume : cette œuvre a été réglée et dominée par les doctrines de l'École des Beaux-Arts, par ce respect des traditions, par ce culte de l'antique, qui survivent à toutes les théories et qui ont maintenu l'art français à une hauteur que d'autres nations peuvent atteindre, mais qu'elles n'ont point dépassée.

CATALOGUE

DE LA

BIBLIOTHÈQUE

DE

L'ÉCOLE DES BEAUX-ARTS.

ÉTUDES GÉNÉRALES.

I. VUES SUR L'ESSENCE DE L'ART, SES PRINCIPES ET SON BUT.

1. VUES GÉNÉRALES.

L'Art de voir dans les beaux-arts; traduit de l'italien de Milizia, suivi des Institutions propres à les faire fleurir en France, et d'un état des objets d'art dont ses musées ont été enrichis par la guerre de la liberté; par le général Pommereul. Paris, an VI (1798), in-8. — N° 1068.

Essai sur la nature, le but et les moyens de l'imitation dans les beaux-arts; par Quatremère de Quincy. Paris, 1823, in-8. — N° 1358.

La Vraie Science des artistes, ou Recueil de préceptes et d'observations formant un corps complet de doctrine sur les arts dépendans du dessin; par Alex. Lenoir. 1re partie. Paris, 1823, in-8. — N° 932.

Essai sur les signes inconditionnels dans l'art; par D.-P.-G. H. de S. (HUMBERT DE SUPERVILLE). Leyde, 1827-32, in-fol., fig. — N° 568 A.

Essai sur l'idéal dans ses applications pratiques aux œuvres de l'imitation propre des arts du dessin; par QUATREMÈRE DE QUINCY. Paris, 1837, in-8. — N° 1658 A.

Études sur les beaux-arts et sur la littérature; par (Louis) VITET. Paris, 1846, 2 vol. in-8; — autre édition : Paris, 1847, 2 vol. in-8. — N° 1359.

Études sur les beaux-arts en général; par (F.) GUIZOT. Paris, 1852, in-8. — N° 736.

L'Artistaire. Livre des principales initiations aux beaux-arts, la peinture, la sculpture, l'architecture, etc.; par PAILLOT DE MONTABERT. Paris, 1855, in-8. — N° 1228 A.

De la Dignité de l'art; par FABISCH, statuaire. Lyon, 1860, in-8. — N° 594.

Système des beaux-arts; par W.-F. HEGEL; traduit par Ch. Bénard. 2ᵉ édition. Paris, 1860, 3 vol. in-8. — N° 754 A.

Grammaire des arts du dessin. Architecture, sculpture, peinture, jardins, gravure en pierres fines, gravure en médailles, gravure en taille-douce, eau-forte, manière noire, aqua-tinte, gravure en bois, camaïeu, gravure en couleurs, lithographie; par Charles BLANC. Paris, 1867, 1 vol. in-4, fig. — N° 157 B. — Un double.

The Anatomy and Philosophy of Expression, etc. — Anatomie et Philosophie de l'expression rattachées aux beaux-arts; par Charles BELL. 6ᵉ édition. Londres, 1872, gr. in-8, fig. — N° 121 B.

2. ESTHÉTIQUE OU SCIENCE DU BEAU.

Analyse de la beauté, destinée à fixer les idées vagues qu'on a du goût; traduite de l'anglais de Guillaume HOGARTH (par Jansen), précédée de la vie de ce peintre, etc. Paris, 1805, 2 vol. in-8, fig. — N° 770.

Du Goût et de la Beauté considérée dans les productions de la nature et des arts; par Fr.-Gab. BERTRAND. Caen, 1829, in-8. — N° 508 A.

Ueber den Begriff der Schönheit, etc. — Sur l'Idée du beau ;
par (Rudolf)-Hermann Lotze. Göttingue, 1845, in-8. —
N° 974 A.

Ueber Bedingungen der Kunstschönheit. — Des Conditions
de la beauté dans l'art ; par (R.)-H. Lotze. Göttingue, 1847,
in-8. — N° 974 B.

Réflexions et menus-propos d'un peintre genevois, ou Essai su
le beau dans les arts ; par R. Tœpffer. Paris, 1848, 2 vol.
in-12. — N° 1585.

Quid Phidiæ Plato debuerit ? A Car. Lévèque. Parisiis, 1852,
in-8. — N° 964 A.

　　Thèse soutenue à la Faculté des lettres de Paris.

La Science du beau étudiée dans ses principes, etc. ; par
Charles Lévèque. Paris, 1862, 2 vol. in-8. — N° 964.

L'Esthétique anglaise, étude sur M. John Ruskin ; par J. Milsand. Paris, 1864, in-12. — N° 1078 B.

II. DU ROLE DE L'ART DANS LE MONDE,

DE SES RAPPORTS AVEC LES RELIGIONS, LA SOCIÉTÉ ET LA LITTÉRATURE.

1. LES RELIGIONS.

A. *L'Art et le Paganisme.*

Galerie mythologique. Recueil de monuments pour servir à
l'étude de la mythologie et de l'histoire de l'art dans l'antiquité ; par Louis Millin. Paris, 1811, 2 vol. in-8, fig. —
N° 1075 A.

Jupiter, recherches sur ce dieu, sur son culte et sur les monumens qui le représentent ; par Émeric-David. Paris, 1833,
2 vol. in-8. — N° 557.

Introduction à l'étude du culte public et des mystères de
Mithra en Orient et en Occident ; par Félix Lajard. Paris,
1847, in-fol., fig. — N° 859.

Recherches sur le culte, les symboles, les attributs et les monuments figurés de Vénus en Orient et en Occident ; tableau et planches; par Félix LAJARD. Paris, 1849, plaq. in-fol., fig. — N° 860.

Die Bildwerke zum thebischen und troischen Heldenkreis, etc. — Monuments figurés du cycle héroïque de Thèbes et de Troie; par Jean OVERBECK. Stuttgard, 1857, in-8 et atlas in-4. — N° 1222 A.

Griechische Kunstmythologie, etc. — Mythologie d'art grecque. 1er vol. 1er livre, *Zeus*, avec 14 planches lithographiques et 17 bois; par Jean OVERBECK. Leipzig, 1871, gr. in-8. — N° 1222 B.

Atlas der Griechischen Kunstmythologie, etc. — Atlas de mythologie d'art grecque; par Jean OVERBECK. Leipzig, 1872, in-fol. — N° 1222 C.

Les Terres-cuites grecques funèbres, dans leur rapport avec les mystères de Bacchus, accompagnées d'un atlas de 54 planches noires et coloriées; par E.-Prosper BIARDOT. Paris, 1872, in-8 et atlas in-fol. — N° 142 B.

B. *L'Art chrétien.*

Lettre de Nestore escrite à Polidor, dans laquelle sont contenuës les plus grossières et principalles fautes du Tableau d'un peintre, qui a voulu représenter l'histoire du Miracle de sainct Pierre en la cheute de Simon le magicien. S. l., 1659, in-4. — N° 956.

Discours sur l'origine, le développement et le caractère des types imitatifs qui constituent l'art du christianisme; par RAOUL-ROCHETTE. Paris, 1834, in-8. — N° 1378.

The Ecclesiastical architecture of Italy, etc. — L'Architecture ecclésiastique de l'Italie, depuis l'époque de Constantin jusqu'au XVe siècle, avec une introduction et un texte; par Henry Gally KNIGHT. Londres, 1843, 2 vol. in-fol., fig. — N° 835 A.

Iconographie chrétienne. Histoire de Dieu; par (A.-Napoléon) DIDRON. Paris, 1843, in-4, fig. — N° 471 A.

Description monumentale et historique de l'église de Notre-Dame de Noyon, précédée d'un coup d'œil sur l'art chrétien au moyen âge; par Alphonse DANTIER. Paris, 1845, in-8, fig. — N° 390.

Nouveau Manuel de l'architecte des monuments religieux, ou Traité d'application pratique de l'archéologie chrétienne à la construction, à l'entretien, à la restauration et à la décoration des églises, à l'usage du clergé; par J.-P. SCHMIT. Paris, 1845, in-8, atlas in-12 obl. — N° 1506.

Ricerche sull' architettura più propria dei tempi cristiani, etc. — Recherches sur l'architecture spéciale des temples chrétiens, fondées sur les institutions ecclésiastiques primitives et démontrées par les plus remarquables des édifices sacrés; par Luigi CANINA. 2ᵉ édit. Rome, 1846, in-fol., fig. — N° 252.

Manuel d'architecture religieuse au moyen âge, résumé de la doctrine des meilleurs auteurs; par J.-F.-A. PEYRÉ. Seconde édition, enrichie de figures explicatives, par M. Tony DESJARDINS, architecte. Paris, 1848, in-12, fig. — N° 1289.

La Foi nouvelle cherchée dans l'art. De Rembrandt à Beethoven (par DUMESNIL-MICHELET). Paris, 1850, in-18. — N° 636.

Principes d'archéologie pratique appliqués à l'entretien, la décoration et l'ameublement artistique des églises, à l'usage des curés, des conseils de fabrique et des architectes, etc., appelés à réparer les églises rurales; par Raymond BORDEAUX. Caen, 1852, in-8, fig.   N° 174 A.

Instructions sur l'architecture monastique au moyen âge; par M. Albert LENOIR, membre du comité historique des arts et monuments de Paris. Paris, 1852-56, 3 parties en 2 vol. in-4, fig. — N° 928.

Études d'architecture chrétienne; par M.-A. GARNAUD. Paris, 1857-58, 3 livr. in-fol., fig. — N° 928 A.

De l'Art chrétien en Flandre; par l'abbé C. DEHAISNES, profess. au collége Saint-Jean. Douai, 1860, in-8, fig. — N° 404 C.

De l'Art chrétien; par A.-François RIO. Nouvelle édition. Paris, 1861-67, 4 vol. in-8. — N° 1443 A.

Monuments de l'architecture chrétienne depuis Constantin jusqu'à Charlemagne et de leur influence sur le style des constructions religieuses aux époques postérieures; par Henri Hubsch, traduit de l'allemand par l'abbé V. Guerber. Paris, 1866, in-fol., fig. — N° 781 A.

Caractéristiques des saints dans l'art populaire; par le Père Ch. Cahier, de la Compagnie de Jésus. Paris, 1867, 2 part. en 1 vol. in-4, fig. — N° 234 A. — Un double.

Geschichte der christlichen Malerei. — Histoire de la peinture chrétienne présentée dans tout son développement; par H.-G. Hotho. Stuttgart, 1867-69-72, 3 livr. in-8. — N° 776 E.

Les Vierges de Raphaël et l'iconographie de la Vierge; par F.-A. Gruyer. Paris, 1869, 3 vol. in-8. — N° 720 B.

2. LA SOCIÉTÉ.

A. *Influence de l'art sur l'état social et réciproquement.*

An Inquiry into the real and imaginary obstructions to the acquisition of the arts in England, etc. — Recherche sur les obstacles réels et imaginaires au progrès des arts en Angleterre, etc.; par James Berry. Londres, 1775, in-8. — N° 107.

De la Peinture, considérée dans ses effets sur les hommes en général, et de son influence sur les mœurs et le gouvernement des peuples; par G.-Marie Raymond. Paris, an VII (1799), in-8. — N° 1393.

Discours sur les causes de la chute des arts, et de leur renaissance en Europe; par C. Lecarpentier. Rouen, 1807, plaq. in-8. — N° 902.

Considérations morales sur la destination des ouvrages de l'art, ou de l'Influence de leur emploi sur le génie et le goût de ceux qui les produisent ou qui les jugent, et sur le sentiment de ceux qui en jouissent et en reçoivent les impressions; par Quatremère de Quincy. Paris, 1815, gr. in-8. — N° 1357.

L'Art considéré comme le symbole de l'état social, ou Tableau historique et synoptique du développement des beaux-arts

en France ; par Louis Dussieux. Paris, 1838, gr. in-8. —
N° 537.

Souvenirs numismatiques de la révolution de 1848 ; recueil
complet des médailles, monnaies et jetons qui ont paru
en France depuis le 22 février jusqu'au 20 décembre 1848.
Paris, in-4, fig. — N° 1532.

Quelques Idées sur la direction des arts et sur le maintien du
goût public ; par le comte (Léon) de Laborde. Paris, 1856, gr.
in-8. — N° 845 *bis*.

B. *Institutions pour le développement et l'encouragement des
beaux-arts. — L'Enseignement du dessin et les Écoles des
beaux-arts.*

Privileges accordez aux ouvriers qui demeurent dans la gallerie
du Louvre. Donné à Paris le 22 octobre 1608, in-4. — Con-
firmation de priviléges accordés aux ouvriers qui demeurent
dans la gallerie du Louvre. Paris, 1671, in-4. — N° 75.

Mémoires pour les artistes des galeries du Louvre intervenans
contre les directeurs et gardes de la communauté des maîtres peintres et sculpteurs à Paris, intimés. Paris, 1763, in-4.
— N° 75.

Liste des artistes vivants ayant obtenu des récompenses anté-
rieurement au 1ᵉʳ mai 1853. Paris, 1853, in-12. — N° 970 A.

Des Sociétés des amis des arts en France ; par Léon Lagrange.
Paris, 1861, in-4. — N° 857 A.

Estatutos provisionáles del estudio de Bellas Artes, etc. —
Statuts provisoires touchant l'étude des beaux-arts dans la
ville de Cadix. Cadix, (vers 1740), plaq. in-4. — N° 573.

Sur l'utilité des établissemens des écoles gratuites de dessein
en faveur des métiers ; par J.-Baptiste Descamps. Paris, 1767,
plaq. in 12. — N° 435.

Essai philosophique sur l'établissement des écoles gratuites de
dessein pour les arts mécaniques ; par de Rozoi. Paris,
1769, in-12. — N° 1470.

Mémoires sur l'administration et la manutention de l'école royale gratuite de dessin. Paris, 1783, in-8, fig.—N° 1028.

Considérations sur les arts du dessin en France, suivies d'un plan d'Académie, ou d'école publique, et d'un système d'encouragemens; par QUATREMÈRE DE QUINCY. Paris, 1791, in-8. — Suite (et Seconde Suite) aux Considérations sur les arts du dessin. Paris, 1791, in-8. — N° 1356.

Musée olympique de l'école vivante des beaux-arts, ou Considérations sur la nécessité de cet établissement et sur les moyens de le rendre aussi utile qu'il peut l'être; par ÉMERIC-DAVID. Paris, 1796, in-8. — N° 555.

Académie de France à Rome. Liste des premiers grands prix de peinture, sculpture, etc., depuis sa fondation par le cardinal de Mazarin (1664) jusqu'en 1830 incl. Paris, plaq. in-fol. — N° 6.

Villa Médicis à Rome, dessinée, mesurée, publiée et accompagnée d'un texte historique et explicatif; par Victor BALTARD. — N° 98. (*Voy.* plus loin, p. 155.)

De l'Enseignement du dessin dans les lycées, rapport; par F. RAVAISSON. Paris, 1854, in-4. — N° 1392.

L'École de Rome au XIXe siècle; par E. BEULÉ. Paris, 1863, in-8. — N° 139 A.

Réponse à M. Vitet à propos de l'enseignement des arts du dessin; par VIOLLET-LE-DUC. Paris, 1864, in-8. — N° 1653 D.

Règlement de l'École impériale des beaux-arts. Paris, 1867, in-4. — N° 1405 A.

C. *Corporations et Académies.*

Description de l'Académie royale des arts de peinture et de sculpture; par feu M. (Nicolas) GUÉRIN. Paris, 1715, in-12, fig. — N° 726.

Discours prononcez dans les conférences de l'Académie royale de peinture et de sculpture; par M. (Charles) COYPEL. Paris, 1721, in-4. — N° 367.

Établissement de l'Académie royale de peinture, sculpture et architecture à Toulouse, par lettres patentes du roi, enregis-

trées au Parlement le 13 janvier 1751. Toulouse, 1751, plaq.
in-4. - - N° 577.

Académie royale de peinture et de sculpture. Paris, 1751-93,
2 vol. in-12. — N° 9.

> Le vrai titre serait Annuaire de l'Académie, etc.

Lettres patentes du roy, qui approuvent et confirment les nouveaux statuts de la communauté et académie de Saint-Luc,
de peinture-sculpture de la ville, fauxbourgs et banlieue de
Paris, avec les sentences, arrêts et règlemens concernant la
dite communauté. Paris, 1753, in-4, front. — N° 962.

*Noticia histórica de los principios, progreso, y ereccion de la
real Academia de las nobles artes*, etc., etc. — Notice historique touchant les principes, les progrès, la fondation de la
royale Académie des beaux-arts, sculpture, architecture,
établie à Valence sous le nom de San Carlos et indication des
prix qui y furent décernés dans la séance du 18 août 1773.
Valence, 1773, imprimerie de l'Académie royale, in-4. —
N° 1206.

Discours prononcés à l'Académie royale de peinture de Londres; par Josué REYNOLDS, trad. de l'anglais. Paris, 1787,
2 vol. in-8. — N° 1431.

> C'est en qualité de président et de fondateur de l'Académie, que Rey-
> nolds a prononcé ces discours.

Adresse et projet de statuts et règlemens pour l'Académie centrale de peinture, sculpture, gravure et architecture. Présen-
tés à l'Assemblée nationale par la majorité des membres de
l'Académie royale de peinture et sculpture en assemblée dé
libérante. Paris, 1790, in-8. — N° 1025 B.

Considérations sur les Académies et particulièrement sur celles
de peinture, sculpture et architecture; par DESEINE, sculpteur
du roi. Paris, 1791, in-8. — N° 1025 B.

*In lode delle belle arti, orazione e componimenti poetici, relazione
del concorso dall' Academia del disegno in S. Luca*, etc., etc.
— A la louange des beaux-arts, discours et compositions
poétiques, et relation du concours de l'Académie de dessin
de Saint-Luc, en mai 1792. In-4, front. — N° 791.

*Distribucion de los premios concedidos por el rey nuestro señor
á los discipulos de las tres nobles artes*, etc. — Distribution

des prix décernés par notre seigneur le Roi, aux élèves des trois nobles arts, pour la royale académie de Saint-Ferdinand, dans la séance publique du 13 de juillet 1796. Madrid, s. d., in-4. — N° 479.

Séances publiques de l'Académie des beaux-arts, et notices biographiques. Paris, 1826-53, 2 vol. in-4. — N° 8.

Règlemens sur les arts et métiers de Paris, rédigés au XIIIᵉ siècle et connus sous le nom de Livre des métiers d'Étienne Boileau. Paris, 1837, in-4. — N° 430.

Note sur la Société Schöngauer, fondée dans le Haut-Rhin en 1847. Colmar, s. d., plaq. in-8. — N° 1529.

Histoire des anciennes corporations d'arts et métiers et des confréries religieuses de la capitale de la Normandie; par Ch. Ouin-Lacroix. Rouen, 1850, in-8, fig. — N° 1222. — Un double.

Mémoires pour servir à l'histoire de l'Académie royale de peinture et de sculpture depuis 1648 jusqu'en 1664, publiés pour la première fois par Anatole de Montaiglon. Paris, 1853, 2 tomes en 1 vol. in-16. — N° 1096 B.

Mémoires inédits sur la vie et les ouvrages des membres de l'Académie royale de peinture et de sculpture, publiés d'après les manuscrits conservés à l'école des beaux-arts, par MM. Dussieux, E. Soulié, Ph. de Chennevières, Paul Mantz, A. de Montaiglon. Paris, 1854, 2 vol. in-8. — N° 9 A.

L'Académie royale de peinture et de sculpture, étude historique; par (Louis) Vitet. Paris, 1861, in-8. — N° 1658 C.

Recueil de figures ou académies, au nombre de cent trente et plus, dessinées par les professeurs de l'ancienne Académie royale de peinture et de sculpture, d'après le modèle vivant, depuis 1664 jusqu'en 1763. 3 vol. in-fol. — N° 1403 L.

> Oublié, durant de longues années, dans les archives de l'École des beaux-arts, ce précieux recueil méritait mieux que bien d'autres d'être mis en lumière. Parmi les dessins qui le composent il en est de superbes. Beaucoup portent les signatures de Mignard, Lebrun, Jouvenet, Lafosse, Bouchardon, Audran, etc. Comme on le voit, le maître copiait le modèle en présence des élèves; méthode excellente pour les encourager et malheureusement abandonnée.

D. *Réglementation des beaux-arts en France et à l'étranger :
Décrets, ordonnances, arrêtés.*

Pétition motivée de la commune des arts à l'Assemblée nationale, pour en obtenir la plus entière liberté de génie, par
l'établissement de concours dans tout ce qui intéresse la
nation, les sciences et les arts ; pour réclamer contre l'exis-
tence des académies ou autres corps privilégiés, et contre la
création d'un corps des ponts et chaussées. Paris (1790-91),
in-8. — N° 1025 B.

Décret de la Convention nationale du 18 octobre 1792, l'an Ier
de la République françoise. Réunion des commissions éta-
blies pour la conservation des monumens des arts et des
sciences. Paris, 1792, in-4. — N° 1219 A.

Décret de la Convention nationale, du 21e jour du 1er mois de
l'an second de la République françoise, une et indivisible,
qui accorde un fonds annuel de 100,000 livres pour dépenses
relatives au musée de la République et à d'autres objets qui
intéressent et les sciences et les arts. Paris (1793), in-4. —
N° 1219 A.

Arrêtés du Comité de salut public, relatifs aux monuments publics, aux arts et aux lettres, 25e jour de floréal, l'an II (1793)
de la République française une et indivisible. In-4. —
N° 1219 A.

Décret de la Convention nationale du 6 février 1793, l'an
second de la République françoise, relatif au payement des
dépenses faites pour les travaux de la commission des monumens et à l'impression de l'état des gratifications et encouragemens distribués pour les arts et les sciences. Paris, 1793,
in-4. — N° 1219 A.

Décret de la Convention nationale, du 28e jour de frimaire,
an second de la République française, une et indivisible,
qui supprime la commission des monumens et la remplace
par une commission temporaire des arts. Paris, au II de la
République (1793), in-4. — N° 1219 A.

Décret de la Convention nationale, du 12 août 1793, l'an second
de la République françoise, qui ordonne l'apposition des
scellés sur les portes des appartemens occupés par les aca-

démies supprimées par décret du 8 du présent mois. Paris,
l'an II de la République (1793), in-8. — N° 1219 A.

Instruction sur la manière d'inventorier et de conserver, dans
toute l'étendue de la République, tous les objets qui peuvent
servir aux arts, aux sciences et à l'enseignement, proposée
par la commission temporaire des arts et adoptée par le
comité d'instruction publique de la Convention nationale.
Paris, an II (1794), in-4. — N° 1219 A.

Rapport et projet de décret relatifs à la restauration des tableaux et autres monumens des arts, formant la collection
du muséum national, par Gabriel Bouquier, au nom du
comité d'instruction publique. — Décret adopté le 6 messi-
dor l'an II de la République française, une et indivisible.
Paris, 1794, in-8. — N° 1219 A.

Rapport sur les encouragemens, récompenses et pensions à
accorder aux savans, aux gens de lettres et aux artistes;
séance du 17 vendémiaire, l'an III (1795) de la République
une et indivisible, suivi du décret de la Convention nationale, et imprimé par son ordre. In-4. — N° 1420.

Projet d'organisation d'une nouvelle direction générale des
arts, et moyens de les faire fleurir dans toutes les villes de
l'empire français. Cette organisation, loin de rien coûter au
gouvernement, lui rapportera 14 millions par an, et mettra
à la nomination de l'empereur six cent quatre vingt-une
places. Paris, septembre 1805, in-8. — N° 1420.

The fine arts in England, etc. — Les Beaux Arts en Angleterre; par Edouard EDWARDS. 1re partie : De l'organisation
administrative des beaux-arts en Angleterre. Londres, 1840,
in-8. — N° 548 A.

E. *L'Art officiel.*

a. Solennités et Fêtes.

Les Plaisirs de l'Isle enchantée, ou les Festes et Divertissements
du Roy à Versailles, divisez en trois journées, et commen-
cez le 7e jour de may de l'année 1664; par Israël SILVESTRE.
In-fol., fig. (*Voy.* p. 222, Cabinet du roy, t. XII.) — N° 233 A.

Festiva ad capita annulumque decursio, a rege Ludovico XIV,
principibus summisque aulæ proceribus, edita anno 1662,
scripsit gallicè Carolus Perrault, *latinè reddidit et versibus*
heroïcis expressit Spiritus Fléchier. Parisiis, 1670, gr. in-fol.,
fig. (*Voy.* p. 222, Cabinet du roy, t. XI.) — N° 233 A.

Description des festes données par la ville de Paris, à l'occasion
du mariage de Mme Louise-Elisabeth de France, et de Dom
Philippe, les 29 et 30 août 1739. Paris, 1740, gr. in-fol., fig.
— N° 444.

Description des fêtes données à Rheims pour l'inauguration
de la statue du roi au mois d'août 1765, in-8. — N° 444 B.

Explication des cérémonies de la Fête-Dieu d'Aix en Provence.
Aix, 1777, in-12, portr. et fig. — N° 585.

Fêtes à l'occasion du mariage de S. M. Napoléon, empereur,
avec Marie-Louise; recueil de gravures au trait, avec une
description par Goulet. Paris, 1810, in-8, fig. — N° 614.

Mœurs, Usages, Fêtes et Solennités des Belges (1846); par
Moke. Bruxelles, 2 part. en 1 vol. in-12. — N° 1082 B.

Description du sacre et du couronnement de Leurs Majestés
Impériales Alexandre II et de l'impératrice Marie-Alexan-
drovna. S. l. (Saint-Pétersbourg), 1856, gr. in-fol., fig. s. bois
et chromolith. — N° 1476 A.

b. Entrées de villes.

Descriptio publicæ gratulationis spectaculorum et ludorum in
adventu seren. principis Ernesti archiducis Austriæ. — Om-
niu cui est præfixa de Belgii principatu brevis narratio, a
J. Bochio *conscripta.* — Antverpiæ, 1585, petit in-fol., fig.
— N° 163.

L'Entrée triomphante de Leurs Majestez Louis XIV, Roy de
France et de Navarre, et Marie-Thérèse d'Autriche, son es-
pouse, dans la ville de Paris, capitale de leurs royaumes,
au retour de la signature de la paix générale et de leur
heureux mariage (par Jean Tronçon, avocat au Parlement).
Paris, Pierre Le Petit, 1662, in-fol., portraits et planches gravés par J. Marot et Chauveau, d'après Lepautre. — N° 562.

Relation de l'arrivée du roi (Louis XV) au Havre de grâce, le
19 septembre 1749, et des fêtes qui se sont données à cette
occasion. Paris, 1753, gr. in-fol., fig. — N° 1408.

c. Funérailles, etc.

*Pompa funebris optimi potentissimiq. principis Alberti Pii, ar-
chiducis Austriæ, Ducis Burg., Braban., etc. Veris imaginibus
expressa a* Jacobo FRANQUART, *arch. Reg. Ejusdem principis
morientis Vita, scriptore* E. PUTEANO, *consil. et historiogr.
Reg.* Bruxellæ, 1623, petit in-fol. obl., fig. — N° 642.

Description du catafalque et de la pompe funèbre pour la princesse Élizabeth Farnèze, reine d'Espagne et des Indes. Paris,
1766, in-4, fig. — N° 446.

Description du mausolée et de la pompe funèbre faite dans
l'église de Notre-Dame, le 12 juin 1766, pour Stanislas
Leszczynski, roi de Pologne, sur les dessins du sieur Mich.-
Ang. Challe, peintre ordinaire du roi. Paris, 1766, in-4. —
N° 447.

Description du mausolée érigé à Paris, dans l'église de Notre-
Dame, pour Dom Philippe de Bourbon, infant d'Espagne,
duc de Parme, de Plaisance, etc. Paris, 1766, in-4, fig. —
N° 447.

3. LA LITTÉRATURE.

A. *Points de contact entre l'art, les lettres et l'histoire.*

Réflexions critiques sur la poésie et sur la peinture; par l'abbé
Du Bos. 6° édit. Paris, 1755, 3 part. in-12. — N° 498.

Du Sentiment considéré dans ses rapports avec la littérature
et les arts; par P.-S. BALLANCHE. Lyon et Paris, 1801, in-8.
— N° 94.

Fastes de Napoléon Ier, peints par Andrea APPIANI, gravés
par Longhi, Risi, etc., et dédiés à Napoléon III par Barbo-
glio. Paris, (1810), gr. in-fol. obl., fig. — N° 51. — Un
double.

Poétique des arts, ou Cours de peinture et de littérature comparées; par J.-F. Sobry. Paris, 1810, in-8. — N° 1528.

De l'Analogie qui existe entre la peinture et la poésie; par le
général d'Alvimar. Paris, 1833, in-8. — N° 30.

The Manners and Customs of the ancient Egyptians, etc. — Les
Mœurs et coutumes des anciens Égyptiens; leur vie privée,
leurs lois, gouvernement, arts, industries, religion, agri-
culture et histoire primitive, tirés de la comparaison des
peintures, sculptures et monuments encore existants, avec
les textes des auteurs anciens; par Sir J.-G. Wilkinson.
3ᵉ édit. Londres, 1847, 5 vol. in-8. — N° 1687 A.

L'Histoire en peinture, ou Épisodes historiques propres à être
traduits en tableaux; ouvrage dédié aux personnes qui s'occupent des arts du dessin, et particulièrement aux peintres;
par Ch. Dezobry. Paris, 1848, in-12. — N° 465 B.

Fables de la Fontaine. Recueil de croquis composé et dessiné
par Seurre aîné, statuaire, lithographié par Victor Adam.
(Paris), 1849, in-fol. obl., fig. — N° 1518 B.

*Dichterstellen und Bildwerke in ihren wechselseitigen Bezie-
hungen.* — Les Passages des poëtes et les monuments dans
leurs rapports mutuels; par Théodore Panofka. Berlin,
1856, in-4, fig. — N° 1241 D.

La Grèce tragique, essai de compositions au trait gravées à
l'eau-forte par Antoine Etex, sur la trad. de Léon Halévy.
(Paris, 1856), in-4 obl. — N° 576.

Histoire de France d'après les monuments de l'art de chaque
époque; par H. Bordier et E. Charton. Paris, 1859-60,
2 vol. in-8, fig. — N° 175.

Le Moucheron de Virgile, compositions autographiées par
S.-L.-G. Norblin, d'après la traduction en vers français de
M. le marquis de Valori. Paris, 1860, in-fol., fig. —
N° 1191 A.

*Das Leben der Griechen und Römer nach antiken Bildwerken
dargestellt,* etc. — Vies des Grecs et des Romains, d'après
les monuments antiques; par Ern. Guhl et Wilh. Koner.
Deuxième édition, améliorée et augmentée, ornée de 55 bois.
Berlin, 1864, in-8, fig. — N° 727 B.

Die Kunst bei Homer, etc. — L'Art chez Homère, et ses rapports avec les origines de l'histoire grecque; par le Dr Hein-
rich BRUNN. Extrait des mémoires de l'Académie royale de
Bavière. Munich, 1868, in-4. — N° 223 C.

B. *Symboles, Allégories, Emblèmes.*

Les Trois grands Mistères (*sic*) de notre sainte religion représentés sous les symboles des trois vertus théologales. Dédiés
à Mgr de Vintimille, par G. DUCHANGE, graveur du roy
(d'après Jaurat). Paris, (1746), in-fol., 3 pl. et une p. de
texte. — N° 807.

De l'Allégorie, ou Traités sur cette matière; par WINCKELMANN,
ADDISON, SULZER. Paris, an VII, 2 vol. in-8. — N° 1696 A.

Essai sur l'allégorie; par J. GUÉNEBAULT. *Manuscrit*, in-4. —
N° 724 A.

Danses des morts au moyen âge.

Pièces diverses. Danses des morts du cimetière Saint-Maclou;
par E.-H. LANGLOIS. Hymne à la cloche, etc. Rouen, 1833,
in-8, fig. — N° 869.

Explication de la Danse des morts de la Chaise-Dieu, fresque
inédite du quinzième siècle, précédée de quelques détails
sur les autres monumens de ce genre; par Achille JUBINAL.
Paris, 1841, in-4, fig. — N° 827. — Un double.

Essai historique, philosophique et pittoresque sur les danses
des morts; par E.-H. LANGLOIS. Rouen, 1851, 2 vol. in-8,
fig. — N° 870 A.

C. *Salons, Expositions, Livrets, Critiques des œuvres d'art.*

Observations sur les arts et sur quelques morceaux de peinture
et de sculpture exposés au Louvre en 1748. Leyde, 1748,
in-12. — N° 1216.

Lettre sur les tableaux tirés du cabinet du roy et exposés au
Luxembourg; par l'abbé LEBLANC. Paris, 1751, plaq. in-18.
N° 959.

Mélanges sur les Salons de 1747, 1787, 1801. Recueil en une plaq. in-8. — N° 1490.

Revue satirique des Salons de 1773, 1779, 1781, 1783, 1785, 1796. (Vaudevilles, pochades, etc.) 14 pièces en 1 vol. in-8. — N° 1489.

Description sommaire des ouvrages de peinture, etc., exposés dans les salles de l'Académie royale; par D'ARGENVILLE. Paris, 1781, in-12, front. — N° 64.

Le Triumvirat des arts, ou Dialogue entre un peintre, un musicien et un poëte sur les tableaux exposés au Louvre. 1783. Aux Antipodes, plaq. in-8. — N° 1597.

Le Véridique au Salon. A Athènes, et se trouve à Paris, 1783, in-8. — N° 1625 A.

Momus au Salon (1783), comédie critique en vers et en vaudevilles; suivie de notes critiques. S. l. n. d., in-8. — N° 1085.

Explication et critique impartiale de toutes les peintures, sculptures, etc., exposées au Louvre d'après le décret de l'Assemblée nationale, au mois de septembre 1791, l'an III de la liberté; par M. D..., citoyen patriote et véridique. Paris, 1791, in-8. — N° 589.

Explication des ouvrages de peinture, sculpture, architecture, gravure, lithographie, etc., des artistes vivants exposés au Musée du Louvre (Livrets des Salons). 1798, 1800, 1, 2, 3, 4, 6, 8, 10, 12, 14, 17, 19, 22, 24, 27, 30, 31, 1833 à 1850, 1852, 53, 55, 57, 59, 61, 63 à 66. Ensemble 47 vol. in-12. — N° 589 A.

L'Observateur au muséum, ou la Critique des tableaux en vaudeville. S. l. n. d. (Paris, 1802), in-12. — N° 1214.

Le Pausanias français; état des arts du dessin en France, à l'ouverture du dix-neuvième siècle : Salon de 1806. Paris, 1806, in-8, fig. — N° 1256.

La Critique des critiques du Salon de 1806. Paris, 1807, plaq. in-8, portr. — N° 371.

De l'État des beaux-arts en France et du Salon de 1810; par F. GUIZOT. Paris, 1810, in-8. — N° 737.

Essai sur les beaux-arts, et particulièrement sur le Salon de 1817, ou Examen critique des principaux ouvrages d'art exposés dans le cours de cette année ; par E.-F.-A.-M. MIEL. Paris, 1817 et 1818, in-8, fig. — N° 1063.

L'Ombre de Diderot et le Bossu du Marais, dialogue critique sur le Salon de 1819 ; par Gustave (Aug.) JAL. Paris, 1819, in-8. — N° 805.

Annuaire de l'École française de peinture, ou Lettres sur le Salon de 1819 ; par (A.) KÉRATRY. Paris, 1820, in-12, fig. — N° 833.

Salon de 1822 ; par A. THIERS. Paris, 1822, in-8, fig. — N° 1567.

An Account of all the Pictures exhibited in the rooms of the British Institution from 1813 to 1823, etc. — Explication de tous les tableaux exposés dans les salles de l'Institut Britannique, de 1813 à 1823, et qui appartiennent à la noblesse et à la haute bourgeoisie de l'Angleterre. Londres, 1824, in-8. — N° 33.

L'Artiste et le Philosophe, entretiens critiques sur le Salon de 1824 ; recueillis et publiés par A. JAL. Paris, 1824, in-8, fig. — N° 803.

Esquisses, Croquis, Pochades, ou Tout ce qu'on voudra, sur le Salon de 1827 ; par A. JAL. Paris, 1828, in-8, fig. — N° 802. — Un double.

Le Peuple au sacre : critiques, observations, causeries faites devant le tableau de M. le baron Gérard, premier peintre du Roi, recueillies et publiées par A. JAL. Paris, 1829, in-8, 1 pl. — N° 804.

Le Musée, revue du Salon de 1834 ; par ALEXANDRE D... In-4, fig. — N° 23 B.

Salon de 1839 ; par A. BARBIER. Paris, 1839, in-18. — N° 102 B.

Le Salon de 1839 ; par LAURENT-SAN. Paris, 1839, in-4, fig. — N° 880.

Explication des ouvrages de peinture et des objets d'art exposés dans les salles de l'hôtel de ville de Cambrai, en 1844. Cambrai, 1844, plaq. in-8. — N° 587.

Salon de 1845 (et 1846) ; par BAUDELAIRE-DUFAŸS. Paris, 1845-46, 2 vol. in-12. — N° 112.

Catalogue complet du Salon de 1846, annoté par A.-H. DELAUNAY. Paris, in-12. — N° 414 A.

Diogène au Salon de 1846. Paris, 1846, in-12. — N° 477.

Salon de 1847; par Paul MANTZ. Paris, 1847, in-12. — N° 112.

Appel aux artistes. De l'Oppression dans les arts et de la Composition d'un nouveau jury d'examen pour les ouvrages représentés au Salon de 1847 ; par L. CLÉMENT DE RIS. Paris, s. d., in-12. — N° 112.

Rapport sur l'exposition de 1848; par le baron DE WISMES. Nantes, 1849, in-8. — N° 1699.

Examen du Salon de 1849; par Auguste GALIMARD. Paris, s. d., in-12. — N° 665.

Exposition des artistes vivants, 1850; par E.-J. DELÉCLUZE. Paris, 1851, in-8. — N° 415.

Salon de 1852; par Alph. GRÜN. Paris, 1852, in-16.—N° 717 B.

Salon de 1850-51 ; Salon de 1852; Salon de 1853; par Claude VIGNON. Paris, 1851-53, 3 vol. in-18. — N° 1645.

Des Critiques faites sur les Salons depuis 1699, et du Salon de 1810, de M. Guizot; par Anatole DE MONTAIGLON. Paris, 1852, in-8. — N° 1096 A.

Le Livret de l'exposition faite en 1673 dans la cour du Palais-Royal, réimprimé avec des notes, et suivi d'un Essai de bibliographie des livrets et des critiques de Salons depuis 1673 jusqu'en 1851; par Anatole DE MONTAIGLON. Paris, 1852, in-16. — N° 1102 A.

Le Salon de 1852; par L. ÉNAULT. Paris, 1852, in-16. — N° 560.

Salon de 1852 ; par Edmond et Jules DE GONCOURT. Paris, 1852, in-12. — N° 706.

Salon de 1853; par L. BOYELDIEU-D'AUVIGNY. Paris, 1853, in-18. — N° 205.

Lettre à M. Paul Lacroix sur l'exposition belge de 1854 ; par M. Camille MARSUZI DE AGUIRRE. Paris, 1854, in-8.—N° 1013.

La Peinture à l'exposition de 1855; par Edmond et Jules DE GONCOURT. Paris, 1855, in-18. — N° 704.

Rapport sur l'exposition universelle des beaux-arts; par Horsin DÉON. Paris, 1855, in-8. — N° 429.

La Gravure française au Salon de 1855; par Georges DUPLESSIS. Paris, 1855, in-12. — N° 525.

Les Beaux-Arts en Europe (1855) ; par Théophile GAUTIER.
Paris, 1855-56, 2 vol. in-12. — N° 677.

Voyage à travers l'exposition des beaux-arts ; par Edmond
ABOUT. Paris, 1855, in-12. — N° 5.

. Exposition universelle de 1855. — Rapport du jury. Paris,
1856, 2 vol. in-4 et atlas in-fol. obl. — N° 591.

Les Beaux-Arts dans les deux mondes en 1855 (architecture,
sculpture, peinture, gravure) ; par E.-J. DELÉCLUZE. Paris,
1856, in-12. — N° 417.

L'Art moderne ; par Th. GAUTIER. Paris, 1856, in-12.— N° 676.

Salon de 1857 ; par L. AUVRAY. Paris, in-12. — N° 84.

Salon de 1859 ; par H. DUMESNIL. Paris, 1859, in-12. — N° 514.

La Peinture et la Sculpture au Salon de 1861 ; par Léon LA-
GRANGE, avec un Appendice sur la gravure, la lithographie
et la photographie, par Philippe BURTY. Paris, 1861, in-4.
fig. — N° 857 B.

Exposition des beaux-arts, Salon de 1863 ; par Louis AUVRAY.
Paris, 1863, in-8. — N° 84 A.

L'Art et les artistes modernes en France et en Angleterre ; par
Ernest CHESNEAU. Paris, 1864, in-12. — N° 299 A.

Le Salon de 1867 et les Beaux-Arts à l'exposition universelle du
Champ-de-Mars ; par L. AUVRAY. Paris, 1867, in-8. — N° 84 B.
— Un double.

Exposition universelle de 1867 à Paris. — Catalogue général
publié par la Commission impériale : 1re livraison, Œuvres
d'art. Paris, in-12. — N° 591 L.

Exposition de 1867. — 1° Bavière. Catalogue de l'Exposition
des beaux-arts. Paris, 1867, in-12. — 2° Belgique. Catalogue
des œuvres d'art. Bruxelles, 1867, in-12. — N° 591 M.

D. *Écrits périodiques sur les beaux-arts* (1).

Almanach de peinture (1re et 2e année, en italien et en français), contenant des portraits des peintres de la Galerie royale

(1) Voir, pour les ouvrages qui ne sont point ici, la section de l'architecture.

de Florence, avec leurs éloges, etc. Florence, 1792-93, pet. in-16. — N° 26.

Annales des bâtimens et de l'industrie française, et Annales des arts, des sciences et des lettres, faisant suite aux précédentes. Paris, 1817-23, 12 vol. in-12, fig. — N° 36.

Revue des beaux-arts. Tribune des artistes. Paris, 1850-54, 5 vol. in-8. — N° 1422.

L'Artiste. Journal de la littérature et des beaux-arts. Paris, 1831-66, 71 vol. in-8 et gr. in-8, fig. — N° 73.

Cenni puramente biografici estratti dal vol. 11 del Giornale di belle arti. — Notices purement biographiques, extraites du 2° vol. du Journal des beaux-arts; par Léopold CICOGNARA. Venise, 1834, in-8. — N° 312 A.

Bulletin archéologique publié par le Comité historique des arts et monumens. Paris, 1840, 3 vol. in-8. — N° 227 A.

Les Beaux-Arts, illustration des arts et de la littérature. Paris, 1844, 3 vol. in-4, fig. — N° 118.

Bulletin du Comité de la langue, de l'histoire et des arts de la France (1852-57). Paris, 1854-60, 4 vol. in-8. — N° 228 A.

Revue universelle des arts, publiée par Paul Lacroix et Marsuzi de Aguirre. Paris, 1855-66, 23 vol. in-8. — N° 1424.

Gazette des beaux-arts. Paris, 1859-73, 32 vol. gr. in-8, fig. — N° 681.

Zeitschrift für bildende Kunst. — Gazette des beaux-arts, accompagnée d'une chronique, publiée par Charles de Lützow. Leipzig, 1866 et suiv., 7 vol. gr. in-8, fig. — N° 681 A.

Bulletin des Commissions royales d'art et d'archéologie (septième année et les 4 premiers numéros de la huitième). Bruxelles, 1868 et suiv., in-8, fig. — N° 227 B.

Jahrbücher für Kunstwissenschaft, etc. — Annales des beaux-arts; par A. ZAHN. Leipzig, 1868 et suiv., 4 vol. in-8, fig. — N° 1702 B.

E. *Poëmes sur les beaux-arts.*

La Peinture, poëme; par Ch. PERRAULT. Paris, 1668, pet. in-fol. — N° 1271.

De Pictura, carmina; par C.-A. DU FRESNOY et F.-M. MARSY. Lipsiæ, 1770, in-8. — N° 508.

L'Art de peinture; par Ch.-Alph. DU FRESNOY, trad. en françois, avec des remarques. Paris, 1668, in-8. — N° 508.

L'Art de peinture, de C.-A. DU FRESNOY, trad. en françois... par de Piles. 4ᵉ édit. Paris, 1751, in-8. — N° 508.

L'École d'Uranie, ou l'Art de la peinture, trad. du latin d'A. DU FRESNOY et de l'abbé DE MARSY... par M. D.-Q. Paris, 1753, in-8. — N° 508.

L'Art de peindre, traduction libre en vers françois du poëme latin de Ch.-Alph. DU FRESNOY, avec des remarques par M. Renou, peintre du Roi, etc. Paris, 1789, in-8. — N° 508.

L'Art de la peinture de DU FRESNOY, traduct. par Rabany-Beauregard. Clermont, 1822, in-8. — N° 508.

The Art of painting of Ch.-A. DU FRESNOY (trad. en anglais par W. Mason, avec notes de J. Reynolds). Dublin, 1783, in-8. — N° 508.

Épistre en vers d'un père à son fils sur la peinture; par COY-PEL. Seconde édition. Paris, 1712, plaq. in-4. — N° 368.

Sculptura, carmen; par L. DOISSIN. Parisiis, 1753, in-12. — N° 483.

L'Art de peindre. Poëme, avec des réflexions sur différentes parties de la peinture; par WATELET. Paris, 1760, gr. in-4, front., fig. — N° 1681.

La Peinture, poëme couronné aux Jeux floraux, 1767; par MI-CHEL. Lyon, 1767, plaq. in-8, front. et vignettes. — N° 1057.

La Peinture, poëme en trois chants; par LE MIERRE. Paris, s. d. (1769), in-4, fig. — N° 924.

Les Arts, poëme en trois chants; par J.-B. LAVEDAN. Paris, an X, plaq. in-8. — N° 883.

La Peinture, poëme en trois chants ; par H.-Z. DE VALORI. Paris, 1809, in-8. — N° 1610.

Géricault, prose et vers ; par Émile COQUATRIX. Rouen, 1846, in-8. — N° 154.

Le Livre des peintres et graveurs ; par Michel DE MAROLLES, abbé de Villeloin ; seconde édition de la Bibliothèque elzévirienne, revue et annotée par Georges Duplessis. Paris, 1872, in-12. — N° 1009 A.

> Ce petit livre est écrit en vers.

F. *Dictionnaires et Encyclopédies.*

Vocabolario toscano dell' arte del disegno, etc. — Vocabulaire toscan des arts du dessin, dans lequel on explique les termes propres et les mots non-seulement de la peinture, de la sculpture et de l'architecture, mais encore des arts qui leur sont subordonnés et dont le dessin est la base, avec une notice sur les pierres précieuses, les métaux, les pierres dures ou tendres, les marbres, les bois, les couleurs, les instruments et autres matériaux, etc.; ouvrage dédié à l'Académie della Crusca ; par Philippe BALDINUCCI. Florence, 1681, in-4. — N° 93.

Dictionnaire abrégé de peinture et d'architecture. Paris, 1746, 2 vol. in-12. — N° 468.

Dictionnaire portatif des beaux-arts ; par LACOMBE. Nouv. édit. Paris, 1755, in-8. — N° 850.

Dictionnaire portatif de peinture, sculpture et gravure, avec un traité pratique des différentes manières de peindre ; par Ant.-Jos. PERNETY. Paris, 1757, in-12. — N° 1268.

Encyclopédie méthodique des beaux-arts. Paris, 1788, 2 vol. in-4. — N° 560 E.

Dictionnaire des arts de peinture, sculpture et gravure ; par WATELET ET LÉVESQUE. Paris, 1792, 5 vol. in-8. — N° 1082.

Dictionnaire des beaux-arts, par A. L. MILLIN. Paris, 1806, 3 vol. in-8. — N° 1072.

Dictionnaire des monogrammes, marques figurées, lettres initiales, noms abrégés, etc., avec lesquels les peintres, des-

sinateurs, graveurs et sculpteurs ont désigné leurs noms;
par François Brulliot. Nouvelle édition, revue, corrigée et
augmentée d'un grand nombre d'articles. Munich, 1832-34,
3 part. en 3 vol. gr. in-4. — N° 215.

Dictionnaire iconographique des monuments de l'antiquité
chrétienne et du moyen âge, depuis le bas-empire jusqu'à
la fin du seizième siècle, indiquant l'état de l'art et de la civilisation à ces diverses époques; par L.-J. Guénebault.
Paris, 1843-45, 2 vol. in-8. — N° 724.

Conversations-Lexicon für bildende Kunst. — Dictionnaire de la
conversation (beaux-arts, etc.) Leipzig, 1843-53, 6 vol. in-8.
(*Non achevé.*) — N° 345 A.

Vocabulaire archéologique français-anglais et anglais-français,
avec renvoi aux 1700 vignettes illustrant le glossaire d'architecture publié par J.-H. Parker (d'Oxford); par Adolphe
Berty. Paris, 1853, in-8, fig. — N° 138 B.

Dictionary of greek and roman Antiquities. — Dictionnaire
des antiquités grecques et romaines; par William Smith. Seconde édition. Londres, 1856, in-8, fig. — N° 1527 C.

Dictionnaire de l'Académie des beaux-arts. Paris, 1858 et suiv.,
2 vol. in-8, fig. — N° 469.

Dictionnaire des antiquités grecques et romaines, accompagné de 2,000 gravures d'après l'antique, représentant tous les
divers objets d'art et d'industrie des Grecs et des Romains;
par Anthony Rich; traduit de l'anglais sous la direction de
M. Chéruel, inspecteur de l'Académie de Paris. Paris, 1861,
in-8, fig. — N° 1434. — Un double.

Dictionnaire des antiquités chrétiennes, contenant le résumé
de tout ce qu'il est nécessaire de connaître sur les origines
chrétiennes jusqu'au moyen âge exclusivement; par l'abbé
Martigny. Paris, 1865, in-8, fig. — N° 1013 A.

Dictionnaire des antiquités grecques et romaines, d'après les
textes et les monuments. Ouvrage rédigé par une société
d'écrivains spéciaux, d'archéologues et de professeurs, sous
la direction de MM. Ch. Daremberg et Edm. Saglio, avec
3000 figures d'après l'antique, dessinées par P. Sellier et
gravées par M. Rapine. Paris, 1873, in-4, fig. (En cours de
publication). — N° 467 B.

G. *Mélanges et Recueils de pièces relatives aux beaux-arts.*

Essai sur la peinture, la sculpture et l'architecture (par L. Petit
de Bachaumont). S. l. (Paris), 1751, in-8, front. — N° 572.
— Autre édition. Paris, 1752.

Dialogues sur les arts entre un artiste américain et un amateur
françois (par P. Estève). Amsterdam, 1756, in-12. — N° 466.

OEuvres diverses de M. Cochin, secrétaire de l'Académie
royale de peinture et sculpture, ou Recueil de quelques
pièces concernant les arts. Paris, 1771, 3 vol. in-12. —
N° 330.

Anecdotes des beaux-arts, contenant tout ce que la peinture, la
sculpture, la gravure, l'architecture, etc., et la vie des artistes
offrent de plus curieux et de plus piquant chez tous les
peuples du monde, depuis l'origine de ces différens arts
jusqu'à nos jours, avec des notes historiques et critiques et
des tables raisonnées, où l'on apprécie en peu de mots les
artistes et les auteurs dont on a rapporté les anecdotes
(par Nogaret). Paris, 1776-80, 3 vol. in-8. — N° 1208.

OEuvre d'Étienne Falconnet. statuaire. Lauzanne, 1781, 6 vol.
in-8. — N° 598.

Lettre d'un artiste à M. ***, député à l'Assemblée nationale,
sur les nouveaux écrits qui ont rapport aux beaux-arts et
aux sociétés d'artistes (par Quatremère de Quincy). Paris,
1791, in-8. — N° 1356.

Mélanges sur les beaux-arts; par N. Ponce. Paris, 1826, in-8.
— N° 1325.

Statistique des beaux-arts en France, annuaire des artistes
français, établissemens publics consacrés aux beaux-arts,
dictionnaire des peintres, sculpteurs, graveurs, architectes, etc.; par Guyot de Fère. Paris, 1835, in-8, fig. — N° 739.

A travers les arts. Causeries et mélanges; par Charles Garnier, architecte. Paris, 1869, in 12. — N° 669 B¹.

H. *Bibliographie générale et spéciale des beaux-arts.*

Bibliothèque de peinture, de sculpture et de gravure; par Chr.-Th. DE MURR. Francfort et Leipzig, 1770, 2 vol. in-12, — Nᵒ 1123. — Un double.

Bibliografia storico - critica dell' architettura civile, etc. — Bibliographie historique et critique de l'architecture civile et des arts qui lui sont subordonnés; par l'abbé Angelo Co- MOLLI. Rome, 1788-92, 4 vol. in-4. — Nᵒ 337 C.

Catalogo ragionato dei libri d'arte e d'antichità posseduti dal conte Cicognara. — Catalogue raisonné des livres d'art et d'antiquités appartenant au comte CICOGNARA. Pise, 1821, 2 vol. in-8. — Nᵒ 265.

Kunstcatalog. — Bibliographie des beaux-arts; par Rodolphe WEIGEL. Leipzig, 1849-66, 5 vol. in-8. — Nᵒ 1685 C.

Catalogue raisonné d'une collection de livres, pièces, docu- ments, manuscrits et autographes relatifs aux arts de pein- ture, sculpture, gravure et architecture, réunie par Jules GODDÉ, peintre, avec des notes du collecteur. Paris, 1850, in-8. — Nᵒ 269. — Un double.

Catalogue des planches gravées composant le fond de la chalco- graphie, et dont les épreuves se vendent dans cet établisse- ment, au Musée impérial du Louvre. Paris, 1860, in-8 — Nᵒ 269 M.

Essai de bibliographie, contenant l'indication des ouvrages relatifs à l'histoire de la gravure et des graveurs; par Georges DUPLESSIS. Paris, 1862, in-8. — Nᵒ 527 C.

Essai d'une bibliographie générale des beaux-arts; par Georges DUPLESSIS. Paris, 1866, in-8. — Nᵒ 527 B.

Universal Catalogue of books on art, etc. — Catologue général des livres d'art, comprenant la peinture, la sculpture, l'ar- chitecture, la décoration, les médailles, les antiquités, publié par l'ordre des lords, membres du conseil pour l'éduca- tion. Londres, 1870, 2 vol. gr. in-8. — Nᵒ 269 L.

III. HISTOIRE GÉNÉRALE DE L'ART.

1. DEPUIS SES ORIGINES JUSQU'A NOS JOURS.

Histoire des arts qui ont rapport au dessein ; par P. MONIER, peintre du Roi. Paris, 1698, in-12, front. — N° 1090.

Histoire de l'art par les monumens, depuis sa décadence au IVe siècle, jusqu'à son renouvellement au XVIe ; par J.-B.-L.-G. SEROUX D'AGINCOURT. Paris, (1811-) 1823, 6 vol. gr. in-fol., fig. (325 pl.) — N° 17.

Leçons sur l'histoire et la théorie des beaux-arts ; par A. (Guillaume) SCHLEGEL. Paris, 1830, in-8. — N° 1505 C.

Origine et Progrès de l'art, études et recherches ; par P.-A. JEANRON. Paris, 1849, in-8. — N° 812.

Études sur les beaux-arts, depuis leur origine jusqu'à nos jours ; par F.-B. DE MERCEY. Paris, 1855, 3 vol. in-8. — N° 1043.

Histoire des arts du dessin depuis l'époque romaine jusqu'à la fin du XVIe siècle, accompagnée d'un atlas composé de 58 pl. ; par M.-J. RIGOLLOT. Paris, 1863-64, 3 vol. in-8, fig. — N° 1442 A.

Étude sur l'histoire de l'art ; par L. VITET, de l'Académie française. Paris, 1864, 4 vol. in-12. — N° 1658 B.

Geschichte der bildenden Künste, etc. — Histoire des arts du dessin ; par Carl SCHNAASE. Seconde édition. Paris, 1866-69, 3 vol. in-8, fig. — N° 1506 A.

2. CHEZ LES ANCIENS ET PARTICULIÈREMENT CHEZ LES GRECS.

Histoire de l'art de l'antiquité ; par (J.) WINCKELMANN, traduite de l'allemand par Huber. Leipzig, 1781, 3 vol. in-4, front. — N° 1693.

Storia delle arti del disegno presso gli antichi, etc. — Histoire des arts du dessin chez les anciens ; par (J.) WINCKELMANN, traduite de l'allemand, corrigée et augmentée par l'abbé Féa, jurisconsulte. Rome, 1783-84, 3 vol. in-4, front. et fig. — N° 1694.

Histoire de l'art chez les anciens; par (J.) WINCKELMANN, traduite de l'allemand (par Jansen). Paris, 1795-1803, 3 vol. in-4, portr. et fig. — N° 1695.

Manuale storico dell' arte greca, etc. — Manuel de l'histoire de l'art grec; par George VASARI, publié par les soins d'une société d'amis des arts. Florence, 1846, in-12. — N° 1616.

Manuel de l'histoire de l'art chez les anciens : 1° sculpture ancienne et moderne du Louvre; 2° catalogue chronologique des artistes; 3° statues, mosaïques, pierres gravées, bustes privés, des collections particulières; par le comte DE CLARAC. Paris, 1847-49, 3 vol. in-8. — N° 315.

Praxitèle. Essai sur l'histoire de l'art et du génie grecs, depuis l'époque de Périclès jusqu'à celle d'Alexandre; par Émile GEBHART. Paris, 1864, in-8. — N° 681 B.

Die antiken Schriftquellen zur Geschichte der bildenden Künste bei den Griechen. — Les Antiques Sources de l'histoire des beaux-arts chez les Grecs; par J. OVERBECK. Leipzig, 1868, in-8. — N° 1222 B.

3. CHEZ LES MODERNES.

A. *Angleterre, Allemagne, Suède et Pays-Bas.*

L'État des arts en Angleterre; par M. ROUQUET, de l'Académie royale de peinture et de sculpture. Paris, 1755, in-12. — N° 1468.

Les Beaux-Arts en Angleterre, etc., etc.; par DALLAWAY; ouvrage publié et augmenté de notes par A.-L. Millin, membre de l'Institut. Paris, 1807, 2 vol. in-8. — N° 378.

Mémoire sur l'ancien état des beaux-arts en Suède; par T.-C. BRUUN-NEERGAARD. Paris, 1812, in-8. — N° 220.

Histoire de l'art moderne en Allemagne; par le comte Athanase RACZYNSKI. Paris, 1836-41, 3 vol. in-4, fig. et atlas in-fol. — Supplément. Berlin, 1842. — N° 1374 A.

De l'Art en Allemagne; par Hippolyte Fortoul. Paris, 1842, 2 vol. in-8. — N° 635.

Les Ducs de Bourgogne. Études sur les lettres, les arts et l'industrie pendant le xve siècle, et plus particulièrement dans les Pays-Bas et le duché de Bourgogne; par le comte Léon de Laborde. Paris, 1849-51, 3 vol. gr. in-8. — N° 844.

L'Art, les artistes et l'Industrie en Angleterre; discours prononcé devant la Société des arts de Londres; par Théophile Silvestre. Paris, 1859, in-12. — N° 1524.

B. *Espagne et Portugal.*

Des Arts et des artistes en Espagne jusqu'à la fin du xviiie siècle; par Édouard Laforge. Lyon, 1859, gr. in-8. — N° 855. — Un double.

Album de la exposicion retrospectiva de obras de pintura, etc., etc. — Album de l'exposition rétrospective des ouvrages de peinture, sculpture, architecture et arts somptuaires, etc.; par J. Serra et Gibert. Barcelone, 1868, in-4 obl., fig. — N° 1518 A.

C. *France.*

Les Artistes du nord de la France et du midi de la Belgique aux xive, xve et xvie siècles; par Al. de la Fons baron de Mélicocq. Béthune, 1848, in-8. — N° 630.

Archives de l'art français, recueil de documents inédits relatifs à l'histoire des arts en France. (Abecedario de Mariette. — Documents.) Paris, 1851-60, 12 vol. in-8. — N° 57.

Fragment de l'histoire des arts à Bordeaux. Académie de peinture et sculpture sous Louis XIV; par J. Delpit. Bordeaux, 1853, in-8. — N° 424.

Les Monuments de l'histoire de France. Catalogue des productions de la sculpture, de la peinture et de la gravure, relatives à l'histoire de la France et des Français; par M. Hennin. Paris, 1856-63, 10 vol. in-8. — N° 757 A.

Les Artistes de la ville et de la cathédrale de Bourges; par le baron de Girardot. Nantes, 1861, in-fol. — N° 696 C.

Discours sur l'état des beaux-arts en France au xive siècle; par Ernest RENAN. Paris, 1863, gr. in-4. — N° 913 A.

Histoire de l'art en France, recueil raisonné et annoté de tout ce qui a été écrit et imprimé sur la peinture, la sculpture, etc., depuis leur origine jusqu'à nos jours, par POUSSIN, FÉLIBIEN, MIGNARD, etc., etc. 1re série. Paris, s. d., in-8. — N° 765.

D. *Italie.*

Italienische Forschungen. — Recherches sur l'Italie; par (Charl.-Fréd.) DE RUMOHR. Berlin, 1827-31, 3 vol. in-8. — N° 1475 A.

Der Cicerone, etc., etc. — Le Cicérone, guide pour apprendre à goûter les œuvres de l'art en Italie; par Jacob BURCKHARDT. Bâle, 1860, 3 vol. in-12. — N° 228 G.

Documenti ed illustrazioni risguardanti la storia artistica Ferrarese. — Documents et éclaircissements relatifs à l'histoire artistique de Ferrare; par Louis CITTADELLA. Ferrare, 1868, in-8. — N° 312 B.

Geschichte der italienischen Kunst, etc. — Histoire de l'art italien; par Ernest FŒRSTER. Leipzig, 1869-70, 2 vol. in-8. — N° 634 B.

IV. MATÉRIAUX POUR L'HISTOIRE GÉNÉRALE DE L'ART.

1. ARCHÉOLOGIE.

A. *Archéologie classique.*

a. Traités, Manuels, Annales et Revues.

Introduction à l'étude des monumens antiques; par (Aubin-Louis) MILLIN. Paris, 1796, in-8. — N° 1074.

Introductions à l'étude de l'archéologie, des pierres gravées et des médailles; par A.-L. MILLIN. Nouvelle édition, revue par B. de Roquefort. Paris, 1826, in-8. — N° 1073.

Annali dell' Instituto, etc. — Annales de l'Institut de correspondance archéologique. Rome, 1829-71, 45 vol. in-8 et
3 petits in-fol. — N° 37 A.

Bulletino degli annali, etc. — Bulletin des Annales de l'Institut
de correspondance archéologique, etc. Rome, 1829-71,
36 vol. in-8 et 3 petits in-fol. — N° 37 A.

Monumenti inediti, etc. — Monuments inédits publiés par
l'Institut de correspondance archéologique. Rome, 1829-
1870, I-VI, grand in-fol. Chaque volume se compose de
60 pl. — N° 37 A.

Monuments de l'art antique d'après le choix et l'arrangement
de Ch.-O. MÜLLER, dessinés et gravés par Charles Österley.
Göttingue, 1832. Continués par M. WIESELER (texte allemand). In-4 obl., fig. — N° 1121 A.

Bulletino archeologico Napolitano, etc. — Bulletin archéologique napolitain, publié par Fr. AVELLINO, directeur du musée Bourbon. Naples, 1840-48, 6 vol. in-4. — Nouvelle série,
publiée par les soins du P. GARRUCCI et de Jules MINERVINI.
Naples, 1855-59, 8 vol. in-4. — N° 228 C. — Bulletin archéologique, publié par les soins de J. MINERVINI. Naples, 1862-
63, in-4. — N° 228 D.

Nouveau Manuel complet d'archéologie, ou Traité sur les
antiquités grecques, étrusques, romaines, égyptiennes,
indiennes, etc., etc.; par Ch.-O. MÜLLER, traduit de l'allemand par (Pol) Nicard. Paris, 1841, 2 vol. in-12 et atlas
obl. — N° 1121.

> Cette traduction d'un livre qui a contribué si puissamment à vulgariser
> l'étude de l'antiquité figurée, car il est le point de départ de cette grande
> étude, et qui n'aurait pas dû paraître dans la série des *Manuels Roret*, a
> été faite sur la 2e édition du *Manuel d'archéologie*. Frederick Welcker
> en a donné une troisième édit. (1848), avec de précieuses annotations.

Traité élémentaire d'archéologie, monuments d'architecture,
de sculpture et de peinture; par CHAMPOLLION-FIGEAC. 2e édition. Paris, 1843, 2 t. en 1 vol. in-32. — N° 288.

Annales archéologiques, publiées par (A.-N.) DIDRON aîné,
avec la collaboration des principaux archéologues français
et étrangers. Paris, 1844-69, 26 vol. in-4, fig. — N° 471.

Revue archéologique, ou Recueil de documents et de mémoires
relatifs à l'étude des monuments, à la numismatique et à la

philologie de l'antiquité et du moyen âge, publiés par les principaux archéologues français et étrangers, et accompagnés de planches gravées d'après les monuments originaux. Paris, 1844-72, 1re et 2e série, 40 vol. in-8, fig. — N° 1421.

Cours d'histoire et d'archéologie; par Léon HEUZEY. Paris, 1864, in-8. — N° 763 B.

Académie des inscriptions et belles-lettres, comptes rendus des séances des années 1865, 1866, 1867 et 1868. Nouvelle série. Paris, (1865-69), 4 vol. in-8. — N° 9 B.

b. Recueils de monuments figurés en tout genre.

L'Antiquité expliquée (en franç. et en latin) et représentée en fig.; par Bernard DE MONTFAUCON. Paris, 1722, 5 tom. en 10 vol. in-fol. — Suppl. Paris, 1724, 5 vol. in-fol., fig. — N° 1105.

Le Antiche Lucerne sepolcrali figurate, etc. — Lampes funéraires antiques, recueillies dans les fouilles, dessinées et gravées par Santi Bartoli, etc., et accompagnées des remarques de J.-P. BELLORI. Rome, 1729, 3 tom. en 2 vol. in-fol., fig. — N° 131 E.

Recueil d'antiquités égyptiennes, étrusques, grecques et romaines (par le comte DE CAYLUS). Paris, 1752-67, 7 vol. in-4, fig. — N° 278.

Monumenti antichi inediti, etc. — Monuments antiques inédits, expliqués et illustrés; par Jean WINCKELMANN. Rome, 1767, 2 vol. in-fol., fig. — N° 1692.

> A ces deux volumes se trouve joint un 3e volume que l'on a l'habitude de placer à la suite, bien qu'il ne soit pas de Winckelmann, mais du P. Stefano Raffei, et qui contient, parmi d'autres recherches archéologiques, une dissertation assez célèbre sous ce titre : *Ricerche sopra un Apolline della villa dell' Em. S. card. Albani*. Roma, 1772, in-fol., fig.

Monumens antiques, inédits ou nouvellement expliqués; par A.-L. MILLIN. Paris, 1802-1806, 2 vol. in-4, fig. — N° 1070.

Description des tombeaux de Canosa, ainsi que des bas-reliefs, des armures et des vases peints qui y ont été découverts en 1813; par A.-L. MILLIN. Paris, 1816, in-fol., fig. — N° 1075 B.

Antike Bildwerke zum ersten Male bekannt gemacht, etc. — Monuments antiques inédits; par Édouard GERHARD. Stuttgart, (1827-28), in-4 et in-fol. — N° 686 B.

Galleria Omerica, etc. — Galerie homérique, ou Recueil de monuments antiques pour servir à l'étude de l'Iliade et de l'Odyssée; par François INGHIRAMI. Florence, 1829-31, 5 vol. in-8, texte et atlas. — N° 789 B.

Monumens inédits d'antiquité figurée, grecque, étrusque et romaine; par RAOUL-ROCHETTE. Paris, 1833, in-fol. — N° 1383 A.

Die Gräber der Hellenen. — Les Tombeaux des Grecs; par le baron DE STACKELBERG. Berlin, 1837, in-fol., fig. — N° 1536 A.

Compte rendu de la commission impériale archéologique de Saint-Pétersbourg (1859-67). Saint-Pétersbourg, 1860-68, 9 années en 4 vol. in-4, fig. dans le texte, et un atlas in-fol. — N° 337 A.

Chefs-d'œuvre de l'art antique, architecture, peinture, statues, bas-reliefs, bronzes, mosaïques, vases, médailles, camées, bijoux, meubles, etc.; texte par ROBIOU et François LENORMANT. Paris, 1867-68, 2 séries en 7 vol. in-4, fig. — N° 936 D.

c. Galeries et Collections d'antiquités.

Reproduction des monuments. — Voy. aussi *Géographie d'art*, p. 59-64.

Museo Capitolino, etc. — Voy. la *Sculpture*, p. 163.

Romanum Museum, sive Thesaurus eruditæ antiquitatis; opera et studio Mich.-Ang. CAUSEI (DE LA CHAUSSE). Romæ, 1746, 2 vol. in-fol., fig. — N° 257.

Tableaux, statues, bas-reliefs et camées de la galerie de Florence et du palais Pitti, dessinés par WICAR, peintre, et gravés sous la direction de C.-L. Masquelier, avec les explications par MONGEZ. Paris, 1789-1814, 4 vol. in-fol., fig. — N° 659.

Il Museo Pio Clementino. — Voy. la *Sculpture*, p. 163.

Il Museo Chiaramonti. — Voy. la *Sculpture*, p. 163.

Vues des salles du musée du Vatican avec la représentation des monuments. (Recueil factice.) Gr. in-fol. — N° 1124 D.

Museo Borbonico. — Musée Bourbon. Naples, 1824-57, 16 vol. in-4, fig. — N° 1124 L.

Musée Blacas, monuments grecs, étrusques et romains, vases peints; par Théodore PANOFKA. Paris, 1829, in-fol., fig. — N° 1241.

Antiques du cabinet du comte de Pourtalès-Gorgier, décrites par Th. PANOFKA, secrétaire dirigeant de l'Institut archéologique. Paris, 1834, in-fol., fig. — N° 1241 E.

Antiquités du Bosphore Cimmérien, conservées au musée impérial de l'Ermitage. Saint-Pétersbourg, 1854-55, 3 vol. gr. in-fol., dont 1 de planches. — N° 45.

Description des antiquités et objets d'art composant le cabinet de M. Fould; par (Anatole) CHABOUILLET. Paris, 1861, in-fol., fig. — N° 282.

Monumenti del museo Lateranense, etc. — Les Monuments du musée de Saint-Jean de Latran; par Raphaël GARRUCCI. Rome, 1861, in-fol., fig. — N° 1124 H.

Die antiken Bildwerke des Lateranensischen Museum, etc. — Monuments antiques du musée de Latran; par Otto BENNDORF et Richard SCHÖNE. Leipzig, 1867, in-8, fig. — N° 133 A.

Musée Napoléon III. Choix de monuments antiques pour servir à l'histoire de l'art en Orient et en Occident; par A. DE LONGPÉRIER. Paris, s. d., in-4, fig. — N° 1124 J. — (En cours de public.)

Das akademische Kunstmuseum, etc. — Le Musée académique de Bonn; par Reinhard KEKULÉ. Bonn, 1872, in-8, avec 3 photogr. — N° 832 C.

d. Vases peints.

Antiquités étrusques, grecques et romaines, tirées du cabinet de M. Hamilton (par P.-H. HUGUES, dit d'Hancarville, en anglais et en français). Florence, 1801-1802, 2 vol. in-fol. — N° 46.

Recueil de gravures d'après des vases antiques, la plupart d'un
travail grec, trouvés dans des tombeaux au royaume des
Deux-Siciles, principalement dans les environs de Naples,
en 1789 et 1790, tirés du cabinet de M. le chevalier Hamilton; par Guillaume Tischbein. Paris, 1803-1809, 4 tom. en
2 vol. in-fol., fig. — N° 1580.

Peintures de vases antiques vulgairement appelés étrusques,
tirées de différentes collections; par Dubois-Maisonneuve.
Paris, 1808-10, 2 vol. gr. in-fol., fig. — N° 1261.

Peintures antiques et inédites de vases grecs, tirées de diverses collections, avec des explications; par (James) Millingen. Rome, 1813, gr. in-fol., fig. — N° 1077.

Collection des vases grecs de M. le comte Lamberg; par
Alexandre de Laborde. Paris, 1813-24, 2 vol. gr. in-fol.,
fig. — N° 845 A.

Peintures antiques de vases grecs de la collection de sir John
Coghill, baronnet; par J. Millingen. Rome, 1817, gr. in-fol.,
fig. — N° 1078.

Vases from the collection of sir H. Englefield, etc. — Vases
de la collection de sir Henry Englefield, baronnet; par
H. Moses. Londres, (1819), in-4, fig. — N° 1119.

Ancient unedited Monuments. — Painted greek vases, etc. —
Monuments antiques inédits. — Peintures des vases grecs
qui font partie des collections dans diverses contrées, mais
principalement dans la Grande-Bretagne, illustrées et expliquées par James Millingen. Londres, 1822-26, in-4, fig.
— N° 1076.

Auserlesene griechische Vasenbilder, etc. — Choix de vases grecs
peints, venant principalement des fouilles de l'Étrurie; par
Éd. Gerhard. Berlin, 1840-58, 4 vol. in-4, fig. — N° 686.

Griechische und etruskische Trinkschalen und Gefässe, etc. —
Coupes et vases, grecs et étrusques, du musée de Berlin et
autres collections; par Édouard Gerhard. Berlin, 1840,
2 vol. in-fol., fig. — N° 686 D.

Élite des monuments céramographiques, matériaux pour
l'histoire des religions et des mœurs de l'antiquité; par
Ch. Lenormant et J. de Witte. Paris, 1844-61, 4 vol. in-4,
fig. — N° 936 A.

Apulische Vasenbilder, etc. — Vases de la Pouille du musée
de Berlin; par Édouard GERHARD. Berlin, 1845, in-fol., fig.
— 686 A.

Choix de vases peints du musée d'antiquités de Leyde; par
J. ROULEZ. Gand, 1854, in-fol., fig. — N° 1467.

Griechische Vasenbilder, etc. — Peintures de vases grecs,
publiées par H. HEYDEMANN. Berlin, 1870, in-fol., fig. —
N° 763 H.

Griechische und sicilische Vasenbilder. — Vases peints, grecs
et siciliens; par Otto BENNDORF. Berlin, 1869 et suiv., in-fol.,
fig. — N° 133 A. — (En cours de public.)

Die Vasensammlungen des Museo nazionale, zu Neapel, etc. —
Collection des vases du Musée national de Naples; par
H. HEYDEMANN. Berlin, 1872, in-8, avec 22 lith. — N° 763 I.

    e. Écrits sur les vases peints. — Catalogues et descriptions de Musées.

Beschreibung der Vasensammlung, etc. — Description de la
collection des vases du roi Louis dans la Pinacothèque
à Munich; par Otto JAHN. Munich, 1854, in-8, fig. —
N° 1220 B.

Études sur les vases peints; par J. DE WITTE. Paris, 1865,
in-8, fig. — N° 1699 A.

Beschreibung der Glyptothek, etc. — Description de la glypto-
thèque du roi Louis Ier à Munich; par H. BRUNN. Munich,
1868, in-16. — N° 223 B.

    f. Pierres gravées, Bijoux et Médailles.

Gemme antiche figurate, etc. — Pierres gravées antiques figurées, publiées par Dom. DE ROSSI; avec les explications de
Paul-Alex. MAFFEI. Rome, 1707-9, 4 tom. en 2 vol. in-fol.,
fig. — N° 1463 A.

Gemmenkunde. Antike geschnittene Steine vom Grabmahl, etc.
— Notice sur les pierres gravées antiques qui ornent le tom-
beau de Sainte-Élisabeth, dans l'église de Marbourg (Hesse-
Électorale). Mémoire archéologique, par Fréd. CREUZER.
Leipzig et Darmstadt, 1834, in-8, fig. — N° 370 A.

Trésor de numismatique et de glyptique, etc. (Voy. plus loin, p. 160). — N° 1596.

Erklärendes Verzeichniss der Antiken, etc. — Catalogue des pierres gravées du musée royal de Berlin; par le docteur H. TOELKEN. Berlin, 1835, in-8. — N° 1583 A.

Catalogue général et raisonné des camées et pierres gravées de la Bibliothèque impériale, suivi de la description des autres monuments exposés dans le Cabinet des médailles et antiques; par (A.) CHABOUILLET. Paris, s. d. (1858), in-8. — N° 282.

Catalogue des bijoux du musée Napoléon III (par Ch. CLÉMENT). Seconde édition. Paris, 1862, in-12. — N° 321 B.

Médaillons antiques. In-fol. (Voy. p. 222, *Cabinet du roy*, t. III.) — N° 233 A.

g. L'Italie ancienne, notamment l'Étrurie.

Antichi Monumenti per servire, etc. — Monuments antiques pour servir à l'ouvrage intitulé : l'Italie avant la domination des Romains (par Joseph MICALI). Florence, 1810, in-fol., fig. — N° 1053 B.

Monumenti etruschi o di etrusco nome, etc. — Monuments étrusques, ou dits étrusques, dessinés, gravés, expliqués et publiés par François INGHIRAMI. S. l. (Florence), 1821-26, 10 vol. in-4, fig. en partie color. — N° 789 C.

Le Antichità di Alba Fucense, etc. — Les Antiquités d'Albe Fucensis, mesurées et illustrées par Charles PROMIS. Rome, 1836, in-8, fig. — N° 1341.

Etruskische Spiegel. — Miroirs étrusques; par Édouard GERHARD. Berlin, 1843-67, 4 vol. in-4, fig. — N° 686 E.

Monumenti di Cerè antica, etc. — Monuments de l'antique Cerè, expliqués au point de vue du culte de Mithra; par le chevalier Louis GRIFI, secrétaire de la commission des antiquités et des beaux-arts, etc. Rome, 1841, in-fol., fig. — N° 716 A.

Musei etrusci quod Gregorius XVI, Pont. Max., in ædibus Vaticanis constituit monimenta. Romæ, ex ædibus Vaticanis, 1842, 2 vol. in-fol., fig. — N° 1124 E.

Mittelitalien vor den Zeiten römischer Herrschaft, etc. — L'Italie du Centre avant les Romains, mise en lumière par ses monuments; par le docteur Guillaume ABEKEN. Stuttgard et Tubingue, 1843, in-8, fig. — N° 1 A.

Monumenti inediti a illustrazione della storia, etc. — Monuments inédits pour servir à illustrer l'histoire des anciens peuples de l'Italie; par Joseph MICALI. Florence, 1844, in-8 et in-fol., fig. — N° 1053 C.

L'Antica Etruria marittima, etc. — L'Antique Étrurie maritime comprise dans l'État pontifical, décrite et illustrée par les monuments; par Louis CANINA. Rome, 1846-51, 4 vol. in-fol., fig. — N° 250 A.

L'Étrurie et les Étrusques, ou Dix ans de fouilles dans les maremmes toscanes; par NoËL DES VERGERS. Paris, 1862-64, 2 vol. in-8, et atlas in-fol. en coul. — N° 462 B.

Pitture murali a fresco, etc., etc. — Peintures murales à fresque et ustensiles étrusques en bronze et en terre cuite, découverts en 1863 dans une nécropole près Orvieto, par Dominique Golini, et illustrés par le comte J.-G. CONESTABILE (publié aux frais du ministre de l'instruction publique). Florence, 1865, in-4 et atlas in-fol. obl. — N° 338 A.

Tavole fotografiche delle pitture Vulcenti staccate da un ipogeo etrusco, etc. — Photographies des peintures de Vulci détachées d'un tombeau étrusque près du Pont de l'Abbaye, exposées à Rome par le prince Alexandre Torlonia dans son Musée de la porte Settimiana et expliquées par Raphael GARRUCCI. 7 pl. in-fol. obl. — Texte : *Dichiarazione di Raffaele Garrucci delle pitture Vulcenti*. Rome, 1866, in-4. — N° 669 C.

Die Darstellungen des troischen Sagenkreises, etc. — Les Représentations des traditions troyennes sur les urnes étrusques funéraires, décrites et retrouvées dans les poètes; par le Dr F. SCHLIE, avec un avant-propos par H. BRUNN. Stuttgart, 1868, in-8. — N° 1505 D.

h. Herculanum et Pompéi.

Observations sur les antiquités de la ville d'Herculanum; par COCHIN le fils et BELLICARD. Paris, 1754, in-12, fig. — N° 332.

Le Antichità di Ercolano, etc. — Les Antiquités d'Herculanum.
Naples, 1757-92, 9 vol. in-fol., fig. — N° 43.

> Les cinq premiers volumes sont consacrés aux peintures; les sixième
> et septième vol., aux bronzes; le huitième, aux lampes et candélabres; le
> neuvième contient le catalogue général des monuments antiques trouvés à
> Herculanum.

Les Ruines de Pompéi; par Ch.-Fr. MAZOIS. Paris, 1812-38,
4 parties gr. in-fol., fig. — N° 1020.

Ville de Pompéia; plan général de ses fouilles, levées et dessinées
par Antoine BIBENT, architecte, etc. Paris, 1827, gr. in-fol.,
fig. — N° 143.

Les Plus Beaux Ornemens et les Tableaux les plus remarquables
de Pompéi, d'Herculanum et de Stabiæ, avec quelques plans
et vues, d'après les dessins originaux exécutés sur les
lieux; par Guillaume ZAHN. Berlin, 1828-52, 3 vol. in-fol.,
fig. — N° 1701 A.

Pompéi: Choix de monuments inédits. 1re partie : Maison du
poëte tragique; par RAOUL-ROCHETTE et J. BOUCHET. Paris,
1828, in fol., fig. color. mosaïques. — N° 1380.

Pompéi : Choix d'édifices inédits. 2e partie : Peintures, spécialement de décors d'intérieurs. Paris, 1840, in-fol. obl., fig.
color. — N° 1324.

Choix des peintures de Pompéi; par RAOUL-ROCHETTE. Paris,
1844, gr. in-fol., fig. en coul. — N° 1379.

Le Case ed i Monumenti di Pompei. — Les Maisons et les
Monuments de Pompeï; par Faust. et Fél. NICOLINI. Naples,
1854, 2 vol. in-fol., fig. en coul. — N° 1105 A. — (En cours
de publication.)

Wandgemälde, etc. — Peintures murales ; par Wolfgang
HELBIG. (Voy. *Histoire de la peinture chez les anciens*, p. 185).
N° 755 A.

*Pompeji in seinen Gebäuden, Alterthümern und Kunstwer-
ken*, etc. — Pompéi dans ses édifices, ses antiquités et ses
travaux d'art, exposé aux amis de l'antiquité par J. OVER-
BECK. Seconde édition, augmentée et améliorée, avec 531 illustrations et un plan de Pompéi. Leipzig, 1866, in-8, fig. —
N° 1222 F.

i. Explorations et Missions scientifiques.

Viaggi in alcune città del Lazio, etc. — Voyage dans quelques
villes du Latium, fondées, dit-on, par le roi Saturne; par
Marianna Dionigi. Rome, 1809, in-fol. obl., fig. — N° 478.

Expédition scientifique de Morée, ordonnée par le gouvernement français. Architecture, sculptures, inscriptions et vues
du Péloponnèse, des Cyclades et de l'Attique; publié par
A. Blouet. Paris, 1831-38, 3 vol. gr. in-fol., fig. — N° 583.

Voyage du Luxor en Égypte, entrepris par ordre du Roi
pour transporter, de Thèbes à Paris, l'un des obélisques du
Sésostris; par de Verninac de Saint-Maur. Ouvrage orné de
planches. Paris, 1835, in-8, fig. — N° 1627.

Voyage en Syrie et en Asie Mineure ; par (le comte) Léon
de Laborde. Paris, 1837-38, 2 vol. in-fol., fig. — N° 845 B.

Parallèles des édifices anciens et modernes du continent afri-
cain, dessinés et relevés de 1847 à 1854, dans l'Algérie, les
régences de Tunis et de Tripoli, l'Égypte, la Nubie, etc.;
par Pierre Trémaux, architecte et lauréat de l'Institut. Atlas
avec notices. Paris, s. d., in-fol., fig. — N° 1595 C.

Description de l'Asie Mineure, faite par ordre du gouvernement
français, de 1833 à 1837. Beaux-arts, monuments historiques,
plans et topographie des cités antiques ; par Charles Texier.
Paris, 1839-49, 3 vol. de texte et 3 vol. d'atlas, in-fol.
— N° 1557 B.

An Account of discoveries in Lycia, etc. — Exposé des découvertes faites en Lycie, ou Journal d'une seconde excursion
en 1840 dans l'Asie Mineure; par sir Charles Fellows
Londres, 1841, in-8, fig. — N° 609 B.

Researches in Asia Minor, Pontus and Armenia, etc. — Recherches dans l'Asie Mineure, le Pont et l'Arménie, avec des
remarques sur les antiquités et la géologie; par Will.-J.
Hamilton. Londres, 1842, 2 vol. in-8. — N° 748 A.

Voyage archéologique en Grèce et en Asie Mineure, fait par
ordre du gouvernement français; par Phil. Le Bas. Paris,
1847-58, gr. in-4 et in-fol., fig. — N° 886. — (En cours de
publication.)

Exploration scientifique de l'Algérie pendant les années 1840-41-42, publiée par ordre du gouvernement. Paris, 1849-50, 5 vol. in-4, fig. — N° 589 B.

Nineveh and its Remains, etc. — Ninive et ce qui en reste, suivi du compte rendu d'une visite aux Chaldéens chrétiens du Kurdistan, et de recherches sur les mœurs et les arts de l'ancienne Assyrie; par A.-H. LAYARD. Londres, 1849, 2 vol. in-8, fig. — N° 884 A.

Discoveries in the ruins of Nineveh and Babylon, etc. — Découvertes dans les ruines de Ninive et de Babylone, et voyage dans l'Arménie, le Kurdistan et le désert, etc.; par A.-H. LAYARD. Londres, 1853, in-8, fig. — N° 884. (Voir aussi p. 137.)

Voyage autour de la mer Morte et dans les terres bibliques, exécuté de décembre 1850 à avril 1851; par F. DE SAULCY. Paris, 1853, 2 vol. in-8 et atlas in-4. — N° 1500.

Voyage en Turquie et en Perse, exécuté pendant les années 1846-47 et 48; par Xav. HOMMAIRE DE HELL. Paris, 1854-60, 4 vol. in-8, et atlas in-fol. — N° 774.

Archives des missions scientifiques et littéraires, depuis 1850, publiées sous les auspices du ministère de l'instruction publique. Paris, 1855 et suiv., 13 vol. in-8, fig. — N° 57 A. — (En cours de publication.)

Études sur le Péloponnèse; par (Ernest) BEULÉ. Paris, 1855, in-8. — N° 140.

Instructions à l'usage des voyageurs en Orient; par Albert LENOIR. Paris, 1856, in-4. — N° 928 B.

Le Sérapéum de Memphis; par Aug. MARIETTE. Paris, 1857, in-fol., fig. — N° 1006 A.

Le Mont Olympe et l'Acarnanie, exploration de ces deux régions, avec l'étude de leurs antiquités, de leurs populations anciennes et modernes, de leur géographie et de leur histoire; par (Léon) HEUZEY. Paris, 1860, in-8, fig. — N° 763.

Exploration archéologique de la Galatie, de la Bithynie, d'une partie de la Mysie, de la Phrygie, de la Cappadoce et du Pont, exécutée en 1861; par Georges PERROT, avec le concours de MM. Edmond Guillaume, architecte, et Jules Delbet, docteur en médecine. Paris, 1872 (1862-72), 2 vol. in-fol., fig. — N° 1279.

Catalogue de la mission de Macédoine et de Thessalie, publiée par Léon HEUZEY, avec la coopération de M. Daumet, arch. Paris, 1862, in-12. — N° 763 F.

Catalogue des objets provenant de la mission de Phénicie; par Ernest RENAN. Paris, 1862, in-12. — N° 1413 B.

Recherches archéologiques à Éleusis, exécutées dans le cours de l'année 1860; par Franç. LENORMANT. Paris, 1862, in-8. — N° 936 C.

A History of discoveries at Halicarnassus, Cnidus and Bran-chidæ, etc., etc. — Histoire des découvertes à Halicarnasse, Cnide et Branchides; par C.-T. NEWTON. Londres, 1862-63, 2 vol. in-8 de texte et atlas in-fol. — N° 1182 B.

Expédition scientifique en Mésopotamie, exécutée par ordre du gouvernement français, 1851-54; par MM. FULGENCE, FRESNEL, Félix THOMAS et Jules OPPERT. Paris, 1863-69, 2 vol. in-4 et un atlas in-fol. — N° 1217.

Mission archéologique de Macédoine; fouilles et recherches exécutées dans cette contrée et dans les parties adjacentes de la Thrace, de la Thessalie et de l'Épire, en l'année 1861; par Léon HEUZEY et H. DAUMET. Paris, 1864, in-4, fig. — N° 763 A. — (En cours de publication.)

Mission de Phénicie, exécutée en 1860-61; par M. Ernest RENAN. Planches exécutées sous la direction de M. Thobois, arch. Paris, 1864 et suiv., texte in-4 et atlas in-fol. — N° 1413 A. — (En cours de publication.)

Nécropole de Camiros (île de Rhodes). Journal des fouilles exécutées dans cette nécropole pendant les années 1858 à 1865; par Auguste SALZMANN. Paris, in-fol., fig. — N° 1491 D. — (En cours de publication.)

Exploration archéologique en Asie Mineure, contenant les restes non connus de plus de quarante cités antiques; par (Pierre) TRÉMAUX. Paris, s. d., in-fol., fig. — N° 1595 D. — (En cours de publication.)

Ithaque, le Péloponnèse, Troie. Recherches archéologiques; par Henry SCHLIEMANN. 1 aris, 1869, in-8, fig. — N° 1505 E.

j. Mélanges d'Archéologie classique.

Recueil de différentes pièces sur les arts ; par Winckelmann, trad. de l'allem. Paris, 1786, in-8. — N° 1696.

Le Palais de Scaurus, ou Description d'une maison romaine. Fragment d'un voyage fait à Rome, vers la fin de la République, par Mérovir, prince des Suèves (par Mazois). Paris, 1819, in-8. — N° 1229. — 2ᵉ édition. Paris, 1822, in-8, fig. — N° 1230.

Monuments et ouvrages d'art antiques, restitués d'après les descriptions des écrivains grecs et latins ; par Quatremère de Quincy. Paris, 1829, 2 vol. in-4, fig. — N° 1368.

Mémoires de la Société archéologique du midi de la France, années 1832-41. Toulouse, 1834-41, 4 vol. in-4, fig. — N° 1033.

Recueil de dissertations archéologiques ; par Quatremère de Quincy. Paris, 1836, in-8, fig. — N° 1369.

Inscriptions en vers du musée d'Aix, suivies d'un Appendice sur une statue antique, récemment découverte aux environs de cette ville (par Rouard). Aix, 1839, plaq. in-8, fig. — N° 792.

Archéologie navale ; par A. Jal, publiée par ordre du Roi. Paris, 1840, 2 vol. in-8, fig. — N° 801.

Griechinnen und Griechen, nach Antiken skizzirt, etc. — Les Grecques et les Grecs d'après les monuments ; par Théodore Panofka. Berlin, 1844, in-4, fig. — N° 1241 B.

Des Artistes homériques, ou Histoire critique des artistes qui figurent dans l'Iliade et dans l'Odyssée ; par J.-P. Rossignol. Paris, 1861, in-8. — N° 1465.

Monographie de la voie sacrée éleusinienne, de ses monuments et de ses souvenirs ; par Franç. Lenormant et J. de Witte. Paris, 1864, in-8. — N° 936 B. — (En cours de publication.)

Mémoire sur les bronzes antiques de Neuvy-en-Sullias ; par P. Mantellier. Paris, 1865, in-4, fig. — N° 997 A.

Le Sanctuaire de Bacchus Tasibastenus dans le canton de
Zikhna (en Thrace); par Léon HEUZEY. Paris, in-8. —
N° 763 D.

Extrait du Bulletin de l'Académie des inscriptions et belles-lettres.

La Ville d'Éané en Macédoine et son sanctuaire de Pluton; par
Léon HEUZEY. Paris, in-8. — N° 763 C.

Extrait de la Revue archéologique.

B. *Archéologie gallo-romaine.*

Antiquités anglo-normandes; par le Dr DUCAREL, trad. de
l'angl. par A.-L. Léchaudé d'Anisy. Caen, 1823, in-8, fig.
— N° 499.

Mémoire sur des tombeaux gallo-romains découverts à Rouen
dans le cours des années 1827-28; par E.-Hyacinthe LANGLOIS,
du Pont de l'Arche. Rouen, 1829, in-8, fig. — N° 866.

Notice sur la découverte de neuf tombeaux ou sarcophages
en pierre, faite le 8 décembre 1841, dans la commune
d'Allonnes près le Mans (Sarthe); par Charles DROUET. Le
Mans, 1842, in-8. — N° 495.

Cimetière gallo-romain de Séraucourt à Bourges, fouilles de
1848; par le baron DE GIRARDOT. In-fol., fig. — N° 696 D.

La Normandie souterraine, ou Notices sur des cimetières
romains et des cimetières francs, explorés en Normandie;
par l'abbé COCHET. Rouen et Paris, 1854, in-8, fig. —
N° 326.

Sépultures gauloises, romaines, franques et normandes, faisant suite à la Normandie souterraine; par l'abbé COCHET.
Paris, 1857, in-8, fig. — N° 327.

Monuments gallo-romains de la ville de Bourges. Fragments
d'architecture et de sculpture provenant des fondations de
l'ancienne enceinte. Paris et Bourges, 1857-61, in-fol. —
N° 1111 A.

Collection de figurines en argile, œuvres premières de l'art
gaulois, avec les noms des céramistes qui les ont exécutées;
par Edmond TUDOT. Paris, 1860, in-4, fig. — N° 1598 C.

Monuments gaulois du département de Maine-et-Loire; par
GODARD-FAULTRIER. Angers, 1862, in-8, fig. et cart. —
N° 603 A.

La Seine-Inférieure historique et archéologique (époques gauloise, romaine et franque), avec une carte archéologique de
ces trois périodes; par l'abbé COCHET. Paris, 1864, in-4, fig.
— N° 329 B.

C. *Archéologie du moyen âge.*

a. Généralités.

Les Monumens de la monarchie françoise, qui comprennent
l'histoire de France, avec les figures de chaque règne que
l'injure des temps a épargnées; par Bernard DE MONTFAUCON.
Paris, 1729-33, 5 vol. in-fol., fig. — N° 1106.

Antiquités nationales, ou Recueil de monumens pour servir
à l'histoire de l'empire françois; par Aubin-Louis MILLIN.
Paris, 1790-99, 5 vol. in-fol., fig. — N° 1069.

Musée des monumens français, ou Description historique et
chronologique des statues en marbre et en bronze, bas-
reliefs et tombeaux des hommes et des femmes célèbres,
pour servir à l'histoire de France et à celle de l'art, ornée de
gravures et augmentée d'une dissertation sur les costumes
de chaque siècle; par Alexandre LENOIR. Paris, 1800-1821,
8 vol. in-8, fig. — N° 934.

Recueil de gravures pour servir à l'histoire des arts en France,
prouvée par les monumens; par Alexandre LENOIR. Paris,
1810-11, in-4 et in-fol., fig. — N° 931.

Musée royal des monumens français, ou Mémorial de l'histoire
de France et de ses monumens; par Alexandre LENOIR. Paris, 1815, in-16. — N° 935 A. — Un double.

Moyen Age pittoresque. Monumens d'architecture, meubles et
décors du Xᵉ au XVIIᵉ siècle, trente-six vues dessinées d'après
nature par Chapuy, et lithographiées par MM. Arnout, Asselineau, Bayot, etc., avec texte archéologique, descriptif et
historique, par **M.** MORET. Paris, 1837-39, 2 vol. in-fol., fig.
— N° 1120.

Monuments français inédits, pour servir à l'histoire des arts,
depuis le vi^e siècle jusqu'au commencement du xviie. Choix
de costumes civils et militaires, d'armes, armures, meubles
de toute espèce et de décorations intérieures et extérieures
des maisons, dessinés, gravés et coloriés d'après les originaux; par N.-X. WILLEMIN. Texte explicatif et descriptif par
André POTTIER. Paris, 1839, 2 vol. in-fol., fig. color. —
N° 1689.

Monumens des arts libéraux, mécaniques et industriels de la
France, depuis les Gaulois jusqu'au règne de François Ier;
par Alexandre LENOIR. Paris, 1840, gr. in-fol., fig. —
N° 933.

Essai sur divers arts; par THÉOPHILE, prêtre et moine, publié
par le comte Charles de l'Escalopier, et précédé d'une Introduction par J.-Marie Guichard. Paris, 1843, in-4. —
N° 1562.

Cahiers d'instructions sur l'architecture, la sculpture, les meubles de l'antiquité, du moyen âge, etc. Paris, 1846, in-8,
fig. — N° 234. — (Voy. à la p. 150, Archives de la commission des monuments historiques, etc.)

Le Moyen Age et la Renaissance, histoire et description des
mœurs et usages, du commerce et de l'industrie, des sciences, des arts, des littératures et des beaux-arts en Europe;
par Paul LACROIX et Ferd. SERÉ; dessins fac-simile par A. Rivaud. Paris, 1848-54, 5 vol. in-4, fig. noires et color. — N° 852 A.

Recherches sur l'architecture, la sculpture, la peinture, la
menuiserie, la ferronnerie, etc., dans les maisons du moyen
âge et de la renaissance à Lyon; par (Pierre) MARTIN. Paris et
Lyon, (1854), in-4, fig. — N° 1013 C.

Les Arts somptuaires. Histoire du costume et de l'ameublement, et des arts et industries qui s'y rattachent, sous
la direction de Hangard-Maugé, dessins de Cl. Ciappori.
Introduction générale et texte explicatif par Ch. LOUAN-
DRE; impressions en couleurs par Hangard-Maugé. Paris,
1857-58, 4 vol. in-4, fig. color. — N° 974 C.

Histoire des arts industriels au moyen âge et à l'époque de la
renaissance; par Jules LABARTE. Paris, 1864-66, 4 vol. in-8
de texte et 2 vol. in-4 d'atlas, fig. color. — N° 838 A.

Mémoires de la Société des antiquaires de France. Paris, 1817-1872, 33 vol. in-8, fig. — N° 1037 A.

b. Archéologie religieuse : Trésors d'abbayes, de cathédrales. —
Archéologie laïque : Meubles, armes, ustensiles de toutes sortes.

Archéologie chrétienne, ou Précis de l'histoire des monuments religieux du moyen âge; par l'abbé J.-J BOURASSÉ. 3ᵉ édition. Tours, 1844, in-8, fig. — N° 199.

Éléments d'archéologie à l'usage des séminaires; par l'abbé CROSNIER. Tours, 1845, in-32, fig. — N° 372.

Mélanges d'archéologie, d'histoire et de littérature, rédigés ou recueillis par les auteurs de la Monographie de la cathédrale de Bourges (Ch. CAHIER et Arth. MARTIN). Collection de mémoires sur l'orfévrerie ecclésiastique du moyen âge, etc., sur les miniatures et les anciens ivoires sculptés de Bamberg, Ratisbonne, Munich, Paris, Londres, etc., sur des étoffes byzantines, arabes, etc., sur des peintures et bas-reliefs mystérieux de l'époque carlovingienne, romane, etc. Paris, 1847-56, 4 vol. gr. in-4, fig. — N° 234 B.

Notice sur le mobilier de l'église cathédrale de Reims. Reims, 1850, in-18. — N° 1205.

Le Ciboire d'Alpais; par Alfred DARCEL. Paris, 1854, in-4, fig. — N° 395.

Kunstdenkmäler des christlichen Mittelalters, etc. —Monuments d'art du moyen âge chrétien dans les provinces Rhénanes. Première partie. Sculpture; par Ernest WEERTH. Leipzig, 1857-66, texte in-4 et atlas in-fol. — N° 1685 B.

Calice et patène de l'église Saint-Jean-du-Doigt (Finistère); par Alfred DARCEL. Paris, 1860, in-4, fig. — N° 391.

Trésor de l'église de Conques; par Alfred DARCEL. Paris, 1861, in-4, fig. — N° 396 A.

Étude archéologique sur le reliquaire du chef de saint Laurent, diacre et martyr; par le chan. X. BARBIER DE MONTAULT. Rome, 1864, in-fol., 1 pl. — N° 104 A.

Das Siegeskreuz der byzantinischen Kaiser Constantinus VII, etc. — La Croix triomphale des empereurs byzantins Constantin VII, Porphyrogénète, et Romain II, et le bâton pastoral de Saint-Pierre : deux monuments de l'art byzantin et allemand du Xe siècle, dans l'église de Limbourg-sur-Lahne; par Ernest WEERTH. Bonn, 1866, in-fol., fig. en coul. — N° 1685 A.

Glossary of ecclesiastical ornament and costume, etc. — Dictionnaire des ornements et du costume religieux, puisé dans les anciennes autorités et les anciens exemples par A. Welby PUGIN, architecte; illustré par des extraits des ouvrages de Durand, George, Bona, Catalani, Gerbert, etc., augmenté et revisé par le Révérend Bernard Smith, du collége de Sainte-Marie. 3e édition. Londres, 1868, in-4, fig. noires et en couleur. — N° 1352 C.

Handbuch der kirchlichen Kunst-Archäologie, etc. — Manuel d'archéologie pour l'art religieux de l'Allemagne au moyen âge; 4e édition, refondue et augmentée; par Henri OTTE. Leipzig, 1868, in-8, fig. — N° 1220 A.

Trésor de l'abbaye de Saint-Maurice d'Agaune, décrit et dessiné par Éd. AUBERT. Paris, 1872, 2 vol. gr. in-4, fig. — N° 80 A.

La Armeria Real ou Collection des principales pièces du musée d'artillerie de Madrid; dessins de Gaspard Sensi, texte de Achille JUBINAL. Paris, s. d. (1839), in-fol., front. et fig. — N° 828.

Antiquités de l'empire de Russie, éditées par ordre de Sa Majesté l'empereur Nicolas Ier. Moscou et Saint-Pétersbourg, 1849-1853, 6 tomes d'atlas en 4 vol. in-fol. et 6 tomes de texte en 1 vol. in-4, front., fig. en coul. — N° 44 A.

> Les planches de ce magnifique ouvrage exécutées en *chromo* avec le soin le plus remarquable, et au nombre de 520, ont été distribuées de la manière suivante : T. Ier, antiquités religieuses, 114 pl. — T. II, joyaux de l'Empire, objets précieux, etc., 102 pl. — T. III, armes et armures, 148 pl. — T. IV, costumes, peintures, portraits, 38 pl. — T. V, meubles, ustensiles, etc., 78 pl. — T. VI, architecture russe et décorations diverses, 40 pl.

Kunstwerke und Geräthschaften des Mittelalters und der Renaissance, etc. — OEuvres d'art, meubles et ustensiles du moyen âge et de la Renaissance; publiés par C. BECKER et J.-H. VON HEFNER-ALTENECK. Nouvelle édition. Francfort, 1857, 3 vol. in-4, fig. — N° 118 D.

Dictionnaire raisonné du mobilier français, de l'époque carlovingienne à la renaissance; par Viollet-le-Duc. Paris, 1858-72, 3 vol. in-8, fig. — N° 1653 A. — (En cours de publ.).

Die vorzüglichsten Rüstungen und Waffen des K. K. Ambraser-Sammlung, etc. — Les Principales Armures et Armes de l'impériale et royale collection d'Ambras, photographiées d'après l'original, publiées et décrites avec des Esquisses biographiques par le baron de Sacken, conservateur; photographies par A. Grall. Vienne, 1859-62, 2 vol. gr. in-4, fig. — N° 1476 B.

Description du trésor de Guarrazar, accompagnée de recherches sur toutes les questions archéologiques qui s'y rattachent; par Ferdinand de Lasteyrie. Paris, 1860, in-4, fig. color. — N° 879 A.

Orfévrerie mérovingienne, les œuvres de saint Éloi et la verrotérie cloisonnée; par Charles de Linas. Paris, 1864, gr. in-8, fig. — N° 967 A.

Die Kleinodien des heil. römischen Reiches deutscher Nation nebst den Kroninsignien Böhmens, Ungarns und der Lombardie. Mit kunsthistorischen Erläuterungen von D.-F. Bock, etc. — Les Joyaux du saint empire romain de la nation allemande, avec les insignes des royautés de Bohême, de Hongrie et de Lombardie; suivis d'un commentaire artistique et historique; par le Dr F. Bock, conservateur du trésor de la cathédrale à Aix-la-Chapelle. Vienne, 1864, gr. in-fol., fig. en coul. — N° 1596 A.

Catalogue des collections du cabinet d'armes de Sa Majesté l'Empereur; par O. Penguilly l'Haridon, conservateur du musée d'artillerie. Paris, 1864, gr. in-8. — N° 1261 B.

Kunst-Kammer, etc. — Musée domestique de son Alt. Roy. le prince Charles-Antoine de Hohenzollern-Sigmaringen; par J.-H. von Hefner. Munich, 1866, in-4, fig. — N° 753 B.

c. Costume chez les anciens et chez les modernes.

Costume des anciens peuples; par Dandré Bardon. Paris, 1772-1774, 2 vol. in-4, fig. — N° 379. — Nouvelle édition rédigée par Cochin. Paris, 1784-85, 2 vol. in-4, fig. — N° 380.

Choix de costumes civils et militaires des peuples de l'antiquité, leurs instrumens de musique, leurs meubles, etc.; par N.-X. WILLEMIN. Paris, 1798-1802, 2 vol. gr. in-fol., fig. — N° 1688.

Raccolta di cento tavole rappresentanti i costumi religiosi, civili, etc. — Recueil de cent planches représentant les costumes religieux, civils et militaires des anciens Égyptiens, Étrusques, Grecs et Romains, tirés des monuments; par Lorenzo ROCCHEGGIANI. Rome, (1804), in-4 obl., fig. — N° 1449 A.

Raccolta di cinquanta costumi li più interessanti delle città, terre e paesi, etc. — Recueil de cinquante costumes les plus intéressants des villes, terres et contrées du royaume de Naples, dessinés et gravés à l'eau-forte, par Bartolomeo PINELLI. Rome, 1817, in-8 obl. (Sans texte.) — N° 1303 B.

Costumes ecclésiastiques, civils et militaires des XIIIe, XIVe et XVe siècles, avec texte historique et descriptif en français et en italien; par Camille BONNARD. Rome, 1827-28, 2 vol. in-4, fig. color. — N° 173.

Costumi di Roma. — Costumes de Rome; par Bartolomeo PINELLI. (Rome), 1831, gr. in-fol. (Sans texte.) — N° 1303 A.

Costumes français avec le style des meubles et de l'architecture, depuis les temps les plus reculés jurqu'à nos jours, dessinés d'après les historiens et les monumens; par HERBÉ. Paris, 1837, in-4, fig. color. — N° 758 A.

Costume of the ancients, etc. — Costumes des anciens; par Thomas HOPE. Londres, 1841, 2 vol. gr. in-8, fig. — N° 776 A.

Études sur les populations hongroises, slaves, valaques et tsiganes de Hongrie, des frontières militaires et de Bosnie; par Théod. VALERIO. 1851-52, 2 vol. gr. in-fol., contenant 80 aquarelles et 100 croquis. — N° 1604 A.

Ces études ont figuré à l'exposition universelle de 1855 et aux salons de 1857 et 1859.

Souvenirs de la monarchie autrichienne, suite de dessins d'après nature, gravés à l'eau-forte : 1re partie, Hongrie; 2e partie, Croatie, Esclavonie, Frontières militaires; par Théod. VALERIO. In-fol. — N° 1604 B. — (En cours de publ.)

Les Populations des provinces danubiennes en 1854, suite de
dessins d'après nature, gravés à l'eau-forte; par Théod. VA-
LERIO. In-fol. — N° 1604 B. — (En cours de publ.)

Kostümkunde. — La Science du costume, ou Manuel de l'histoire du costume, de la maison et du mobilier, depuis
l'antiquité jusqu'à nos jours; par Hermann WEISS. Stuttgart, 1860-1872, 3 vol. in-8, avec de nombreuses illustrations,
d'après les dessins de l'auteur. — N° 1685 F.

Anciens Vêtements sacerdotaux et anciens tissus conservés en
France; par Charles DE LINAS. Paris, 1860-62, 2 séries en
1 vol. in-8, fig. — N° 967.

Iconographie générale et méthodique du costume du IVe au
XIXe siècle (315-1815). Collection gravée à l'eau-forte, d'après
des documents authentiques et inédits, par Raph. JACQUEMIN.
Paris, 1864-66, pet. in-fol., fig. (Sans texte.) — N° 800 A.

Costumes historiques des XVIe, XVIIe et XVIIIe siècles, dessinés
par E. LECHEVALLIER-CHEVIGNARD, gravés par MM. Didier,
Léopold Flameng, etc., avec un texte historique et descriptif
par Georges DUPLESSIS. Paris, 1867, 2 vol. in-4, fig. color.
— N° 173.

Esquisse historique de l'artillerie française depuis le moyen âge
jusqu'à nos jours; par A. DE MOLTZHEIM, capitaine au train
d'artillerie. Strasbourg, 1868, in-fol., fig. color. — N° 1084 A.

D. *Archéologie du nouveau monde.*

Antiquités mexicaines. Relation des trois expéditions du capitaine Dupaix, ordonnées en 1805, 1806 et 1807, pour la
recherche des antiquités du pays, notamment celles de
Mitla et de Palenqué; accompagnée des dessins de Cas-
tañeda, suivie d'un parallèle de ces monuments avec ceux
de l'Égypte, de l'Indostan et du reste de l'ancien monde ;
par Alexandre LENOIR, etc. Paris, 1834, 2 vol. in-fol., front.
et fig. — N° 47.

Cités et Ruines américaines. Mitla, Palenqué, Izamal, Chichen-
Itza, Uxmal; recueillies et photographiées par Désiré CHAR-
NAY, avec un texte par VIOLLET-LE-DUC, architecte, et Ferdi-
nand DENIS, conservateur à la bibliothèque Sainte-Geneviève.
Paris, 1862, gr. in-fol., avec texte in-8. — N° 291 B.

Monuments anciens du Mexique. Palenqué et autres ruines de l'ancienne civilisation du Mexique. Collection de vues, bas-reliefs, morceaux d'architecture, coupes, vases, terres-cuites, cartes et plans dessinés d'après nature et relevés par M. (Fréd.) de Waldeck. Texte dirigé par M. Brasseur de Bourbourg. Paris, 1866, in-fol., fig. — N° 1677 A.

2. GÉOGRAPHIE D'ART (1).

Les Guides dans le domaine de l'art.

A. *Publications et Notices*
concernant les monuments d'architecture, de sculpture
et de peinture
dans toutes les contrées de l'Europe.

a. Allemagne.

Histoire et description de la cathédrale de Cologne; nouvelle édition, refaite et augmentée; par Sulpice Boisserée. Munich et Londres, 1843, in-4, fig. — N° 169.

Handbook for travellers, etc. — Manuel du voyageur dans l'Allemagne méridionale, et Guide pour le Wurtemberg, la Bavière, l'Autriche, le Tyrol et le Danube, de Ulm à la mer Noire; par John Murray. 7ᵉ édition, corrigée et augmentée. Londres, 1858, in-12, cartes et plans. — N° 1123 F.

Handbook for travellers on the continent, etc. — Manuel du voyageur sur le continent, guide en Hollande, Belgique, Prusse, Allemagne du Nord, etc.; par John Murray. Londres, 1858, in-12, cartes et plans. — N° 1123 G.

b. Angleterre.

Kunstwerke und Künstler in England und Paris, etc. — Œuvres d'art et Artistes en Angleterre et à Paris, par le docteur G.-F. Waagen, directeur de la galerie de peinture du musée royal de Berlin. 3ᵉ partie : Œuvres d'art et artistes à Paris. Berlin, 1839, in-12. — N° 1676 E.

---

(1) Cette division ne contient que les ouvrages ayant un caractère plutôt descriptif que didactique.

A Guide over S' Paul's cathedral, etc. — Guide pour la cathédrale de Saint-Paul (de Londres); par D. LEEF. Nouvelle édition, 1857, in-12, fig. — N° 718 B.

The Stranger's Guide to Hampton court palace and gardens. — Le Guide de l'étranger au palais et dans les jardins d'Hamptoncourt; par John GRUNDY. Londres, 1858, in-12, fig. — N° 718 A.

Historical description of Westminter abbey, etc. — Description historique de l'abbaye de Westminster, de ses monuments, de ses curiosités. S. l. n. d., in-12, fig. — N° 444 C.

Trésors d'art en Angleterre; par W. BURGER. 3e édition. Paris, 1865, in-16. — N° 228 J.

c. France.

Description de la grotte de Versailles (par FÉLIBIEN). Paris, 1679, in-fol. fig. (*Voy.* p. 222, Cabinet du roy, t. VII). — N° 233 A.

Les Curiositez les plus remarquables de la ville d'Aix; par Pierre-Joseph DE HAITZE. Aix, 1679, in-12. — N° 745.

Description sommaire de Versailles, ancienne et nouvelle; par FÉLIBIEN. Paris, 1698, in-12, fig. — N° 604.

Voyage pittoresque dans Paris, ou Indication de tout ce qu'il y a de plus beau dans cette ville, en peinture, sculpture et architecture; par D'ARGENVILLE. Paris, 1749, in-12. — N° 65 A. — Deux autres éditions : Paris, 1765 et 1778, in-12, fig.

Nouvelle Description des châteaux et parcs de Versailles et de Marly; par PIGANIOL DE LA FORCE. Huitième édition. Paris, 1751, 2 vol. in-12, fig. — N° 1298.

Le Génie du Louvre aux Champs-Élysées. Dialogue entre le Louvre, la ville de Paris, l'ombre de Colbert et Perrault (par DE LAFONT DE SAINT-YENNE). S. l., 1756, in-12. — N° 682.

Essai historique sur le Louvre (par Jean OLIVIER). Paris, 1758, in-12. — N° 571.

Voyage pittoresque des environs de Paris, ou Description des maisons royales, châteaux, etc.; (par D'ARGENVILLE). Paris, 1762, in-12, front. — N° 65.

— Deux autres éditions : Paris, 1768 et 1779.

Guide des amateurs et des étrangers voyageurs à Paris; par THIÉRY. Paris, 1787, 2 vol. in-12, fig. — N° 1573.

Description des statues des Tuileries; par A.-L. MILLIN. Paris, 1798, in-12. — N° 1071.

Paris et ses monumens, par (L.-P.) BALTARD, avec des descriptions historiques, par Amaury-Duval. Paris, 1803-1805, 2 vol. gr. in-fol., fig. — N° 96.

Tableau historique et pittoresque de Paris depuis les Gaulois jusqu'à nos jours; par J.-B. DE SAINT-VICTOR. Paris, 1808-1809, 3 vol. in-4, fig. — N° 1486.

Description historique de l'église métropolitaine de N.-D. de Rouen; par A.-P.-M. GILBERT. Rouen, 1816, in-8, fig. — N° 694.

Description historique de la cathédrale de Rouen ; par A.-P.-M. GILBERT. Seconde édition, ornée de trois gravures. Rouen, 1837, in-8, fig. — N° 693.

Le Guide du voyageur à Fontainebleau; par Ch. RÉMARD. Fontainebleau, 1820, in-12. — N° 1410.

Guide du voyageur et de l'amateur à Dijon, ou Statistique monumentale de la capitale de l'ancienne Bourgogne, contenant une description de l'ancien et nouveau Dijon, orné de deux plans; par J.-B. NOELLAT. Dijon, 1822, in-18. — N° 1190.

Description historique de l'église de Saint-Ouen, de Rouen, anciennement église de l'abbaye royale de ce nom, ordre de Saint-Benoît, par A.-P.-M. GILBERT, ornée de gravures d'après les dessins de E.-H. Langlois. Rouen, 1822, in-8, fig. — N° 695.

Description historique de l'église cathédrale de Notre-Dame de Chartres; par A.-P.-M. GILBERT. Nouvelle édition, considérablement augmentée et ornée de gravures. Chartres, 1824, in-8, fig. — N° 692.

Essai historique et descriptif de l'abbaye de Fontenelle ou de Saint-Wandrille et sur plusieurs autres monumens des environs, par E.-Hyacinthe LANGLOIS, avec un grand nombre de figures et de plans inédits dessinés et gravés par Mlle Espérance Langlois. Paris, 1827, gr. in-8, fig. — N° 865.

Visite au Collége royal de Caen, ancienne abbaye de Saint-Étienne, fondée dans le XIᵉ siècle par Guillaume le Conquérant. Caen et Paris, 1829, in-8. — N° 1657.

Itinéraire de l'artiste et de l'étranger dans les églises de Paris, ou état des objets d'art commandés, depuis 1816 jusqu'en 1830, par l'administration de cette ville (par GRÉGOIRE). Paris, 1833, in-8. — N° 798.

Histoire pittoresque du Mont Saint-Michel et de Tombelène, par Max. RAOUL ; ornée de 14 gravures à l'eau-forte par Boisselat, etc. Paris, 1833, in-8. — N° 1377.

Souvenirs de Coucy, dessins lithographiés par M. de Lépinois père et Mᵐᵉ Anna de Lépinois, accompagnés d'un texte historique et descriptif, par M. le chevalier DE LÉPINOIS, ancien sous-préfet. Coucy et Paris, 1834, in-fol., fig. — N° 946.

Cathédrale de Sens. Description abrégée des principaux monumens et tableaux conservés dans cette église. Sens, 1835, in-18. — N° 270 A.

Notice historique et descriptive sur la cathédrale de Meaux. Meaux, 1839, in-8, fig. — N° 1194.

Le Château d'Eu illustré, depuis son origine jusqu'au voyage de Sa Majesté Victoria, reine d'Angleterre; par Joseph SKELTON, avec un texte rédigé par J. VATOUT. Paris, 1844, in-fol., fig. — N° 1529 A.

Esquisse archéologique des principales églises du diocèse de Nevers; par l'abbé DOURASSÉ. Nevers, 1844, in-8. — N° 199 A.

Le Département de l'Orne archéologique et pittoresque ; par Léon DE LA SICOTIÈRE et Auguste POULET-MALASSIS, etc. Laigle, 1845, in-fol., fig. — N° 1331 A.

Description de la ville d'Arles antique et moderne, de ses Champs-Élysées et de son musée lapidaire, avec une introduction historique ; par J.-J. ESTRANGIN. Aix, 1845, in 16. — N° 574.

Essai historique sur l'abbaye de Solesmes, suivi de la description de l'église abbatiale, avec l'explication des monuments qu'elle renferme (par Dom GUÉRANGER, abbé du monastère). Le Mans, 1846, in-8. — N° 572 A.

Les Églises de l'arrondissement de Dieppe ; églises rurales ;
par l'abbé Cochet. Paris, 1850, in-8, fig. — N° 329. — Un
double.

Histoire du château de Blois ; par H. de La Saussaye. 3e édit.,
revue et augm. Blois et Paris, 1850, in-12, fig. — N° 1501.

Histoire de l'église Sainte-Geneviève, patronne de Paris et de
la France, ancien Panthéon français ; par Ch. Ouin-Lacroix.
Ouvrage orné de 10 dessins par Frédéric Legrip. Paris,
1852, in-8, fig. — N° 1221.

Notice historique sur l'église de Sainte-Geneviève ; par A. Rondelet, architecte. Paris, 1852, in-4. — N° 1461.

Les Églises de l'arrondissement d'Yvetot ; par l'abbé Cochet.
Deuxième édition. Paris, 1853, 2 vol. in-8, fig. — N° 329 A.

Histoire de la ville de Châlons-sur-Marne et de ses monuments depuis son origine jusqu'à l'époque actuelle (1854) ;
par L. Barbat. Édition ornée de 100 planches et dessins lithographiés chez l'auteur. Châlons-sur-Marne, 1855-60, 2 vol.
in-4, fig. — N° 100 B.

Promenades artistiques dans Paris et ses environs. Architecture,
sculpture, décoration ; par A. Guillaumot. Paris, 1857,
in-fol., fig. — N° 735 A.

Saint-Claude-le-Jeune, église paroissiale de Rouen supprimée en 1791 ; par E. de la Quérière. Rouen et Paris,
1858, in-4, fig. — N° 878 A.

L'Abbaye du Mont-Saint-Éloi (1068-1792) ; par Adolphe de
Cardevacque. Arras, 1859, in-4, fig. — N° 255.

Saint-Martin-sur-Renelle, ancienne église paroissiale de Rouen
supprimée en 1791 ; par E. de la Quérière. Paris, 1860,
in-4, fig. — N° 878 B.

Saint-André-de-la-Ville, église paroissiale de Rouen supprimée en 1791 ; par E. de la Quérière. Paris et Rouen, 1862,
in-4, fig. — N° 878 C.

Histoire de la cathédrale de Beauvais ; par Gustave Desjardins. Beauvais, 1865, gr. in-4, fig. — N° 455 B.

Histoire générale de Paris, collection de documents fondée
avec l'approbation de l'empereur par M. le baron Hauss-

mann, sénateur, préfet de la Seine, et publiée sous les auspices du conseil municipal (Introduction). Paris, 1866, in-4, fig. — N° 765 A.

Histoire monumentale de la ville de Lyon; par J.-B. MONFALCON. Paris et Lyon, 1866, 8 vol. gr. in-4, fig. — N° 1086 A.

Note sur le monument des sources de la Seine, lue à la Société parisienne d'archéologie et d'histoire; par Charles LUCAS, architecte. Paris, 1869, in-8, fig. — N° 980 G.

d. Italie et Espagne.

Descrizione di tutte le pubbliche pitture della città di Venezia, etc. — Description de toutes les peintures qui ornent les édifices publics de la ville de Venise, etc., avec un abrégé des vies des principaux peintres; par Marco BOSCHINI. Venise, 1733, in-12. — N° 181.

L'Étranger pleinement instruit des choses les plus rares et curieuses, anciennes et modernes, de la ville de Venise et des isles à l'entour; par Jean-Baptiste ALBRIZZI. Venise, 1771, in-8, fig. — N° 21.

Guide curieux, traduit de l'italien.

Descrizione dell' I. e R. Palazzo Pitti di Firenze. — Description de l'impérial et royal palais Pitti à Florence. Florence, 1819, in-8, avec une pl. — N° 452.

Turin et ses curiosités; par Modeste PAROLETTI. Turin, 1819, in-8, fig. — N° 1245.

Pisa antica e moderna. — Pise ancienne et moderne, volume unique, pour servir de guide; par Alex. MORRONA. Pise, 1821, in-8. — N° 1118.

Nuova Guida della città di Siena, etc. — Nouveau Guide de la ville de Sienne pour les amateurs des beaux-arts. Sienne, 1822, in-12, fig. — N° 1213.

Descrizione storico-critica delle pitture in Palermo. — Description historique et critique des peintures de marque existant au monastère de Saint-Martin delle Scale, à Palerme; par Michelange CELESIA. Palerme, 1839, in-8. — N° 279.

Nouveau Guide de Florence et de ses environs. Nouv. édit. Florence, 1848, in-12, fig. — N° 1209.

Itinéraire de Rome et de ses environs, d'après celui de M. Vasi ; par Antoine NIBBY. Nouvelle édition, rectifiée avec soin, etc. Rome, 1855, in-12, fig. — N° 1184.

Handbook for travellers in Central Italy, etc. — Manuel du voyageur dans l'Italie du Centre, comprenant : Lucques, la Toscane, Florence, les Marches, l'Ombrie, une partie du patrimoine de Saint-Pierre et la Sardaigne ; sixième édition, revue soigneusement ; par John MURRAY. Londres, 1864, in-12, cartes et plans. — N° 1123 A.

Handbook in Sicily, etc. — Manuel du voyageur en Sicile, comprenant : Palerme, Messine, Catane, Syracuse, l'Etna et les ruines des temples grecs ; par John MURRAY. Londres, 1864, in-12, cartes et plans. — N° 1123 D.

Handbook of Rome and its environs, etc. — Manuel du voyageur dans Rome et ses environs ; septième édition, revue avec soin sur place, et considérablement augmentée, avec un plan de Rome et une carte des environs ; par John MURRAY. Londres, 1864, in-12, cartes et plans. — N° 1123 B.

Itinéraire descriptif, historique et artistique de l'Italie et de la Sicile ; par A.-J. DU PAYS. 4e édit. Paris, 1865, 2 vol. petit in-8, cartes et plans. — N° 520 A.

Handbook for travellers in Southern Italy, etc. — Manuel du voyageur dans l'Italie méridionale, etc.; par John MURRAY. Cinquième édition, entièrement revue et corrigée. Londres, 1865, in-12, avec cartes et plans. — N° 1123 C.

Handbook in Northern Italy. — Manuel du voyageur dans le nord de l'Italie : Piémont, Ligurie, Lombardie, Venise, Parme, Modène, Romagne, etc. ; par John MURRAY. Londres, 1866, in-12, cartes et plans. — N° 1123 E.

A *Guide to Spain.* — Guide en Espagne ; par H. O'SHEA. Londres, 1865, in-8. — N° 1249 D.

B. *Notices, Catalogues et Descriptions illustrées, concernant les musées, galeries, ou collections particulières dans toutes les contrées de l'Europe.*

(Voir aussi *Galeries et Collections d'antiquités*, p. 33, et *Musées et Galeries*, p. 200.)

a. Allemagne et Angleterre.

Mémoire sur les collections de tableaux et de dessins; par BRUUN-NEERGAARD. Paris, 1812, in-8. — N° 1403 G.

Catalogue des tableaux de la galerie royale de Dresde. Dresde, 1826, in-8. — N° 269 D.

Münchens öffentliche Kunstschätze, etc. — Les Trésors publics de l'art à Munich, dans le domaine de la peinture; par J.-M. SCHOTTKY. Munich, 1833, in-12. — N° 1508.

Voyage d'un iconophile; revue des principaux cabinets d'estampes, bibliothèques et musées d'Allemagne, de Hollande et d'Angleterre; par DUCHESNE aîné. Paris, 1834, in-8. — N° 507.

Les Musées d'Allemagne et de Russie. Guide et mémento de l'artiste et du voyageur, faisant suite aux Musées d'Italie, d'Espagne, d'Angleterre et de Belgique; par Louis VIARDOT. Paris, 1844, in-12. — N° 1633.

Les Musées d'Allemagne. Guide et Mémento de l'artiste et du voyageur; par Louis VIARDOT. 3ᵉ édit. Paris, 1860, in-18. — N° 1633 A.

Catalog der hinterlassenen Kunst-Sammlung, etc. — Catalogue de la collection d'objets d'art de feu **M. R. WEIGEL.** Leipzig, 1867, in-8. — N° 1685 E.

Kunstmuseen, ihre Geschichte und ihre Bestimmung, etc. — Les Musées, leur histoire, leur destination, leur rapport particulier avec le musée de Berlin; par Ernest CURTIUS. Berlin, 1870, in-8. — N° 373 C.

b. Espagne et Portugal.

Le Musée royal de Madrid; par le comte CLÉMENT DE RIS. Paris, 1859, in-12. — N° 1446.

Les Musées d'Espagne. Guide et mémento de l'artiste et du voyageur, suivi de notices biographiques sur les principaux peintres de l'Espagne; par Louis VIARDOT. Troisième édition. Paris, 1860, in-18. — N° 1633 C.

Catalogo provisorio da galeria nacional de pintura. — Catalogue provisoire de la galerie nationale de peinture de l'Académie royale des beaux-arts de Lisbonne. Lisbonne, 1868, in-8. — N° 269 K.

c. France.

Description des tableaux du Palais-Royal, avec la vie des peintres à la tête de leurs ouvrages; par DUBOIS DE SAINT-GELAIS. Paris, 1727, in-12. — N° 445.

Catalogue raisonné des différents effets curieux et rares contenus dans le cabinet du chev. de la Roque; par E.-F. GERSAINT. Paris, 1745, in-12, front. — N° 687.

Catalogue raisonné des tableaux du roy, avec un abrégé de la vie des peintres; par (B.) LÉPICIÉ. Paris, 1752-54, 2 vol. in-4. — N° 945.

Catalogue historique du cabinet de peinture et sculpture françoise de M. de Lalive. Paris, 1764, pet. in-4, port. — N° 268.

Catalogue des objets contenus dans la galerie du muséum français, décrété par la Convention nationale, le 2 juillet 1793, l'an II de la République française. In-12. — N° 269 B.

Notice de plusieurs précieux tableaux recueillis à Venise, Florence, Naples, Turin et Bologne, exposés dans le grand salon du musée. Paris, an VII-XI, 3 part. in-12. — N° 1205 F.

Histoire abrégée du Cabinet des médailles et des antiques de la Bibliothèque nationale, ou État succinct des acquisitions et augmentations qui ont eu lieu, à dater de l'année 1754 jusqu'à la fin du siècle (an VIII de la République franç.); par A.-L. COINTREAU. Paris, 1800, in-8. — N° 334.

Opinion sur les musées, où se trouvent retenus tous les objets
d'arts qui sont la propriété des temples consacrés à la religion catholique; par DESEINE, statuaire. Paris, an XI (1803),
in-8. — N° 1420.

Notice des antiquités et des tableaux du musée de Lyon; par
F. ARTAUD. Lyon, 1808, in-8. — N° 69.

Notice du musée d'antiquités de la ville de Vienne; par
SCHNEYDER. (Vienne, 1809), plaq. in-12. — N° 1507.

Catalogue d'antiquités égyptiennes, grecques et romaines,
sculptures modernes, émaux et terres émaillées, vitraux
peints, etc., etc., qui composent l'une des collections d'objets d'art, formées par feu M. Léon Dufourny; par L. J. J.
DUBOIS. Paris, 1819, in-8, portr. — N° 496 A.

Catalogue des tableaux, dessins et estampes composant l'une
des collections de feu Léon Dufourny; par H. DELAROCHE.
Paris, 1819, in-4, fig. et port. — N° 413.

Description des antiques du musée royal, commencée par
feu M. le chevalier VISCONTI, continuée et augmentée de
plusieurs tables, par M. le comte DE CLARAC. Paris, 1820,
in-8. — N° 1656 A. — Un double.

Manuel de l'amateur des arts dans Paris, contenant la description complète des musées royaux, galeries et collections
publiques et particulières, et de tout ce qui a rapport aux
arts du dessin; par C. HARMAND. Paris, 1825, in-32. — N° 749.

Indicateur de la galerie des portraits, tableaux et bustes qui
composent la collection du roi au château d'Eu. Paris, 1830,
in-12. — N° 789 A.

Notice des tableaux placés dans les appartemens du grand et
du petit Trianon. Paris, 1837, in-12. — N° 1205 B.

Notice de la galerie des tableaux anciens et modernes du
musée de Lyon; par A. THIERRIAT. (3 notices). Lyon, 1840-
1842-47, in-8. — N° 69.

Catalogue des tableaux composant la galerie de feu S. E. le
le cardinal Fesch. Rome, 1841, in-4. — N° 267.

Notice historique sur le musée de tableaux de la ville de Caen;
par G. MANCEL. Caen, 1841, in-8. — N° 996.

Notice des peintures et sculptures placées dans les appartements du palais de Fontainebleau. Paris, 1841, in-8. —
N° 1205. E.

Catalogue des tableaux, dessins et gravures de la collection
Standish, légués au roi par M. Franck Hall Standish. Paris,
1842, in-12. — N° 269 A.

Livret du musée de Reims, suivi de notices historiques sur
l'école de Reims, le musée, la bibliothèque et les archives.
Reims, 1845, in-8. — N° 1124 F.

Catalogue du musée départemental et communal d'antiquités,
fondé à Amiens en 1836 par la Société des antiquaires de
Picardie. Amiens, 1845, in-8. — N° 269 C.

Notice des peintures et sculptures placées dans les appartements et dans les jardins du palais de Saint-Cloud. Paris,
1845, in-8. — N° 1205 A.

Catalogue des antiquités et objets d'art composant le cabinet de feu M. le comte de Clarac. Paris, 1847, in-8. —
N° 154.

Catalogue des tableaux de diverses écoles, composant le cabinet de feu M. le lieutenant général comte Despinoy. Versailles, (1850), in-8. — N° 269 E.

Essai d'une analyse critique de la notice des tableaux italiens
du Musée du Louvre ; par Otto Mündler. Paris, 1850, in-12.
— N° 1122.

Observations sur le classement actuel des tableaux du Louvre,
et analyse critique du nouveau catalogue; par Claudius
Tarral. Paris, 1850, in-8. — N° 1555 A.

Observations sur le musée de Caen et sur son nouveau catalogue; par Phil. de Chennevières-Pointel. Argentan, 1851,
gr. in-4, fig. — N° 297.

Catalogue des livres, tableaux, etc., et autres objets d'art donnés par M. Achille Jubinal, ou par son entremise, à la ville
de Bagnères-de-Bigorre, pour former une bibliothèque et un
musée. Bagnères-de-Bigorre, 1853, in-8. — N° 269 F.

Catalogue des tableaux, dessins, gravures, statues, bustes,
bas-reliefs, etc., etc., de la Société de statistique de Niort.
Niort, (1853), in-8. — N° 269 G.

Notes historiques sur le musée de peinture de la ville de Rouen ; par Ch. DE BEAUREPAIRE. Rouen, 1854, in-8. — N° 117.

Collection de Charles Sauvageot ; par Alfred DARCEL. Paris, 1856, in-4, fig. — N° 392.

Voyage artistique en France. Études sur les musées d'Angers, de Nantes, de Bordeaux, de Rouen, de Dijon, de Lyon, etc. ; par Léonce DE PESQUIDOUX. Paris, 1857, in-12. — N° 1283.

Les Musées de province ; par le comte CLÉMENT DE RIS. Paris, 1859-61, 2 vol. in-8. — N° 1445.

Le Département des estampes à la Bibliothèque impériale, son origine et ses développements successifs ; par Georges DU- PLESSIS. (Extr. de la *Gaz. des B.-A.*) Paris, 1860, in-8, fig. — N° 527.

Galerie d'Apollon. Notice des gemmes et joyaux ; par Henry BAR- BET DE JOUY. Paris, 1867, in-12. — N° 101 C.

Notice des antiquités, objets du moyen âge, de la renaissance et des temps modernes composant le Musée des souverains ; par Henri BARBET DE JOUY, conservateur du musée des souverains. Deuxième édition. Paris, 1868, in-12. — N° 101 B.

Étude historique et critique sur le musée de peinture de la ville de Metz ; par Émile MICHEL. Metz, 1868, in-8. — N° 1054 A.

Rapport verbal sur l'état des musées lapidaires de Nevers, Moulins, Clermont, Bourges et Orléans ; par DE CAUMONT. Caen, 1869, in-8. — N° 272 A.

Catalogue du Musée d'Auxerre. 3ᵉ section, beaux-arts (par PASSEPONT). Auxerre, 1872, in-8. — N° 269 P.

d. Hollande et Belgique ; Russie.

Catalogue raisonné de la précieuse collection de dessins et d'estampes, au nombre de près de 30,000, formant le cabi- net de M. Ch. van Hulthem. Gand, (1846), in-8. — N° 269 J.

Musée de Bruxelles ; par Anatole DE MONTAIGLON. Paris, 1850, in-8. — N° 1102.

Catalogue du musée d'Anvers. Deuxième édition. — Supplé- ment. Anvers, 1857-63, 2 part. in-12. — N° 269 I.

Musées de la Hollande. Amsterdam et la Haye, études sur l'école hollandaise; par W. Burger. Paris, 1858, in-16. — N° 228 H.

Musée de la Hollande. Musée van der Hoop, à Amsterdam, et musée de Rotterdam ; suite et complément aux Musées d'Amsterdam et de la Haye; par W. Burger. Paris, 1860, in-16. — N° 228 H.

Les Musées d'Angleterre, de Belgique, de Hollande et de Russie. Guide et mémento de l'artiste et du voyageur ; par Louis Viardot. 3ᵉ édit. Paris, 1860, in-16. — N° 1633 B. (Voir aussi p. 59.)

e. Italie.

Catalogue indicatif des antiquités composant le musée Pie-Clémentin, au Vatican; par Massi de Cesène. Rome, 1792, in-12. — N° 1015.

Descrizione dell' I. e R. Accademia delle belle arti di Firenze. — Description de l'impériale et royale Académie des beaux-arts de Florence (en ital. et en franç.). Florence, 1817, in-8, portrait de Michel-Ange. — N° 451.

Descrizione delle sculture e pitture, etc. — Description des sculptures et peintures qui se trouvent au Capitole. Rédigée par Augustin Tofanelli, directeur du Musée et conservateur de la galerie du Capitole. Dernière édition, corrigée et augmentée. Rome, 1825, in-12. — N° 1583 B.

> Une nouvelle édition de ce livret a été publiée en 1835 par le fils d'Augustin, Alexandre Tofanelli, successeur de son père ; cette édition est en français. — N° 1583 B.

Il Vaticano descritto ed illustrato con disegni, etc., etc. — Le Vatican décrit par Érasme Pistolesi et illustré de dessins au trait, exécutés sous la direction de Camillo Guerra, peintre. Rome, 1829-38, 8 vol. in-fol., fig. — N° 1306.

Descrizione del Campidoglio. — Description du Capitole; par Pierre Righetti. Rome, 1833-36, 2 vol. in-fol., fig. — N° 1441.

C. *Notices et Publications concernant certains monuments*
de la peinture.

a. France.

Le Tableau des Sabines, par J.-L. DAVID, exposé publi-
quement au palais national des sciences et des arts, salle
de la ci-devant Académie d'architecture. Paris, an VIII
(1800), in-8. — N° 764.

Notice historique sur le tableau représentant l'entrée de
Henri IV dans Paris. Paris, 1817, in-8, 1 pl. — N° 1205 D.

Explication des peintures à fresque exécutées par Abel de Pu-
jol dans la chapelle de Saint-Roch, à Saint-Sulpice. Paris,
1822, in-8, fig. — N° 764.

Notice sur les peintures à fresque, exécutées à Saint-Sulpice,
dans la chapelle de Saint-Maurice; par Aug. VINCHON. Paris,
1822, in-8. — N° 764.

Les Peintures de Jean Mosnier, de Blois, au château de
Cheverny; par Anatole DE MONTAIGLON. Paris, 1850, in-8 —
N° 1096 A.

Mémoire sur les peintures murales de l'église de Saint-Mesme
de Chinon; par le comte DE GALEMBERT. Tours et Paris,
1855, in-8, fig. — N° 656.

Notice sur les peintures murales de l'église N.-D. de Rivière
(Indre-et-Loire); par le comte DE GALEMBERT. S. l. n. d.
(Tours), in-8, fig. — N° 657.

Les Peintures de messieurs E. Lenepveu et J. Dauban au
théâtre d'Angers; par Henry JOUIN. Angers, 1872, in-8. —
N° 817 C.

b. Italie.

Descrizione storica delle pitture del regio-ducale palazzo del
Te, fuori della porta di Mantova. — Description historique
des peintures du palais ducal du Te, hors de la porte de
Mantoue. Mantoue, 1783, in-8, fig. — N° 453.

Examen analytique du tableau de la Transfiguration de Raphaël; par Pardo DE FIGUEROA, trad. de l'espagnol par Croze-Magnan. Paris, 1805, in-8. — N° 764.

Essai sur les fresques de Raphaël au Vatican; par F.-A. GRUYER. Loges et chambres. Paris, 1859, 2 vol. in-8. — N° 720 A.

D. *Voyages archéologiques, historiques ou pittoresques.*

Voyage d'Italie, ou Recueil de notes sur les ouvrages de peinture et de sculpture qu'on voit dans les principales villes d'Italie; par COCHIN. Paris, 1758, 3 tom. en 2 vol. in-12. — N° 331.

Description historique et critique de l'Italie; par l'abbé RICHARD. Dijon, 1766, 6 vol. in-12. — N° 1435.

Voyage pittoresque de la Flandre et du Brabant, avec des réflexions relativement aux arts et quelques gravures; par J.-B. DESCAMPS. Paris, 1769, in-8, fig. — N° 437. — Nouvelle édition, augmentée de notes par Ch. Roehn. Paris, 1838, in-8.

Voyage en Italie.... avec des jugements sur les ouvrages de peinture, sculpture et architecture.... par M. DE LA LANDE. Seconde édition, corrigée et augmentée. Paris, 1786, 9 vol. in-12 et atlas in-4. — N° 410.

Voyage pittoresque en Suisse et en Italie; par le citoyen CAMBRY. Paris, an IX, 2 tom. en 1 vol. in-8, fig. — N° 245.

Voyage dans les départemens du midi de la France; par Aubin-Louis MILLIN. Paris, 1807-11, 4 vol. in-8 et un atlas in-4. — N° 1075.

Voyages d'ALIBEY EL ABBASSI (pseud. du chev. Dom. BADIA Y LEBLICH) en Afrique et en Asie pendant les années 1803-4-5-6 et 7. Paris, 1814, 3 vol. in-8 et atlas in-4 obl. — N° 24.

Voyage pittoresque de Constantinople et des rives du Bosphore; par MELLING. Paris, 1819, 2 vol. gr. in-fol., fig. — N° 1025 C.

Voyages pittoresques et romantiques dans l'ancienne France; par MM. Ch. NODIER, J. TAYLOR et Alph. CAILLEUX. Paris,

1820 et suiv., 19 vol. gr. in-fol., fig. (Normandie, 1820-25, 2 vol. — Auvergne, 1829-35, 2 vol. — Languedoc, 1831-37, 4 vol. — Picardie, 1835-45, 3 vol. — Bretagne, 1845, 2 vol. — Dauphiné, 3 vol. — Champagne, 1857, 2 vol. — Bourgogne, 1863, 1 vol.) — N° 1555 D.

Voyages à Athènes et à Constantinople, ou Collection de portraits, de vues et de costumes grecs et ottomans, peints sur les lieux d'après nature; par L. DUPRÉ. Paris, 1825, in-fol., fig. color. — N° 529.

Voyages historiques et littéraires en Italie, pendant les années 1826, 1827 et 1828, ou l'Indicateur italien; par VALÉRY. Paris, 1831-33, 5 vol. in-8. — N° 1608 B.

Voyage pittoresque en Bourgogne, ou Description historique et vues des monumens antiques, modernes et du moyen âge, dessinés d'après nature par différents artistes. Dijon, 1833, in-fol., fig. — N° 1673.

Promenades pittoresques à Hyères, ou Notice statistique sur cette ville, ses environs et les îles; par Alph. DENIS. Paris, s. d. (1833), in-fol., fig. — N° 426 A.

Notes d'un voyage dans le midi de la France; par Prosper MÉRIMÉE. Paris, 1835, in-8. — N° 1045. — Un double.

Notes d'un voyage dans l'ouest de la France; par P. MÉRIMÉE. Paris, 1836, in-8. — N° 1046. — Un double.

Notes d'un voyage en Auvergne; par P. MÉRIMÉE. Paris, 1838, in-8. — N° 1047 A.

Album des souvenirs de voyages en Orient. Vues des monuments les plus célèbres de Jérusalem et du Caire, dessinées sur nature et gravées à l'eau-forte par Gabriel TOUDOUZE. Paris, 1853, gr. in-fol., 2 pl. (Interrompu.) — N° 1589 B.

Rapport verbal sur plusieurs excursions en France, en Hollande et en Allemagne; par DE CAUMONT. Paris, 1854, in-8, fig. — N° 271.

Rapport verbal fait à la Société française sur divers monuments et sur plusieurs excursions archéologiques; par DE CAUMONT. Paris, 1855, in-8, fig. — N° 402.

Rapport sur l'excursion archéologique faite dans la ville de Morlaix; par le baron DE WISMES. S. d., in-8. — N° 1698.

Souvenirs et récits de voyages. Les Alpes françaises et la haute Italie; par F.-B. DE MERCEY. Paris, 1857, in-8. — N° 1043 A.

Excursion artistique en Angleterre; par Alfred DARCEL. Rouen, 1858, in-8. — N° 394.

Excursion artistique en Allemagne; par Alfred DARCEL. Rouen, Paris, 1862, in-8. — N° 396 A².

Voyage pittoresque en Grèce et dans le Levant, fait en 1843 et 44; par Étienne REY, peintre, A. CHENAVARD, architecte, et DALGABIO, architecte. Lyon, 1867, 2 t. en 1 vol. in-fol., fig. — N° 1425 B.

Les Ardennes illustrées (France et Belgique), publiées par Élizé DE MONTAGNAC. Paris, 1868-69, 2 t. en 1 vol. in-fol., fig. — N° 1095 A.

Voyage d'un amateur en Angleterre; par Alfred MICHIELS. 4ᵉ édit., avec une Préface nouvelle et des suppléments. Paris, 1872, in-8. — N° 1062 D.

Voyage d'exploration en Indo-Chine, effectué pendant les années 1866, 1867 et 1868, par une commission française présidée par M. le capitaine de frégate Doudart de Lagrée, et publié, par les ordres du ministre de la marine, sous la direction de M. le lieutenant de vaisseau Francis GARNIER.... Ouvrage illustré de 250 gravures sur bois. Paris, 1873, 2 vol. in-4 et atlas in-fol., fig. en noir et en chrom. — N° 489 B.

E. *Vues pittoresques.*

Diverses Veües d'Italie; par AUDRAN. In-fol. obl. — N° 81.

Vues de France et d'Italie. Vues de Paris; par Israël SILVESTRE. Suites et pièces isolées, le tout ensemble réuni dans un petit in-4 oblong. — N° 1521.

Vues des environs de Rome; par W.-F. GMELIN. Rome, 1809, in-fol. — N° 702 A.

Vues et Monuments de Rome, avec deux plans de Rome; par Fr. PANNINI et SARTI. In-fol. — N° 1240 A.

Notice, par DE LA QUÉRIÈRE, sur les vues de Rouen, dessinées et gravées par Jacques BACHELEY. Rouen, 1827, in-8. — N° 877.

Raccolta delle principali vedute di Roma, etc. — Recueil des principales vues de Rome; par Jean BALZAR. Rome, 1831, in-fol. obl. — N° 98 B.

Normandie pittoresque. In-fol. — N° 1191 H.

La Grèce. Vues pittoresques et topographiques; par O.-M. baron DE STACKELBERG. Paris, 1834, in-fol. — N° 1535.

Portefeuille de l'Italie : Vues dessinées d'après nature par divers artistes et lithographiées par Eugène CICERI. In-fol. — N° 1329 A.

Excursions daguerriennes. Vues et monuments anciens et modernes les plus remarquables du globe. Paris, 1841-42, 2 vol. in-4. — N° 582.

La Vendée; par le baron DE WISMES. — 40 vues, avec un texte explicatif. Nantes et Paris, (1845-48?), in-fol. — N° 1698 A.

Égypte, Nubie, Palestine et Syrie, dessins photographiques recueillis pendant les années 1849, 1850 et 1851, accompagnés d'un texte explicatif et précédés d'une introduction; par Maxime DU CAMP. Paris, 1852, in-fol. — N° 247.

Nos Souvenirs de Kil-Bouroun pendant l'hiver passé dans le liman du Dniéper, 1855-56. Album lithogr. par Bayot, Ciceri et Morel-Fatio. Paris, 1857, in-fol. (Sans texte.) — N° 1192.

Le Pays d'Israël, collection de cent vues prises d'après nature dans la Syrie et la Palestine (1851-52); par C.-W.-M. VAN DE VELDE. Paris, 1857-59, in-fol. (Sans texte.) — N° 1613 A.

Les Vosges; par J.-J. BELLEL, 20 dessins d'après nature, lithographiés par J. Laurens, texte descriptif par Théophile GAUTIER. Paris, 1860, in-fol. — N° 121 A.

Vues d'Italie, de Sicile et d'Istrie; par A.-M. CHENAVARD, architecte, membre corresp. de l'Institut. Lyon, 1861, in-4 obl. — N° 297 A.

Les Châteaux de Meudon et le château de Bellevue. Album de quarante-cinq photographies recueillies, publiées et précédées d'une Notice historique par le vicomte DE GROUCHY. (Paris), 1865, in-4 obl. — N° 717 C.

Le Vieux Périgueux, album de vingt gravures à l'eau-forte, par MM. Léon Gaucherel et Jules de Verneilh, avec un texte par J. DE VERNEILH. Paris, 1867, in-fol. — N° 1626 A.

Les Temples de Sicile, photographiés par BERTHIER. In-fol. — N° 1676 A.

Les Monuments de France, photographiés par BALDUS. In-fol. — N° 1111 C.

Vues et monuments d'Athènes. Photographies par BONFILS. 2 vol. in-fol. obl. — N° 79 A.

Vues de Balbek, en Syrie. Photographiées par BONFILS. In-fol. obl. — N° 91 A.

3. BIOGRAPHIE UNIVERSELLE DES ARTISTES.

A. *Biographies collectives des artistes de l'antiquité et des temps modernes.*

Dictionnaire des artistes, ou Notice historique et raisonnée des architectes, peintres, graveurs, sculpteurs, etc.; par l'abbé DE FONTENAI. Paris, 1776, 2 vol. in-12; — Autre édition : Paris, 1782, 2 vol. in-12. — N° 629.

Catalogus artificum, sive architecti, statuarii, sculptores, pictores, cælatores et scalptores Græcorum et Romanorum, literarum ordine dispositi a Julio SILLIG. Dresdæ et Lipsiæ, 1827, in-8. — N° 1520 B.

Neues allgemeines Künstler-Lexicon oder Nachrichten von dem Leben und der Werken, etc., etc. — Nouveau Dictionnaire général des artistes, ou Documents sur la vie et les travaux des peintres, sculpteurs, architectes, graveurs, ciseleurs, lithographes, graveurs en médaille, sculpteurs en ivoire, etc.; par le Dr G.-K. NAGLER. Munich, 1836-52, 22 vol. in-8. — N° 1175 A.

Le docteur Julius Meyer publie une nouvelle édition de ce précieux ouvrage, sous le titre suivant : « *Allgemeines Künstler-Lexikon,* etc., etc. Dictionnaire général des artistes, avec le concours des hommes les plus autorisés en Allemagne et ailleurs; seconde édition, entièrement refondue, du Dictionnaire des artistes de Nagler. » Le premier volume de cette seconde édition a déjà paru, la 13e livraison (t. II) paraissait en décembre 1872.

Biografia degli artisti. — Biographie des artistes ; par l'abbé Philippe DE BONI. Venise, 1840, in-4. — N° 171 A.

Lettre à M. Schorn. Supplément au Catalogue des artistes de l'antiquité grecque et romaine; par RAOUL-ROCHETTE. Paris, 1845, in-8. — N° 1382.

Vies des artistes anciens et modernes, architectes, sculpteurs, peintres, verriers, archéologues, etc.; par T.-B. ÉMERIC-DAVID; réunies et publiées par les soins de M. Paul Lacroix (bibliophile Jacob). Paris, 1853, in-12. — N° 558.

Die Künstler aller Zeiten und Völker, von den frühesten Kunstepochen bis zur Gegenwart, etc. — Les Artistes de tous les temps et de toutes les nations, les vies et les œuvres des plus célèbres architectes, sculpteurs, peintres, etc., depuis les temps les plus reculés jusqu'à nos jours; puisées aux meilleures sources; par Fr. MÜLLER. Stuttgart, 1857-64, 3 vol. in-8. — N° 1121 D.

Geschichte der Griechischen Künstler. — Histoire des artistes grecs; par le Dr Henri BRUNN. Stuttgart, 1857-59, 2 vol. in-8. — N° 223 A.

Allgemeines Künstler-Lexikon, etc. — Dictionnaire général des artistes, etc.; par Julius MEYER. — N° 1053 A. — Voy. ci-dessus *Vues allgemeines,* etc., de NAGLER.

B. *Artistes allemands et suisses.*

Nürnberg's Kunstleben in seinen Denkmalen dargestellt, etc. — La Vie de l'art à Nuremberg représentée dans ses monuments; guide à l'usage des habitants et des étrangers, par R. VON RETTBERG. Stuttgart, 1854, in-8, fig. — N° 1410 A.

C. *Artistes français.*

(Voir aussi : *Corporations et Académies,* p. 8 à 10.)

Almanach historique et raisonné des architectes, peintres, sculpteurs, graveurs et ciseleurs, contenant des notions sur les cabinets des curieux du royaume, sur les marchands de tableaux, sur les maîtres à dessiner de Paris, et autres renseignemens utiles, relativement au dessin. Paris, 1777, in-12. — N° 28.

Vies des fameux architectes et sculpteurs depuis la renaissance des arts, avec la description de leurs ouvrages (par D'ARGENVILLE). Paris, 1787, 2 vol. in-8, front. — N° 62 A.

Dictionnaire des artistes de l'École française au XIXᵉ siècle, peinture, sculpture, architecture, gravure, dessin, lithographie, etc.; par Ch. GABET, peintre. Paris, 1831, in-8. — N° 653.

Recueil de notices historiques lues dans les séances publiques de l'Académie royale des Beaux-Arts, à l'Institut; par QUATREMÈRE DE QUINCY. — Suite du Recueil, etc. Paris, 1834-1837, 2 vol. in-8. — N° 1370.

Les Artistes français à l'étranger; par L. DUSSIEUX. Paris, 1852, in-12. — N° 538.

Recherches sur quelques artistes lorrains : Claude Henriet, Israël Henriet, Israël Silvestre et ses descendants; par E. MEAUME. Nancy, 1852, in-8. — N° 1024.

Dictionnaire général des artistes de l'École française depuis l'origine des arts du dessin jusqu'à l'année 1868 inclusivement : architectes, peintres, sculpteurs, graveurs et lithographes ; par Émile BELLIER DE LA CHAVIGNERIE. Paris, 1868-72, in-8, 1 à 9 livr. — N° 122 A. — (En cours de publ.)

Dictionnaire biographique des artistes français du XIIᵉ au XVIIᵉ siècle, suivi d'une table chronologique et alphabétique comprenant en vingt classes les arts mentionnés dans l'ouvrage; par A. BERARD. Paris, 1872, in-8. — N° 135 A.

Notices historiques et critiques sur quelques artistes provençaux, ou qui fleurirent en Provence; par J.-F. PORTE. S. l. n. d., in-8. — N° 1328. (Fragment d'un volume.)

D. *Artistes italiens.*

Le Vite de' pittori, scultori et architetti moderni, etc.—Les Vies des peintres, sculpteurs et architectes modernes, édit. dédiée au grand Colbert; par J.-Pierre BELLORI. Rome, 1672, in-4, portr. — N° 128.

Vies des peintres, sculpteurs et architectes; par Giorgio VASARI; traduites par Léopold Leclanché. 121 portraits dessinés

par Jeanron, et gravés sur acier par Wacquez et Bouquet;
Paris, 1841-42, 10 vol. in-8, portr. — N° 1618.

Le Vite de' più eccellenti pittori, etc. — Les Vies des plus excellents peintres, sculpteurs et architectes de Georges VASARI,
publiées par les soins d'une société d'amis des arts. Florence, 1846-57, 13 vol. in-12, portr. — N° 1617.

4. LETTRES D'ARTISTES, D'AMATEURS, D'ÉCRIVAINS D'ART, ET DOCUMENTS DIVERS.

Lettre inédite de Nicolas POUSSIN au P. Nicaise, religieux de
Dijon, le 10 février 1664 à Rome. In-8. — N° 714.

Lettre de MIGER, graveur du roi, à M. Vien, chevalier de l'ordre du roi, premier peintre et directeur de l'Académie
royale de peinture. Paris, 20 novembre 1789, in-8. —
N° 149 A.

Recueil de lettres sur la peinture, la sculpture et l'architecture, écrites par les plus grands maîtres et les plus illustres
amateurs qui aient paru dans ces trois arts depuis le xv° siècle
jusqu'au xviii° siècle, publiées à Rome par Bottari, en 1754;
traduites et augmentées de beaucoup de lettres qui ne se
trouvent pas dans son recueil et enrichies de notes historiques et critiques par L.-J. JAY. Paris, 1817, in-8. — N° 960 A.
— Un double.

Albert DURER à Venise et dans les Pays-Bas. Autobiographie,
lettres, journal de voyages, papiers divers, traduits de l'allemand avec des notes et une introduction, par Charles Nar-
rey. Paris, 1866, in-4, fig. — N° 534 B.

Testaments d'artistes vénitiens : Jacobello del Fiore, Gentile
Bellini, Palma Vecchio; par L. DE MAS-LATRIE. S. l. n. d.
(1866), in-8. — N° 1014 A.

Correspondance de François GÉRARD, peintre d'histoire, avec les
artistes et les personnages célèbres de son temps, publiée
par Henri Gérard, son neveu, et précédée d'une Notice sur
la vie et les œuvres de Gérard, par Adolphe VIOLLET-LE-DUC.
Paris, 1867, in-8, portr. — N° 683 A.

5. BIOGRAPHIES DES ÉCRIVAINS D'ART ET DES AMATEURS.

Histoire des plus célèbres amateurs italiens et de leurs relations avec les artistes; par J. DUMESNIL. Paris, 1853, in-8. — N° 516.

Histoire des plus célèbres amateurs français et de leurs relations avec les artistes; par J. DUMESNIL. Paris, 1856-58, 3 vol. in-8. — N° 515.

Histoire des plus célèbres amateurs étrangers, italiens, espagnols, anglais, flamands, etc., et de leurs relations avec les artistes; par J. DUMESNIL. Paris, 1860, in-8. — N° 515.

Amateurs d'art et collectionneurs manceaux. Les frères Fréart de Chantelou; par Henri CHARDON. Le Mans, (1867), in-8. — N° 291 A.

ÉTUDES SPÉCIALES.

I. DESSIN.

1. GÉNÉRALITÉS. — TRAITÉS ET MÉTHODES D'ENSEIGNEMENT.

Disegno del Doni partito in più ragionamenti, ne' quali si tratta della scoltura et pittura, etc. — Le Dessin, divisé en plusieurs parties, où l'on disserte sur la sculpture et la peinture, sur les couleurs, les moulages, et sur beaucoup de choses qui concernent les deux branches de l'art ; suivi des considérations sur la noblesse de l'une et l'autre profession, etc. ; par Antoine-François Doni. Venise, 1549, in-16. — N° 486.

Méthode pour apprendre le dessin, où l'on donne des règles générales de ce grand art, et des préceptes pour en acquérir la connoissance, et s'y perfectionner en peu de tems : enrichie de cent planches représentants différentes parties du corps humain, d'après Raphaël et les autres grands maîtres, etc. ; par Charles-Antoine Jombert. Paris, 1784, in-4, fig. — N° 816.

L'Art du dessin chez les Grecs, ou Méthode élémentaire du dessin; par le chevalier de Brunel de Varennes. Paris, 1816, in-8. — N° 217.

Traité de la science du dessin ; contenant la théorie générale des ombres, la perspective linéaire, la théorie générale des images d'optique, et la perspective aérienne appliquée au lavis, pour faire suite à la géographie descriptive ; par L.-L. Vallée. Paris, 1821, in-4, fig. — N° 1607.

Principes du dessein, tirés d'après les antiques statues : ouvrage fort intéressant pour tous ceux qui s'appliquent aux

beaux-arts; publiés et gravés par Jean Volpato et Raphaël
Morghen. Rome, 1833, in-fol., fig. — N° 1670 C.

Cours élémentaire de dessin appliqué à l'architecture, à la
sculpture et à la peinture, ainsi qu'à tous les arts industriels,
comprenant les éléments de la géométrie, de la perspective,
du dessin, de la mécanique, de l'architecture, de la sculpture et de la peinture; par Antoine Étex, statuaire et peintre. Paris, 1851, in-4 obl., fig. — N° 575.

L'Aquarelle sans maître, méthode pour apprendre l'harmonie
des couleurs; par Mme Marie-Élisabeth Cavé. Paris, 1851,
in-8, front. et 1 pl. — N° 276.

Éducation de la mémoire pittoresque, application aux arts
du dessin; par Horace Lecoq de Boisbaudran. 2e édit. Paris,
1862, in-8. — N° 167 A.

Enseignement collectif du dessin par démonstrations orales et
graphiques; guide de la nouvelle méthode de Frédéric Gil-
let, professeur à l'école municipale de la ville de Genève.
Paris, 1869, in-4, fig. — N° 695 A.

Cours progressif de paysage; composé et dessiné par divers
artistes et Eugène Cicéri. In-fol., fig. — N° 310 C.

Cours de dessin; par Calamatta. Gr. in-fol., fig. —N° 1387 P.

2. PROPORTIONS DU CORPS HUMAIN.

Alberti Dureri, *clarissimi pictoris et geometræ, de symmetria
partium in rectis formis humanorum corporum libri in lati-
num conversi* (a Joach. Camerario). Norimbergæ, 1532-34,
in-fol., fig. — N° 533.

Livre de pourtraiture de maistre Jean Cousin, peintre et géo-
métrien très-excellent. Paris, (1595), in-4 obl., fig. —N° 363.
Très-rare.

L'Art du dessin démontré d'une manière claire et précise; par
Jean Cousin, peintre; revu, corrigé et augmenté par P.-T.
Le Clere, peintre. Paris, s. d., in-fol., fig. — N° 366.

L'Art de dessiner, par Jean Cousin, revu, corrigé et augmenté
de plusieurs morceaux d'après l'antique, avec leurs mesures

et proportions, d'une description exacte des os et muscles du corps humain, etc. Paris, 1750, in-4 obl., front. et fig. — N° 365.

Élémens de pourtraicture, ou la Méthode de représenter et pourtraire toutes les parties du corps; par DE SAINT-IGNY. Paris, 1630, in-12, fig. — N° 1482.

Traicté de la proportion naturelle et artificielle des choses; par Jean-Pol LOMAZZO.... trad. de l'italien en françois, par Hilaire Pader, Tolosain, peintre du prince Maurice de Savoye. Tolose, 1649, in-fol., fig. — N° 971. — Un double.

Proportionslehre, etc. — La Science des proportions, ou le Canon de la longueur, largeur et du profil de toutes les parties du corps humain, mesuré sur les principales statues de l'antiquité; par J.-J. TROST. Vienne, 1866, in-4, fig. — N° 1598 A.

Polyclet, oder von den Maassen des Menschen, etc. — Polyclète, ou Théorie des mesures de l'homme, selon le sexe et l'âge, avec l'indication des grandeurs réelles d'après le pied du Rhin; par Godefroy SCHADOW. 2° édition. Berlin, 1866, in-8 et atlas in-fol. — N° 1504 B.

3. PHYSIONOMIE HUMAINE.

Principles of beauty relative to the human head.—Principes du beau par rapport à la tête humaine ; par Alexandre COZENS. Londres, 1778, in-fol. fig. — N° 370.

Essai sur la physionomie, destiné à faire connoître l'homme et à le faire aimer; par Jean-Gaspar LAVATER (traduit en français par Mme de La Fite, MM. Gaillard et Henri Renfner). La Haye, 1781-1789 et 1803, 4 vol. gr. in-4, fig. — N° 882 A.

Dissertation sur un traité de Ch. Le Brun concernant le rapport de la physionomie humaine avec celle des animaux. Paris, 1806, gr. in-fol., portr. et fig. — N° 900.

4. ANATOMIE.

Andreæ VESALII *Bruxellensis, invictissimi Caroli V imperatoris medici, de humani corporis fabrica libri septem.* Basileæ,

ex officina Joannis Oporini, 1543, in-fol., fig. sur bois. —
N° 1631 A.

Abrégé d'anatomie accommodé aux arts de peinture et de
sculpture; par François Tortebat, peintre du roy. Paris,
1668, in-fol., fig. — N° 1586.

Abrégé de l'anatomie du corps de l'homme, etc., par M....,
chirurgien et professeur adjoint en anatomie de l'Académie
royale de peinture et de sculpture. Paris, 1748, 2 vol. in-12.
— N° 2.

Traité d'ostéologie; traduit de l'anglois de M. (Alexandre)
Monro par M. Sue. Paris, 1759, 2 vol. gr. in-fol., front. et
fig. — N° 1095.

Abrégé de l'anatomie du corps humain, où l'on donne une
description courte et exacte des parties qui le composent,
avec leurs usages; par Verdier, de l'Académie royale de
chirurgie. 4ᵉ édit., revue, corrigée et considérablement augmentée, par M. Sabatier, de l'Académie royale de chirurgie, etc. Paris, 1768, 2 vol. in-12. — N° 1624.

Nouveau Recueil d'ostéologie et de myologie, dessiné d'après
nature; par Jacques Gamelin. Toulouse, 1779, in-fol., front.
— N° 667.

Traité d'anatomie comparée, par Alexandre Monro, etc., publié par son fils, Alex. Monro; nouvelle édition, corrigée
et considérablement augmentée, traduite de l'anglois par
M. Sue fils. Paris, 1786, in-12. — N° 1094.

Description anatomique d'un éléphant mâle; par Pierre Cam-
per, publiée par son fils. Paris, 1802, in-fol., portr. et 20 pl.
— N° 248.

Anatomie du gladiateur combattant, applicable aux beaux-
arts, ou Traité des os, des muscles, du mécanisme des mou-
vemens, des proportions et des caractères du corps humain,
ouvrage orné de 22 planches; par Jean-Galbert Salvage.
Paris, 1812, in-fol., front. — N° 1491.

Planches anatomiques du corps humain, exécutées d'après les
dimensions naturelles, accompagnées d'un texte explicatif;
par F. Antommarchi, docteur. Paris, 1826, 2 vol. in-fol., fig.
— N° 48 A.

Manuel d'anatomie descriptive du corps humain, représentée
en planches lithographiées; par Jules Cloquet. Paris, 1825
et suiv., 3 vol. in-4, fig. — N° 325 C.

Anatomie des formes extérieures du corps humain, appliquée
à la peinture, à la sculpture et à la chirurgie; par P.-N.
Gerdy. Paris et Bruxelles, 1829, in-8, fig. — N° 685.

Anatomie élémentaire; par Bourgery et Jacob. Paris, 1842,
texte in-8, atlas gr. in-fol. — N° 202 B.

Réflexions de Floriano Caldani sur l'anatomie appliquée à la
peinture; trad. de l'ital. et accompagné d'un avant-propos
et de notes sur le même sujet par H. Kühnholtz. Montpellier, 1845, in-12. — N° 236.

Anatomie des formes extérieures du corps humain, à l'usage
des peintres et des sculpteurs; par J. Fau. Paris, 1845, texte
in-8, atlas in-4. — N° 602.

Recueil d'anatomie portatif à l'usage des artistes; par Hippolyte Pauquet. Paris, s. d., in-12, fig. — N° 1253.

5. PERSPECTIVE.

La Perspective d'Euclide, traduite en françois, etc.; par Rol.
Freart de Chantelou, sieur de Chambray. Au Mans, 1663,
in-4. — N° 284.

Livre de perspective; par Jehan Cousin. Paris, 1560, in-fol.,
front. et fig. — N° 364.

La Pratica della Perspettiva, etc. — La Pratique de la perspective; par Daniel Barbaro. Venise, 1569, pet. in-fol., fig.
— N° 100.

Leçons de perspective positive; par Jacques Androuet Du Cerceau. Paris, 1576, in-fol., fig. — N° 500.

*Le Due Regole della prospettiva pratica, con i commentarj del
P. Danti.* — Les Deux Règles de la perspective pratique,
avec les commentaires du P. Danti; par Giacomo Barozzi da
Vignola. Rome, 1583, in-fol., fig. — N° 1642.

Vues, perspectives d'édifices et de jardins. 50 pl. gravées par
Gall. — Vues de puits et fontaines. 24 pl. in-4 obl.; par Jean
Vredeman de Vriès. (Anvers, 1601). — N° 1675.

Perspective, c'est-à-dire le très-renommé art du poinct oculaire
d'une veüe, dedans ou travers regardante, etc.; inventé par
Jean VREDEMAN, Frison. Hondius sculp. excud. Lugd. Batav.
(1620), in-4 obl., portr. et fig. — N° 1601.

La Perspective pratique, nécessaire à tous peintres, graveurs,
sculpteurs, architectes, etc.; par un Parisien, religieux de la
Comp. de Jésus. Paris, 1642, in-4, front. et fig. — N° 1281.

Manière universelle de M. Desargues pour pratiquer la perspective par petit-pied comme le géométral; par A. BOSSE. Paris,
1648, in-8, front. et fig. — N° 184.

Moyen universel de pratiquer la perspective sur les tableaux ou
surfaces irrégulières; par A. BOSSE. Paris, 1653, in-8, front.
et fig. — N° 185.

Traicté de perspective faict par un peintre de l'Acad. royale,
dédié à Le Brun, premier peintre du roy. Paris, (1660),
in-fol., fig. — N° 1590.

Traité des pratiques géométrales et perspectives enseignées
dans l'Académie royale de la peinture et sculpture; par
A. BOSSE. Paris, 1665, in-8, front., fig. — N°186.

*L'Architettura civile preparata sulla geometria, e ridotta alle
prospettive. Considerazioni pratiche.* — L'Architecture civile
fondée sur la géométrie et réduite à la perspective. Considérations pratiques; par Ferdinando GALLI BIBIENA. Parme,
1711, in-fol., fig. — N° 145.

Traité de la perspective pratique, avec des remarques sur l'architecture, suivies de quelques édifices considérables mis en
perspective, et de l'invention de l'auteur; par COURTONNE,
architecte. Paris, 1725, in-fol., front. et fig. — N° 362.

*Direzioni a' Giovani studenti nel disegno dell' architettura civile
nell' Accademia Clementina,* etc. — Conseils aux jeunes
gens qui étudient le dessin de l'architecture civile à l'Académie Clémentine, etc. — *Direzioni della prospettiva teo-
rica corrispondenti a quelle dell' architettura,* etc. — La
Perspective théorique dirigée de façon à correspondre avec
l'enseignement de l'architecture; par Ferdinando GALLI
BIBIENA. Bologne, 1731-32, 2 vol. in-12, fig. — N° 144.

Élémens de perspective pratique, à l'usage des artistes, suivis
de réflexions et conseils à un élève sur la peinture, et parti-

culièrement sur le genre du paysage; par P.-H. VALEN-
CIENNES. Paris, 1800, in-4, fig. — N° 1603.

Traité de la science du dessin, contenant la théorie générale
des ombres, la perspective linéaire, la théorie générale des
images d'optique, etc., pour faire suite à la géométrie descriptive; par L.-L. VALLÉE. Paris, 1821, in-4, fig. — N° 1607.

Traité de perspective linéaire, à l'usage des artistes, comprenant la perspective des ombres linéaires, et celle des réflexions produites par l'eau et les miroirs plans; précédé des
notions de géométrie nécessaires pour l'intelligence des
opérations; par Charles CHOQUET. Paris, 1823, in-4, fig.
— N° 307.

Nouveau Traité élémentaire de perspective, à l'usage des artistes et des personnes qui s'occupent du dessin, précédé
des premières notions de la géométrie élémentaire, de la
géométrie descriptive, de l'optique et de la projection des
ombres; par J.-B. CLOQUET. Paris, 1823, 2 vol. in-4, fig.
— N° 325 A.

Application de la perspective linéaire aux arts du dessin; ouvrage posthume de J.-T. THIBAULT, peintre et architecte,
mis au jour par Chapuis, son élève. Paris, 1827, in-4,
fig. — N° 1563.

Métroscopographie, ou Nouveau Système de perspective par
le Ch^er DE BRUNEL-VARENNES. Paris, 1830, in-4. — N° 218.

Parallèle de diverses méthodes du dessin de la perspective,
d'après les auteurs anciens et modernes; par Charles NOR-
MAND, architecte. Paris, 1833, in-4, fig. — N° 1191.

Nouvelle Théorie simplifiée de la perspective, contenant une
introduction historique, les principes de géométrie appliquée au dessin, le tracé des tableaux d'histoire, d'intérieur,
de paysage, de marine, etc.; par David SUTTER. Paris, 1859,
in-4, fig. — N° 1545 A.

Leçons nouvelles de perspective; par A. CHEVILLARD, professeur à l'École des Beaux-Arts. Paris, 1868, texte in-8, atlas
in-4 obl. — N° 299 C. — Un double.

Théorie pratique de la perspective; étude à l'usage des artistes
peintres; par V. PELLEGRIN, peintre. Paris, 1870, in-12. —
N° 1261 A. — Un double.

6. ORNEMENT.

(Voir aussi *Miniature*, p. 176. — Pour l'Ornement architectural, voir aussi p. 109.)

Livre contenant passement de moresques très utile à toutes gens exerçant le dict art en l'an 1563. (Livre des Grotesques; par Jacques ANDROUET DU CERCEAU.) Paris, (1650), in-12. — N° 505 B.

> Ce petit volume se compose de deux suites : l'une de 60 planches qui représentent les arabesques; l'autre de 20 planches de nielles ou ornements de marqueterie. Cette réunion de 80 planches donne à ce volume le plus grand prix.

Recueil de divers vases antiques. — Divers trophées. — Divers ornements. — Par Charles ERRARD. S. l. (Paris), 1651, 3 part. in-fol. — N° 564.

Ornemens de peinture et de sculpture qui sont dans la galerie d'Apollon, au chasteau du Louvre, et dans le grand appartement du roy, au palais des Tuilleries, dessinez et gravez par les sieurs BERAIN, CHAUVEAU et LE MOINE. S. l. n. d. (Paris, 1710), in-fol. — N° 1219.

Loggie di Rafaele nel Vaticano, etc. — Loges de RAPHAEL au Vatican, gravées par Volpato, Ottavioni, d'après les dessins de C. Savorelli, etc. Rome, 1762-77, gr. in-fol. — N° 1387.

> Exemplaire colorié. Ce magnifique ouvrage, qui ne reproduit que l'ornementation des loges, est divisé en trois parties : les arabesques, les voûtes, les stucs.

Mélanges d'ornemens divers, publiés par Émile LECONTE. Paris, 1838, 2 part. in-fol. — N° 917.

Ornamente aller klassischen Kunstepochen. — Ornements de toutes les époques classiques de l'art, reproduits d'après les originaux, avec leurs couleurs; par Guillaume ZAHN. Berlin, 1843-54, pet. in-fol. obl. — N° 1702 C.

Fragmens d'ornemens puisés dans les quatre Écoles. Paris, s. d. (1843-46), 3 vol. in-4. — N° 637.

Ornements des anciens maîtres des XVe, XVIe, XVII° et XVIII^c siècles; par Ovide REYNARD. Paris, 1845, 2 vol. in-fol. — N° 1428.

Collection de dessins d'ornement, composés, dessinés et gravés par Jacob PETIT. Paris, s. d., in-fol. obl. — N° 1284.

Cours d'ornemens de divers styles; par PLANTAR. S. l. n. d.
(1846), gr. in-fol. — N° 1313.

Specimens of ornaméntal art, etc. — Spécimens d'art orne-
mental choisis parmi les meilleurs modèles des époques classiques, illustrés par 80 planches, par Lewis GRUNER, avec un
texte descriptif par Émile BRAUN. Londres, 1850, gr. in-fol.,
fig. en or et en couleur. — N° 719.

The Grammar of Ornament illustrated, etc. — Grammaire
illustrée par des exemples des divers styles d'ornement; par
Owen JONES. Londres, 1856, in-fol., fig. color. — N° 1225.
— Même ouvrage, traduit en français. — N° 1225 B.

Grands Ornements et figures décoratives d'après les maîtres;
par PÉQUÉGNOT. (Paris, 1856), in-fol. — N° 1261 D.

Flore ornementale; par V. RUPRICH-ROBERT. Paris, 1866, in-4.
— N° 1475 B.

Portefeuille historique de l'ornement. Recueil complet des
meilleurs motifs, dessinés et gravés d'après les anciens
maîtres; par METZMACHER. Paris, 1866, in-fol. (Sans texte.)
— N° 1053 B.

Les Arts décoratifs à toutes les époques; par Édouard LIÈVRE.
Paris, 1868-70, in-fol., fig. color. — N° 966 B.

Musée d'art et d'industrie de Moscou. Histoire de l'ornement
russe du xe au xvie siècle, d'après les manuscrits. Paris, 1870,
in-fol., fig. color. — N° 1219 B.

Recueil d'ornements, d'après les maîtres les plus célèbres
des xve, xvie, xviie et xviiie siècles (Aldegrever, Delaune, Woeiriot, Th. de Bry, etc.), reproduits par les procédés de l'hé-
liogravure de Édouard Baldus. Paris, in-fol. — N° 1403 E.

Vasi (Raccolta di), etc. — Recueil de vases antiques et modernes dont les modèles, marbres ou peintures, sont l'œuvre
des plus célèbres artistes. Rome, s. d., in-fol. — N° 1649 A.

L'Ornement polychrome: cent planches en couleur or et argent,
contenant environ 2,000 motifs de tous les styles: art ancien et asiatique, moyen âge, renaissance, xviie et xviiie siècles. Recueil historique et pratique avec des notes explicatives
et une introduction générale; par A. RACINET. Paris, 1872,
gr. in-4. — N° 1374 C.

II. LES ARTS DU DESSIN.

ÉCRITS SUR LES ARTS DU DESSIN ET MONUMENTS DES ARTS DU DESSIN CHEZ TOUS LES PEUPLES.

De Pictura plastice statuaria lib. II. Auctore Julio-Cæsare BULENGERO. Lugduni, 1627, pet. in-8. — N° 225.

Des Principes de l'architecture, de la sculpture, de la peinture et des autres arts qui en dépendent, avec un dictionnaire des termes propres à chacun de ces arts; par FÉLIBIEN. Seconde édition. Paris, 1690, in-4, fig. — N° 605.

Cabinet des singularitez d'architecture, peinture, sculpture et gravure, ou Introduction à la connoissance des plus beaux arts, figurés sous les tableaux, les statues et les estampes; par Florent LE COMTE. Paris, 1699-1700 ; 3 vol. in-12, front. et fig. — N° 915.

Histoire universelle, traitée relativement aux arts de peindre et de sculpter, ou Tableaux de l'histoire enrichis de connaissances analogues à ces talens; par DANDRÉ-BARDON. Paris, 1769, 3 vol. in-12. — N° 382.

Il Riposo, in cui della pittura e della sculptura si favella, etc. — Le Repos, ouvrage où l'on traite de la peinture et de la sculpture; par Raffaello BORGHINI. Milan, 1807, in-8. — N° 177.

Monuments d'architecture, de sculpture et de peinture de l'Allemagne, depuis l'établissement du christianisme jusqu'aux temps modernes; par Ernest FŒRSTER. Paris, 1859-65, 8 vol. in-4, fig. — N° 634 A.

III. ARCHITECTURE.

1. INTRODUCTION.

A. *Vues générales sur l'architecture.*

Mémoires sur les objets les plus importans de l'architecture, par M. PATTE, architecte de S. A. S. monseigneur le prince

Palatin duc régnant de Deux-Ponts. Paris, 1769, in-4, fig. — N° 1251.

Discours sur les monumens publics de tous les âges et de tous les peuples connus, suivi d'une Description de monument projeté à la gloire de Louis XVI et de la France, terminé par quelques observations sur les principaux monumens modernes de la ville de Paris, et plusieurs projets de décoration et d'utilité publique pour cette capitale; par l'abbé DE LUBERSAC. Paris, 1775, in-fol., front. et fig. — N° 980.

Discours sur les monuments publics, prononcé au conseil du département de Paris, le 15 décembre 1791, par Armand-Guy KERSAINT, administrateur et député suppléant au département de Paris. Paris, 1792, in-4, fig. — N° 834.

Éléments d'archéologie nationale, précédés d'une histoire de l'art monumental chez les anciens; par Louis BATISSIER. Paris, 1843, in-12, fig. — N° 110.

Nouvelle Forme architecturale, composée par M. BOILEAU, architecte. Paris, 1853, in-4, fig. — N° 166 B.

Entretiens sur l'architecture; par VIOLLET-LE-DUC, architecte. Paris, 1863, 2 vol. in-8, atlas in-4. — N° 1653 B.

Histoire et caractères de l'architecture en France, depuis l'époque druidique jusqu'à nos jours; par Léon CHATEAU. Paris, 1864, in-8, fig. — N° 295 A.

Philosophie de l'architecture en Grèce; par Émile BOUTMY. Paris, 1870, in-12. — N° 203 A.

B. *Enseignement de l'architecture*

a. Cours et Leçons.

Cours d'architecture, qui comprend les ordres de Vignole, avec des commentaires, les figures et descriptions de ses plus beaux bâtimens et de ceux de Michel-Ange; plusieurs nouveaux desseins, ornemens et préceptes, contenant la distribution, la décoration, la matière et la construction des édifices, la maçonnerie, la charpenterie, etc. — L'Art de bâtir, avec une ample explication par ordre alphabétique de tous les termes; par A.-C. D'AVILER, architecte. Paris, 1710,

in-4, front. et fig. — N° 86. — Nouvelle édition, avec des remarques par MARIETTE. Paris, 1760, gr. in-4, front. et fig.
— N° 87.

Cours d'architecture, ou Traité de la décoration, distribution
et construction des bâtiments, contenant les leçons données
en 1750 et les années suivantes; par J.-F. BLONDEL, architecte, dans son école des arts, publié de l'aveu de l'auteur,
par M. R***. *Paris,* 1771-77, 6 vol. in-8 avec 1 vol. de pl.
— N° 161 A.

Nouvelles Règles pour la pratique du dessin et du lavis de l'architecture civile et militaire; par C.-M. DELAGARDETTE.
Paris, 1803, in-8, fig. — N° 407.

Précis des leçons d'architecture données à l'École royale polytechnique; par J.-N.-L. DURAND, architecte, professeur d'architecture. Paris, 1817, 2 vol. in-4, fig. — N° 531.

Leçons de l'école gratuite de dessin et d'architecture de la ville
de Perpignan, composées par BOHER, peintre et statuaire, etc.
Perpignan, 1819-22, 2 tomes en 1 vol. in-8. — N° 165.

An Outline of a Course of architectural Instruction, etc. —
Esquisse d'un cours d'architecture; par William R. WARE.
Boston, 1866, in-8. — N° 1679 C.

Enseignement de l'architecture de l'école impériale et spéciale
des beaux-arts, section d'architecture. L'École centrale d'architecture et ses parallèles avec son modèle cité, l'école
impériale centrale des arts et manufactures; par Théodore
LACHÈZ, architecte. Paris, 1868, in-8. — N° 848 A.

b. Traités, Manuels. — Études des architectes pensionnaires
de l'Académie de France à Rome.

L'Architecture de Philibert DE L'ORME, conseillier et aumosnier
ordinaire du roy, et abbé de Saint-Serge-lez-Angiers. Paris,
1576, in-fol., fig. — N° 422. — Autre édition : Rouen, 1648,
in-fol., fig. — N° 423.

Della Architettura di G. A. R., con cento sessante figure, etc.
— Les Dix Livres de l'architecture de Giov. Antonio RUSCONI,
avec 160 figures dessinées par lui, selon les préceptes de
Vitruve clairement et brièvement expliqués. Venise, 1590,
in-fol. — N° 1476.

Nouveaux Pourtraitz et figures de termes pour user en l'architecture, composez et enrichiz de diversité d'animaulx, représentez au vray, selon l'antipathie et contrariété naturelle de chacun d'iceulx ; par Joseph BOILLOT, Lengrois. S. l., (1592), in-fol. (53 pl. sur bois et sur cuivre). — N° 167.

Les Quatre Livres de l'architecture d'André PALLADIO, mis en françois (par de Chambray). Paris, 1650, in-fol., fig. — N° 1236.

Livre d'architecture, contenant les principes généraux de cet art, et les plans, élévations et profils de quelques-uns des bâtimens faits en France et dans les pays étrangers. Ouvrage françois et latin ; par BOFFRAND, architecte du Roy. Paris, 1745, in-fol., fig. — N° 164.

Architecture moderne, ou l'Art de bien bâtir pour toutes sortes de personnes, divisée en dix livres ; de la construction des escaliers, des devis, du toisé, des bâtimens, des us et coutumes, de la distribution ; par Charles-Antoine JOMBERT. Paris, 1764, 2 vol. in-4 avec front. et fig. — N° 815.

Traité d'architecture, contenant des notions générales sur les principes de la construction et sur l'histoire de l'art ; par Léonce REYNAUD, ingénieur en chef des ponts et chaussées, professeur d'architecture à l'École polytechnique, etc. Paris, 1850-58, 2 vol. in-4 avec 2 vol. d'atlas. — N° 1430.

Recueil des calques, des études des élèves architectes de l'Académie de France à Rome. 1828 à 1858. 30 vol. in-fol. — N° 1403 M.

MONUMENTS.	NOMS DES PENSIONNAIRES.
1er VOLUME. Année 1828.	
Théâtre de Marcellus, à Rome	Duc.
Théâtre de Taormino, en Sicile	—
Temple d'Herculé, à Cori	Vaudoyer (Léon.
Temple de la Fortune Virile à Rome	—
Temple de Minerve, à Assise	—
Panthéon, à Rome	Labrouste aîné.

MONUMENTS.	NOMS DES PENSIONNAIRES.

2e VOLUME. Année 1829.

Monuments	Pensionnaires
Porte Majeure, à Rome.	Vaudoyer.
Aqueduc de Claude.	—
Arc de Claude.	—
Porte d'Auguste, à Fano.	—
Arc de Trajan, à Ancône.	—
Arc de Trajan, à Bénévent	—
Temple de Vesta, à Tivoli.	Labrouste aîné.
Tombeaux étrusques, à Corneto.	—
Temple d'Antonin et Faustine, à Rome	Delannoy.
Temple de Jupiter Tonnant.	—

3e VOLUME. Année 1830.

Monuments	Pensionnaires
Forum triangulaire, à Pompéi.	Labrouste (Théodore).
Basilique à Pompéi.	—
Tombeau de Cestius, à Rome	—
Tombeau des Horaces	—
Tombeau taillé dans le roc, à Palazzuolo.	—
Tombeau de L. C. Scipion, au Vatican.	—
Temple de la Concorde, à Agrigente.	Delannoy.
Tombeau de Théron, Sicile.	—
Temple de Ségeste, Sicile.	Constant.
Temple de Neptune, à Pæstum.	—
Temple de Cori.	—
Théâtre de Marcellus.	—

4e VOLUME. Année 1831.

Monuments	Pensionnaires
Tabularium, à Rome	Constant.
Propylées du Temple de Neptune, à Pompéi	—
Basilique, de Pompéi.	—
Chapiteau ionique conservé au Vatican.	—
Chapiteau ionique dans la Basilique de Santa Maria in Trastevere, à Rome.	—
Basilique de Vicence	—
Théâtre de Marcellus, à Rome.	—
Palais ducal, à Venise.	—
Forum de Trajan, à Rome.	Garrez.
Temple de la Concorde.	—

MONUMENTS.	NOMS DES PENSIONNAIRES.

5e VOLUME. Année 1832.

Temple de Jupiter Stator, à Rome.	Constant.
Portes antiques de Segni, Arpino, Alatri.	Garrez.
Porte antique de Falère.	—
Porte antique de la citadelle.	—
Porte antique de la citadelle de Pérouse	—
Porte Tiburtine ou de Saint-Laurent, à Rome.	—
Porte antique de Saint-Paul dite d'Ostie.	—
Temple de Mars Vengeur.	Morey.

6e VOLUME. Année 1833.

Temple d'Antonin et Faustine.	Leveil.
Temple de la Fortune Virile.	Garrez.
Les trois temples sur les ruines desquels s'est élevée l'église de Saint-Nicolas.	—
Le temple de l'Espérance.	—
Le temple de la Piété.	—
Le temple de Matuta	—
Panthéon.	Morey.
Temple de la Paix, à Pæstum.	—
Forum triangulaire, à Pompéi.	—

7e VOLUME. Année 1834.

Temple d'Hercule, à Cori	Morey.
Temple de Vesta, à Tivoli.	—
Arc de Septime-Sévère	—
Arc de Titus.	—
Arc de Constantin	—
Le Colisée	Leveil.
Le Panthéon.	Baltard.
Amphithéâtre de Flavien	—
Mosaïque d'Otricoli au Vatican.	—

8e VOLUME. Année 1835.

Chapiteaux à Pompéi.	Leveil.
Écoles, à Pompéi.	—
Forum triangulaire	—
Théâtre de Marcellus, à Rome.	Baltard.
Tombeaux de la vallée de Norchia.	—

MONUMENTS.	NOMS DES PENSIONNAIRES.

8e VOLUME. ANNÉE 1835 (*suite*).

Tombeaux à Norchia et à Vulcia.	Baltard.
Tombeau près de Corneto.	—
Tombeaux à Palazzuolo.	—
Tombeau de Bibulus.	—
Tombeaux à Albano.	—
— de la famille Plautia.	—
— de Cestius	—
Tombeaux entre Rome et Albano	—
— de Campriscus à Tivoli	—
— à Santa Maria in Ara Cœli.	—
— à Santa Maria Maggiore.	—
— à Santa Maria in Trastevere	—
— à Santa Maria in Trastevere.	—
— à Santa Maria in Ara cœli.	—
— à Santa Maria in Ara cœli	—
— à Santo Pietro in Vincoli.	—

9e VOLUME. ANNÉE 1836.

Temple de la Concorde, à Agrigente.	Baltard.
Petit temple de l'Acropole, à Sélinunte.	—
Temple de Castor et de Pollux, à Agrigente	—
Temple de Minerve, à Assise	Vaudoyer fils.
Colonne milliaire.	Debret.

10e VOLUME. ANNÉE 1837.

Théâtre de Marcellus, à Rome.	Famin fils.
Temple de Vesta, à Tivoli.	Boulanger.
Temple de Mars Vengeur, à Rome.	—
Temple de Vesta	Clerget.
— de Vesta et de la Sibylle, à Tivoli.	—
— de Vesta, à Tivoli.	—
— de la Sibylle, à Tivoli.	—
Temple de Vesta, à Tivoli.	—
Temple de Vesta et de la Sibylle, à Tivoli	—
Temple de Vesta, à Tivoli.	—
Temple de la Sibylle, à Tivoli	—
Temple d'Hercule gardien, à Rome.	—

MONUMENTS.	NOMS DES PENSIONNAIRES.

11ᵉ VOLUME. Année 1838.

Temples de Junon Matuta, de la Piété et de l'Espérance.	Guenepin.
Temple de la Piété	—
Temple de Junon Matuta	—
Temple de l'Espérance.	—
Temple de la Fortune Virile.	—
Tabularium	—
Tombeau de Bibulus	—
Tombeau d'un boulanger.	—
Porte Saint-Laurent.	—
Maison du Faune, à Pompéi.	Boulanger.
Temple d'Hercule, à Cori	Famin.

12ᵉ VOLUME. Année 1839.

Antiquités d'Agrigente , temple d'Hercule.	Boulanger.
— — temple de la Concorde.	—
— — temple de Castor et Pollux. . . .	—
Fragments appartenant à divers temples	—
Græcostasis, à Rome	Uchard.

13ᵉ VOLUME. Année 1840.

Temple de la Fortune, à Palestrine.	Guenepin.
Temple de Castor et Pollux, à Cori	—
Arc de Trajan, à Bénévent.	—
Temple du Soleil sur le Mont Quirinal, à Rome	Uchard.
Fragments dans la villa Poniatowski	Lefuel.
Chapiteau antique, au musée du Capitole	—
Chapiteau ionique dans Santa Maria in Transtevere. . . .	—

14ᵉ VOLUME. Année 1841.

Restauration du Forum triangulaire et des théâtres à Pompéi. Plan, coupe, élévation. . . . . . , ...	Boulanger.
Portique du Forum triangulaire, Portique du grand Forum, Portique des écoles et du camp des soldats	Uchard.
Détails du Forum triangulaire. Entrée de ce Forum et péristyle de la maison de Pansa.	—
Détails de l'ordre corinthien dans un Atrium de femmes. .	—
Chapiteau pilastre d'une porte, rue de Mercure. Piédestal, base et chapiteau de la colonne Trajane, à Rome. . . .	Ballu.
Colonne Trajane, état actuel	
Face du piédestal.	

MONUMENTS.	NOMS DES PENSIONNAIRES.

15e VOLUME. Année 1842.

Temple de la Concorde, à Rome	Lefuel.
Temple de Jupiter Tonnant.	—
Arc de Septime-Sévère, à Rome.	—
Portique des douze grands dieux	—
Tabularium à Rome.	—

16e VOLUME. Année 1843.

Maison du Faune, à Pompéi	Ballu.
Maison, rue de Mercure.	—
Maison de Pansa	—
Forum de Nerva, à Rome.	—
Temple d'Antonin et Faustine	—
Temple de Vesta	Titeux.
Tombeau, par Andréas Sansovino, dans l'église Sainte-Marie du Peuple	—
Tombeau de Cæcilia Metella.	Paccard.
Voie des tombeaux à Pompéi	—
Tombeau des guirlandes	—
Voie des tombeaux	—

17e VOLUME. Année 1844.

Temple de Mars Vengeur, à Rome.	Paccard.
Temple de Minerve, à Assise.	Titeux.
Tombeau étrusque, à Corneto	—
Cloître de Saint-Jean de Latran, à Rome.	—
Temple de Vesta, à Tivoli.	Tétaz.

18e VOLUME. Année 1845.

Basilique de Palestrine	Tétaz.
Intérieur du Panthéon à Rome	Dubuisson.
Le Panthéon.	—

19e VOLUME. Année 1846.

Théâtre de Marcellus et Temple de la Fortune virile à Rome	Dubuisson.
Théâtre de Marcellus.	—
Temple de la Fortune virile et Théâtre de Marcellus. . .	—
Temple de la Pitié	—
Temple du Soleil	Tétaz.

MONUMENTS.	NOMS DES PENSIONNAIRES.

20ᵉ VOLUME. Année 1847.

Arc de Titus, à Rome.	Normand.
Temple d'Hercule, à Cori	Thomas.
Porte d'Auguste, à Perugia	Dubuisson.
Palestrina	Tétaz.

21ᵉ VOLUME. Année 1848.

Temple de Jupiter Stator, à Rome	Thomas.
Temple élevé *Deo ridicolo*	—
Amphithéâtre Flavien.	Normand.
Arc de Septime-Sévère	—
Théâtre de Marcellus	André.
Tombeau de Bibulus.	—
Détail d'une console du Forum de Trajan.	—
Temple du Forum Olitorium	—

22ᵉ VOLUME. Année 1849.

Maison du Faune à Pompéi	Normand.
Forum triangulaire.	—
Portiques du Forum triangulaire, du grand Forum à Pompéi et de la villa Mécène, à Tivoli	—
Porte du Panthéon, à Rome.	André.
Forum triangulaire, à Pompéi.	—
Tombeau de L. C. Scipion, au Vatican.	—
Forum de Trajan.	Garnier.

23ᵉ VOLUME. Année 1850.

Acropole d'Athènes	Thomas.
Temple de Jupiter, à Terracine	André.
Théâtre de Marcellus, à Rome	—
Théâtre de Tusculum.	—
Temple de Vesta, à Rome	Garnier.
Banc épiscopal de l'église Saint-Laurent hors les murs, à Rome.	—
Église San Miniato, à Florence	—
Portique d'Octavie, à Rome.	Lebouteux.

MONUMENTS.	NOMS DES PENSIONNAIRES.

24ᵉ VOLUME. Année 1851.

Temple de Sérapis, à Pouzzoles	Garnier.
Temple de Mars Vengeur.	Lebouteux.
Temple de la Concorde	Louvet.
Base trouvée sur l'emplacement dudit temple.	—
Villa Poniatowski.	—

25ᵉ VOLUME. Année 1853.

Temple d'Hercule, à Cori	Lebouteux.
Le Panthéon, à Rome.	Louvet.
Temple de la Concorde.	—
Villa Poniatowski.	—
Musée du Capitole	—
Temple de Jupiter Stator	Ancelet.

26ᵉ VOLUME. Année 1854.

Temple d'Antonin et Faustine.	Ginain.
Temple de Vesta, à Tivoli.	Ancelet.
Fragments antiques à Rome.	—
Propylées, à Athènes	Louvet.

27ᵉ VOLUME. Année 1855.

Arc de Septime-Sévère, à Rome.	Ancelet.
Église Santa-Maria in Ara Cœli, à Rome.	—
Colonne Trajane	Ginain.

28ᵉ VOLUME. Année 1856.

Temple de Mars Vengeur, à Rome.	Vaudremer.
Forum de Trajan	Bonnet.
Temples d'Érechthée, de Minerve Poliade et de Pandrose.	Ginain.
Temple de Pandrose	—
Temple d'Érechthée.	—

MONUMENTS.	NOMS·
	DES PENSIONNAIRES.

29ᵉ VOLUME. Année 1857.

Arc de Titus, à Rome.	Vaudremer.
Forum triangulaire, à Pompéi.	—
Portique des écoles	Bonnet.
Forum triangulaire.	—
Tribune de la Basilique.	—
Portique du Panthéon d'Agrippa, à Rome.	Daumet.

30ᵉ VOLUME. Année 1858.

Temple de Vesta	Bonnet.
Temple du Soleil.	—
Temple de la Concorde	Daumet.
Tombeau de Cornélius Scipion au Vatican.	— .
Théâtre de Marcellus, à Rome.	Guillaume.

C. *Législation du bâtiment et prix des travaux.*

Les Loix des bâtimens, suivant la coutume de Paris ; par Des-
GODETS, architecte du Roy, avec les notes de Goupy, architecte. Nouvelle édition. Paris, 1777, in-8. — Nº 458.

Tableaux détaillés des prix de tous les ouvrages de bâtiment,
suivant leurs genres différens et chacune de leurs espèces ;
par R.-J. Morisot. Paris, 1804-0, 4 vol. in-8. — Nº 1117.

Manuel des lois du bâtiment, élaboré par la Société centrale
des architectes, suivi du Recueil des lois, ordonnances et
arrêtés concernant la voirie ayant trait aux constructions.
Paris, 1863, in-8. — Nº 998 B.

D. *Dictionnaires et lexiques.*

Œuvre de la diversité des termes dont on use en architecture ;
par Hugues Sambin. Lyon, 1572, pet. in-fol., front et fig. —
Nº 1492.

Explication des termes d'architecture ; par A.-C. d'Aviler. —
Paris, 1710, in-4, front. — Nº 88.

Dictionnaire d'architecture, civile, militaire et navale, antique, ancienne et moderne, et de tous les arts et métiers qui en dépendent, dont tous les termes sont exprimés en françois, latin, italien, espagnol, anglois et allemand; enrichi de 101 pl. de figures en taille-douce.... auquel on a joint une notice des architectes, ingénieurs, peintres, sculpteurs, graveurs et autres artistes les plus célèbres; par C.-F. Roland Le Virloys. Paris, 1770, 4 vol. in-4. — N° 1451.

Dictionnaire historique d'architecture, comprenant dans son plan les notions historiques, descriptives, archéologiques, biographiques, théoriques, didactiques et pratiques de cet art; par Quatremère de Quincy. Paris, 1832, 2 vol. in-4. — N° 1360.

Dictionnaire de l'architecture du moyen âge; par Adolphe Berty. Paris, 1845, in-8, fig. — N° 138.

Glossary of Terms used in grecian, roman, italian, and gothic Architecture. — Glossaire des mots en usage dans les architectures grecque, romaine, italienne et gothique; par J.-H. Parker. Oxford, 1845-46, 3 vol. in-8, fig. — N° 702.

Dictionnaire raisonné d'architecture française du XIe au XVIe siècle; par Viollet-le-Duc, architecte. Paris, 1858-68, 10 vol. in-8, fig. — N° 1653 C.

Glossaire de termes techniques d'architecture gothique, composé en anglais, d'après des documents officiels et des textes d'anciens écrivains, pour servir de complément aux œuvres de A. Pugin et à tous les dictionnaires d'architecture; par Édouard-James Willson; traduit intégralement, remanié sous la forme d'un glossaire français-anglais, revu et augmenté d'après les meilleurs auteurs; par Alphonse Le Roy. Paris, 1867, in-8. — N° 1691 A.

Dictionnaire général des termes d'architecture, en français, allemand, anglais et italien; par Daniel Ramée, architecte. Paris, 1868, in-8. — N° 1375 B.

E. *Écrits périodiques.*

Allgemeine Bauzeitung mit Abbildungen für Architecten, Ingenieurs, etc. — Gazette universelle d'architecture pour les

architectes, les ingénieurs, les décorateurs, etc., et tous ceux
qui s'intéressent aux progrès et aux œuvres de l'architecture
dans ces derniers temps et aux études qui en dépendent ;
par Lud.-Christ.-Fried. FœRSTER. Vienne, 1836-54, 19 vol.
in-4 et 19 vol. d'atlas in-fol. — N° 634 C.

Revue générale de l'architecture et des travaux publics. Journal des architectes, des ingénieurs, des archéologues, des
industriels et des propriétaires ; par César DALY. Paris, 1840-
1870, 28 vol. in-4, fig. — N° 1423.

Encyclopédie d'architecture, journal mensuel publié sous la
direction de Victor Calliat et Adolphe Lance, architectes.
Paris, 1851-62, 12 vol. in-4, fig. — N° 560 D.

Journal de menuiserie spécialement destiné aux architectes,
aux menuisiers et aux entrepreneurs, publié sous la direction de M. Adolphe Mangeant, architecte. Paris, 1863-65,
in-4, fig. — N° 1042 A.

Le Moniteur des architectes, revue mensuelle de l'art architectural ancien et moderne, nouvelle série publiée sous la
direction de M. A. Normand, architecte. Paris, 1866 et
suiv., in-4, fig. — N° 1091 A.

Croquis d'architecture. Intime Club, année 1866 et suiv. in-fol.
— N° 371 A.

> Publication mensuelle par une société d'architectes.

Gazette des architectes et du bâtiment, journal bi mensuel
publié sous la direction de MM. E. Viollet-le-Duc fils et
A. Baudot. Paris, 1869-70, 7e année, in-4, fig. — N° 681 A [1].

Annales de la Société académique d'architecture de Lyon.
Exercice 1867-68-69 et 70. Lyon, 1869-71, 2 vol. in-8. —
N° 37 C.

Société centrale des architectes, bulletin mensuel. Paris, 1871,
in-8. — N° 1530 A.

Nouvelle Encyclopédie d'architecture. Revue mensuelle des
travaux publics et particuliers ; 2e série, publiée sous la
direction d'un comité d'architectes et d'ingénieurs. Paris,
1872, gr. in-4, fig. — N° 560 D.

2. PARTIE TECHNIQUE.

A. *Ordonnance et proportions des édifices.*

Les Cinq Ordres.

(Voir VITRUVE, page 134.)

Architectura oder Bauung der Antiquen auss dem Vitruvius, etc.
— Architecture ou manière de construire des anciens, tirée
de Vitruve et contenant les cinq ordres ; par Jean VREDEMAN
DE VRIES. Imprimée à Anvers par Gerard de Jode, 1581, petit
in-fol., fig. — N° 1600.

Malgré le titre allemand, le texte est en français.

L'Architecture, contenant la toscane, dorique, ionique, corin-
thiaque et composée, faicte par Henri HONDIUS, avec quelques belles ordonnances d'architecture, mises en perspective
par Jean Vredman Frison. Amsterdam, 1628, in-fol., fig. —
N° 775.

Règle générale d'architecture des cinq manières de colonnes ;
par Jean BULLANT, architecte de Mgr de Montmorency.
Rouen, 1647, in-fol. — N° 226.

Parallèle de l'architecture antique et de la moderne, avec un
recueil des dix principaux autheurs qui ont écrit des cinq
ordres. Sçavoir : Palladio et Scamozzi, Serlio et Vignola,
D. Barbaro et Cataneo, L.-B. Alberti et Viola, Bullant et de
Lorme ; par DE CHAMBRAY. Paris, 1650, in-fol., fig. — N° 285.
— Une seconde édition : Paris, s. d., in-fol., fig. — N° 1667.
— Une autre édition de 1702, in-fol., front. et fig. —
N° 285.

*Architectura von Austheilung, Symmetria und Proportion der
fünf Säulen und aller darauss folgender Kunstarbeit von
Fenstern, Caminen, Thürgerichten, Portalen*, etc. — Architecture. De la distribution, symétrie et proportion des cinq
ordres et de tout ce qui en dépend : fenêtres, cheminées,
jambages de portes, portails, etc. ; par Wandel DE DIET-
TERLIN. Nurenberg, 1655, petit in-fol., front. et fig. — N° 472.

Traité des manières de dessiner les ordres de l'architecture
antique en toutes leurs parties ; par Abr. Bosse. Paris, 1664,
in-fol., fig. — N° 183.

Ordonnance des cinq espèces de colonnes selon la méthode des
anciens ; par Perrault. Paris, 1683, in-fol., fig. — N° 1274.
— Un double au N° 1504.

Les Cinq Ordres d'architecture de Vincent Scamozzi, Vicen-
tin, architecte de la république de Venise : tiré du sixième
livre de son Idée générale d'architecture ; avec des planches
originales, par Augustin-Charles d'Aviler, architecte. Paris,
1685, in-fol., front. et fig. — N° 1504.

Regola delli cinque ordini d'architettura. — Règle des cinq
ordres d'architecture ; par Giacomo Barozzio da Vignola.
Sienne, 1685, in-fol. — N° 1643.

Cours d'architecture qui comprend les ordres de Vignole avec
des commentaires, etc. ; par d'Aviler. (Voir p. 85.) — N° 86.

*Li Cinque Ordini dell' architettura civile di Michel Sanmi-
cheli,* etc. — Les Cinq Ordres d'architecture civile de Michel
Sanmicheli, relevés sur les constructions, décrits et publiés,
avec ceux de Vitruve, Alberti Palladio, Scamozzi, Serlio et
Vignola, par Alex. Pompei. Vérone, 1735, in-fol., portr. et
fig. — N° 1494.

Traité d'architecture, ou Proportions des trois ordres grecs,
sur un module de douze parties ; par Jean Antoine, architecte. Trèves, 1768, in-4, fig. — N° 809.

Série des colonnes (par Antoine ?). Dijon, 1782, in-8, fig. —
N° 1517.

Nouveau Vignole au trait, ou Élémens des ordres ; par Détournelle. Paris, an XII, in-4, fig. — N° 463.

Œuvres complètes de Jacques Barozzi de Vignole, publiées
par H. Lebas et F. Debret, architectes. Paris, 1815, gr.
in-fol., fig. — N° 1044.

Nouveau Parallèle des ordres d'architecture des Grecs, des
Romains et des auteurs modernes ; dessiné et gravé au trait
par Charles Normand. Paris, 1819, in-fol., fig. — N° 1191 G.

Le Vignole des architectes et des élèves en architecture ; seconde
partie, contenant des détails relatifs à l'ornement des cinq

ordres d'architecture ; par Charles Normand. Paris, 1836, in-4, fig. — N° 1191 C.

Le Vignole des architectes et des élèves en architecture, ou Traduction des cinq ordres d'architecture de Jacques Barrozzio de Vignole, suivie d'une Méthode abrégée du tracé des ombres dans l'architecture, par Charles Normand, architecte. Paris, 1842, in-4, fig. — N° 1191 C.

Étude et Comparaison de quelques chapiteaux antiques, au double point de vue de l'architecture et de l'archéologie; par Aurès. Nîmes, 1860, in-4, fig. — N° 83.

Due differenti Generi di foglie d'acanto, levati da antichi framenti, etc. — Deux Genres différents de la feuille d'acanthe, tirés de fragments antiques, dessinés par Luca Comparini et gravés par Giov. Balzar, à Florence. (Rome), s. d., in-fol., fig. — N° 10 A.

B. *De l'Exécution des édifices.*

a. Construction.

1. *Généralités.*

Nouvelles Inventions pour bien bastir et à petits fraiz, trouvées naguères par Philibert De Lorme, etc. Paris, 1561, petit in-fol., fig. — N° 421.

Livre d'architecture, par Jacques Androuet Du Cerceau, contenant les plans et dessaings de cinquante bastimens tous différens, etc. Paris, 1611-15, in-fol., fig. — N° 501.

Manière de bien bastir pour toutes sortes de personnes; par Pierre Le Muet, architecte ordinaire du roy, revue, augmentée et enrichie en cette seconde édition de plusieurs figures, de beaux bastiments et édifices, de l'invention et conduitte dudit sieur Le Muet, et autres. Paris, 1647, in-fol., fig. — N° 927.

Mémoire sur la construction de la coupole projetée pour couronner la nouvelle église de Sainte-Geneviève, à Paris; par Patte, architecte. Amsterdam, 1770, in-4, fig. — N° 1249.

Mémoire sur l'application des principes de la méchanique (*sic*) à
la construction des voûtes et des dômes; par Gauthey. Dijon,
1771, in-4, fig. — N° 1250. — Un double. — N° 1249.

Architecture pratique, comprenant la construction et le toisé
des différentes parties du bâtiment, auquel on a joint : les
comparaisons des toisés modernes et anciens, le toisé des
colonnes et pilastres isolés ou engagés, et celui des frontons
et ornemens d'architecture, suivant l'usage actuel. La manière
de lever les plans où l'on ne peut entrer. Les prix des ouvrages de maçonnerie, couverture, charpente, menuiserie,
ferrure, etc.; par P. Bullet, architecte du roi, avec une
explication de trente-six articles de la coutume de Paris, par
Séguin, entrepreneur de bâtimens. Paris, 1788, in-8, fig. —
N° 228.

Traité historique et pratique de l'art de bâtir ; par J. Rondelet,
architecte. Paris, 1802-17, 4 tomes en 6 vol. in-4, fig.—
N° 1460. — Autre édition (10e). Paris, 1855, 5 vol. in-4, et
2 vol. in-fol. d'atlas. — Supplément, par G. Abel Blouet.
Paris, 1847-48, 2 vol. in-4. — N° 1460 A.

Traité expérimental analytique et pratique de la poussée des
terres et des murs de revêtement; par Mayniel, chef de
bataillon au corps du génie, sous-directeur des fortifications.
Paris, 1808, in-4, fig. — N° 1019.

Études relatives à l'art des constructions; recueillies par
L. Bruyère. Paris, 1823-28, 2 vol. in-fol., fig. — N° 224.

Cours élémentaire, théorique et pratique de construction ; par
J.-P. Douliot. Paris, 1826-28, 2 vol. in-4, fig. — N° 491.

Programme, ou Résumé des leçons d'un cours de constructions,
avec des applications tirées spécialement de l'art de l'ingénieur des ponts et chaussées; par feu M. J. Sganzin. Quatrième édition, enrichie d'un atlas volumineux, entièrement
refondue et considérablement augmentée, par M. Reibell.
Paris, 1839-41, 3 vol. in-4 et atlas in-fol. obl. — Cinquième
édition, entièrement refondue par Léon Lalanne. Paris,
1867, in-4 et atlas in-fol. (En cours de publ.) — N° 1518 C.

Les Édifices circulaires et les dômes, classés par ordre chronologique et considérés sous le rapport de leur disposition, de
leur construction et de leur décoration; par E. Isabelle,

architecte du gouvernement, gravé par H. Roux, aîné. Paris,
1855, gr. in-fol., fig. — N° 796.

Cours de construction ; par A. DEMANET, lieutenant-colonel
du génie. Deuxième édition. Paris, 1861-62, 2 vol. in-8 et
atlas in-fol. obl. — N° 424 A.

Résistance des matériaux; par Arthur MORIN. Troisième édition.
Paris, 1862, 2 vol. in-8, fig. — N° 1116 B.

Technologie du bâtiment, ou Étude complète des matériaux de
toute espèce employés dans l'art de bâtir; par Théodore
CHATEAU. Paris, 1863-66, 2 vol. in-8. — N° 295 B.

École centrale d'architecture. L'Amphithéâtre en 1865-66.
Leçons d'ouverture : stabilité des constructions, stéréotomie,
chimie, physique générale, géologie, histoire naturelle,
hygiène. Histoire des civilisations; par Émile TRÉLAT. Paris,
in-8. — N° 1595 A.

*The Different Modes of Construction employed in ancient Ro-
man buildings*, etc. — Les Modes divers de construction
employés dans les anciens monuments romains et l'époque
à laquelle ils furent introduits; par John-Henry PARKER.
Rome, 1868, in-8, fig. — N° 1244 A.

Résumé des leçons de construction faites à l'école spéciale et
impériale des beaux-arts, section d'architecture, jusqu'en
1864; par F.-M. JAŸ, S. l. n. d., plaq. in-4. — N° 808 A.

Cours pratique de construction rédigé conformément au paragraphe 5 du programme officiel des connaissances pratiques exigées pour devenir ingénieur : terrassements,
ouvrages d'art, mortiers et bétons, maçonnerie, bois,
métaux, etc.; par Louis PRUD'HOMME, ingénieur civil, con-
ducteur au corps impérial des ponts et chaussées. Paris,
1870, 2 vol. in-8, fig. — N° 1342 A.

Collection de dessins distribués aux élèves de l'École impériale
des ponts et chaussées, avec légendes explicatives des
planches. T. Ier, 1857-63. Paris, in-8 et atlas in-fol. —
N° 336 A.

Cours de construction (École des beaux-arts), 1871-72; par
BRUNE. Paris, pet. in-fol., fig. — N° 216 A.

2. Méthodes de construction en pierre, en brique, etc.

Des Mortiers ou Cimens; par B.-G. SAGE. 3ᵉ édit. Paris, 1809, in-8. — N° 1403 G.

Recherches expérimentales sur les chaux de construction, les bétons et les mortiers ordinaires; par L.-J. VICAT. Paris, 1818, in-4, 3 pl. — N° 1634.

Mémoire relatif à la construction des voûtes en briques posées de plat, suivi de recherches expérimentales sur la poussée de ces sortes de voûtes; par A. D'OLIVIER. (Avignon, 1837), in-4, fig. — N° 1216 A.

Traité de construction en poteries et fer, etc., et suivi d'un recueil de machines appropriées à l'art de bâtir; par Ch.-L.-G. ECK. Paris, 1841, in-fol., fig. — N° 544.

Brick and Marble in the middle ages, etc. — Briques et Marbres du moyen âge. Notes d'un voyage dans le nord de l'Italie (avec de nombreuses illustrations); par G.-Ed. STREET. Londres, 1855, in-8, fig. — N° 1540 B.

Les Constructions en briques; par Louis DEGEN. Paris, 1860, in-fol., fig. color. — N° 404 A.

The Terra-cotta Architecture of north Italy, etc. — L'Architecture en terre-cuite dans le nord de l'Italie (XIIᵉ-XVᵉ siècles), reproduite pour servir d'exemple dans d'autres contrées, d'après les dessins et les restaurations de Federigo Lose, avec 48 planches gravées et imprimées en couleur, texte descriptif par V. OTTOLINI et F. LOSE, publié par Lewis Gruner. Londres, 1867, in-fol., fig. — N° 719 A.

Practische Anleitung zu Anwendung der Cemente, etc. — Guide pratique pour l'emploi des enduits ou revêtements; par W.-A. BECKER. 2ᵉ édition. Berlin, 1869, in-4, fig. — N° 118 C.

Poteries en grès pour bâtiments; de Thomas CHEESMAN (Prospectus). Paris, s. d., in-8, fig. — N° 296 A.

3. *Coupe des pierres.*

Le Secret d'architecture découvrant fidèlement les traits géo-
métriques, coupes et dérobemens nécessaires dans les bastiments; par Mathurin Jousse. La Flèche, 1642, petit in-fol.,
fig. — N° 826.

La Pratique du trait à preuves, de M. Desargues, Lyonnois,
pour la coupe des pierres en architecture; par Abraham
Bosse. Paris, 1643, in-8, front. et fig. — N° 433.

Traité de la coupe des pierres, ou Méthode facile et abrégée
pour se perfectionner en cette science; par J.-B. De la Rue,
architecte. Paris, 1764, in-fol., front. et fig. — N° 414.

Traité de la coupe des pierres; par L.-L. Vallée. Paris, 1828,
in-4, fig. (Non achevé). — N° 1605.

Élémens de la science de la coupe des pierres, à l'usage de
l'architecture; par Frezier. Paris, 1830, 2 vol. in-8, fig. —
N° 649 A.

Traité pratique de la coupe des pierres, ou Art particulier du
trait, pour la construction des voûtes en général, et autres
parties de bâtiment, précédé d'un Vocabulaire des mots et
termes usités dans la coupe des pierres; par J.-F.-H. Dela-
perrelle. Paris, 1830, in-4, fig. — N° 412. — Un double.

Traité spécial de coupe des pierres; par J.-P. Douliot.
Deuxième édition, revue, corrig. et consid. augm. par F.-M.
Jay, professeur d'architecture et de construction, etc.,
J. Claudel et L.-A. Barré. Paris, 1862, in-4, texte et atlas.
— N° 493.

Traité de stéréotomie, comprenant les applications de la géométrie descriptive à la théorie des ombres, la perspective
linéaire, avec un atlas composé de 74 planches; par C.-F.-A.
Leroy. 5e édit., revue et annotée par E. Martelet. Paris, 1870,
2 vol. in-4 et in-fol. — N° 951 C.

Traité pratique de la coupe des pierres, précédé de toute la
partie de la géométrie descriptive qui trouve son application
dans la coupe des pierres, etc.; par Émile Lejeune. Paris,
texte in-8 et atlas in-4. — N° 923 B.

4. Méthodes de construction en bois et en fer.

Dimensions des fers qui doivent former la coupole de la halle aux grains; par F. BRUNET. Paris, 1809, in-4 obl., fig. — N° 219.

Details of antient Timber Houses, etc. — Détails d'anciennes maisons en bois des xv⁰ et xvi⁰ siècles, existant à Rouen, Caen, Beauvais, Gisors, Abbeville, Strasbourg, etc.; par A. Welby PUGIN. Londres, 1836, in-4, fig. — N° 1348.

Traité de l'application du fer, de la fonte et de la tôle dans les constructions civiles, industrielles et militaires; par L.-G. ECK : suivi d'un Mémoire sur la construction de nouveaux planchers destinés à rendre les bâtiments incombustibles; par feu le lieutenant général BAZAINE, avec 80 pl. grav. par Hibon et Ad. Leblanc. Paris, 1841, in-fol., fig. — N° 546.

Rapport fait à la Société libre des beaux-arts, sur d'anciennes constructions en bois sculpté de l'intérieur de la Norvége; par Pierre VICTOR. Paris, 1842, in-8, fig. — N° 1625 A.

Motifs de décoration et d'ornement des Constructions en bois; par Louis DEGEN. Paris, 1859. — Supplément. Paris, 1862. — 2 vol. in-fol., fig. color. — N° 404 B.

De l'Emploi pratique et raisonné de la fonte de fer dans les constructions; recueil d'expériences, d'études et d'observations pratiques adressé aux ingénieurs, aux architectes, aux conducteurs et à toutes les personnes appelées à se servir de la fonte; par A. GUETTIER, ingénieur et directeur de fonderie. Paris, 1861, 2 vol. in-8, fig. — N° 727 A.

Jambes étrières et autres points d'appui dans les bâtiments (Extrait du *Dictionnaire de voirie des travaux de bâtiment et de la contiguïté*); par L. LIGER, architecte. Paris, 1864, in-8, fig. — N° 968 A.

Dictionnaire historique et pratique de la voirie, de la police municipale, de la construction et de la contiguïté. Cours et courettes; par L. LIGER, architecte. Paris, 1867, in-8, fig. — N° 968 B.

Dictionnaire historique et pratique de la voirie, de la police de la construction et de la contiguïté. Pans de bois et pans

de fer; par L. Liger, architecte. Paris, 1867, in-8, fig. —
N° 968 C.

Les Constructions en bois de la Suisse, relevées dans les divers
cantons et comparées aux constructions en bois de l'Allemagne; par Ernest Gladbach; texte traduit par MM. Scha-
cre, architecte, et Henry de Suckau. Paris, 1870, in-fol., fig.
— N° 701 A.

Construction en fer. Assemblage des planchers, des pans de
fer et des pans de fonte, systèmes brevetés s. g. d. g.; par
F. Liger, architecte. Paris, 1872, in-8, fig. — N° 968 D.

5. *Charpente.*

Le Théâtre de l'art de charpentier, enrichi de diverses figures,
avec l'interprétation d'icelles; par Mathurin Jousse. La
Flèche, 1650, petit in-fol., fig. — N° 824.

L'Art de charpenterie de Mathurin Jousse, architecte et ingénieur de la ville de la Flèche, corrigé et augmenté de ce
qu'il y a de plus curieux dans cet art, et des machines les
plus nécessaires à un charpentier, par M. de la Hire. 3ᵉ édit.
Paris, 1751, in-fol., fig. — N° 825.

Traité de l'art du charpentier, approuvé et adopté par l'Institut
national; 1ʳᵉ partie; par J.-H. Hassenfratz. Paris, 1804,
in-4, fig. — N° 750.

Traité de l'art de la charpenterie; par A.-R. Emy, colonel du
génie, professeur de fortification à Saint-Cyr, etc. Paris, 1837-
41, 2 vol. in-4 et atlas in-fol. obl. — N° 560 B.

Études théoriques et expérimentales sur l'établissement des
grandes charpentes à grande portée; par P. Ardant. Metz,
1840, in-4, fig. — N° 59.

Traité sur l'art de la charpente, plans, coupes et élévations
de diverses productions, tant en France que dans les pays
étrangers; publié par J.-Ch. Krafft, architecte. 3ᵉ édit.,
mise en ordre et augmentée de 40 planches par Thiollet, architecte. Paris, 1840, 2 vol. in-fol., fig. — N° 836.

Charpente de la cathédrale de Messine, dessinée par M. Morey,
architecte, gravée et lithographiée par Roux aîné. Paris,
1841, in-fol., fig. color. — N° 1116. — Un double.

Charpente générale, théorique et pratique ; par B. CABANIÉ,
professeur du trait de charpente, de mathématiques, etc.
Paris, 1857, 2 vol. in-fol., fig. — N° 232.

Cours de mathématiques à l'usage de l'ingénieur civil ; appli-
cations de géométrie descriptive. Charpente ; par J. ADHÉ-
MAR. 3ᵉ édit. Paris, 1864, atlas in-fol. avec texte in-8.
— N° 16 B.

6. Serrurerie.

(Voir aussi plus loin, p. 231, N° 735.)

La Fidelle Ouverture de l'art de serrurier, où l'on void les principaux préceptes, desseings (*sic*) et figures touchant les expériences et opérations manuelles dudict art ; ensemble un
petit traicté de diverses trempes ; par Mathurin JOUSSE. La
Flèche, 1627, petit in-fol., fig. — N° 822.

Recueil des ouvrages en serrurerie que Stanislas,... roy de
Pologne,... a fait poser sur la place royale de Nancy, à la
gloire de Louis le Bien-Aimé, composé et exécuté par
Jean LAMOUR, son serrurier ordinaire, avec un discours sur
l'art de la serrurerie et plusieurs autres dessins de son invention. Nancy, s. d., gr. in-fol., fig. — N° 863 A.

Guide pratique de serrurerie usuelle et artistique à l'usage des
architectes, des chefs d'atelier ; par B. LAVEDAN. Paris, 1867,
3 vol. in-4, fig. — N° 883 A.

Album de serrurerie ; par J. DENFER, ingénieur civil, architecte, chef des travaux graphiques à l'École centrale. Conforme au cours de constructions civiles professé à l'École
centrale des arts et manufactures par Émile Muller, et contenant l'emploi du fer dans la maçonnerie et dans la charpente en bois, la charpente en fer, les ferrements des
menuiseries en bois, la menuiserie en fer, etc. Paris, 1872,
in-4, fig. — N° 425 A.

Album des divers fers spéciaux de Dupont et Dreylus, maîtres
de forges à Pompey, près Nancy (Meurthe-et-Moselle), à
Ars-sur-Moselle (Lorraine), à Apremont (Ardennes). Nouvelle édition. Paris, 1873, in-fol., fig. — N° 527 D.

7. *Menuiserie.*

L'Art du menuisier; par Roubo fils, compagnon menuisier.
Paris, 1769-75, 4 parties en 6 vol. in-fol., fig. — N° 1466 B.

Menuiserie descriptive. Nouveau Vignole des menuisiers, ouvrage théorique et pratique, utile aux ouvriers, maîtres et entrepreneurs; par A.-G. Coulon. Nouv. édit. revue et corrigée
par l'auteur. Paris, s. d. (1844), 2 vol. in-4, fig. — N° 355 A.

8. *Travaux qui complètent les constructions.*

Caminologie, ou Traité des cheminées (par F.-P. H.). Paris, 1756, in-12, fig. — N° 246.

Principes de l'art de chauffer et d'aérer les édifices publics,
les maisons d'habitation, les manufactures, les hôpitaux, les
serres, etc., et de construire les foyers, les chaudières, les
appareils pour la vapeur, les grilles, les étuves; par Thomas
Tredgold; trad. de l'angl. sur la 2ᵉ édit. par T. Duverne.
Paris, 1825, in-8, fig. — N° 1594.

Vignole des ouvriers, spécialement consacré aux escaliers; par
Charles Normand, architecte. 3ᵉ édit. Paris, 1844, in-4, fig.
— N° 1191 D.

Mécanique pratique. Études sur la ventilation; par Arthur
Morin. Paris, 1863, 2 vol. in-8, fig. — N° 1116 A.

Traité pratique du chauffage, de la ventilation et de la distribution des eaux dans les habitations particulières, à l'usage
des architectes, des entrepreneurs et des propriétaires;
par V.-Ch. Joly. Paris, 1869, in-8, fig. — N° 814 A.

Description d'une salle de bain, présentant l'application des
perfectionnemens convenables à ce genre de construction;
par d'Arcet. Paris, s. d., in-4, fig. — N° 54.

b. Décoration des édifices extérieurement et intérieurement.

Recueil d'architecture décorative composé de 59 pl. in-fol.;
par Le Pautre (Fontaines, Cheminées, Frises, etc.) — N° 943.

Studio d'architettura civile sopra gli ornamenti di porte e fi-nestre, etc. — Étude d'architecture civile sur les ornements de portes et de fenêtres tirés de quelques édifices célèbres de Rome, avec leurs mesures, plans, épures et profils, par les plus fameux artistes de notre temps et publiés sous les auspices de S. S. Clément XI par Dom. de Rossi. Rome, 1702-21, 3 vol. in-fol., fig. — N° 1463.

Divers Desseins de décorations de pavillons (de fontaines et de frises maritimes); par LE BRUN, peintre du Roy. Paris, s. d., 2 part. in-fol. (Sans texte.) — N° 901.

De la Distribution des maisons de plaisance et de la décoration des édifices en général; par Jacques-François BLONDEL. Paris, 1737-38, 2 vol. in-4, front. et fig. — N° 161.

Recueil de décorations intérieures comprenant tout ce qui a rapport à l'ameublement; par C. PERCIER et P.-F.-L. FONTAINE. Paris, 1812, in-fol., fig. — N° 1264.

Monumento Robbiano, etc. — Décorations exécutées par Lucas della Robia dans la loge de l'hôpital de Pistoie; par P. CONTRUCCI. Prato, 1835, in-8. — N° 344. — Un double.

A Collection of the most approved examples of Doorways, etc. — Recueil des types de portes les plus autorisés dans les constructions modernes en Italie et en Sicile, mesures et dessins pour cet ouvrage, et précédés d'une esquisse de l'histoire de l'architecture italienne, depuis la renaissance jusqu'au temps de Palladio; par Thomas Leverton DONALDSON. Londres, 1836, in-4, fig. — N° 484.

Chambre de Marie de Medicis au palais du Luxembourg, ou Recueil d'arabesques, peintures et ornements qui la décorent; par DEDAUX, architecte. Paris, 1838, in-fol., front. et fig. — N° 404.

A Series of ornamental Timber Gables, etc. — Suite de pignons décoratifs en bois du XVIe siècle, d'après des monuments existant en Angleterre et en France, lithographiés par B. Ferrey, sous la direction de A. PUGIN, architecte, avec une description des planches par E.-J. Willson. 2e édit. Londres, 1839, in-4, front. — N° 1345.

Gothic Ornaments, selected from various ancient Buildings, etc. — Ornements gothiques tirés de divers édifices anciens en

Angleterre et en France, etc., offrant de nombreux spéci-
mens de tous les genres de détails décoratifs depuis le
XI° siècle jusqu'au commencement du XVI°; par Augustin
PUGIN. Londres, 1840, in-4, fig. — N° 1350.

Arabische und alt-italienische Bau-Verzierungen, etc. — Décorations architecturales arabes et italiennes, réunies, dessinées
et accompagnées d'un texte; par F.-M. HESSEMER. Berlin,
1842, in-fol., fig. color. — N° 762.

Essai sur les girouettes, épis, crêtes et autres décorations des
anciens combles et pignons, pour faire suite à l'histoire des
habitations au moyen âge; par E. DE LA QUÉRIÈRE. Paris et
Rouen, 1846, in-8, fig. — N. 879.

Décorations de palais et d'églises en Italie, peintes à fresque,
ou exécutées en stuc, dans le cours du XV° et du XVI° siècle,
avec descriptions; par Louis GRUNER. Avec un Essai par
J.-J. HITTORF, sur les arabesques des anciens comparées à
celles de Raphaël et de son école. Paris et Londres, 1854,
gr. in-fol., 56 pl. au trait et en chrom. — N° 718.

Recueil d'estampes relatives à l'ornementation des appartements
aux XVI°, XVII° et XVIII° siècles, publiées sous la direction et
avec un texte explicatif, par M. H. DESTAILLEUR, architecte;
gravées en fac-simile par MM. R. Pfnor, Carresse et Riester,
d'après les compositions de Du Cerceau, Lepautre, Berain,
Daniel Marot, Meissonnier, La Londe, etc. Paris, 1863-71,
2 vol. in-fol. — N° 462 A.

L'Art architectural en France depuis François I°° jusqu'à
Louis XIV. Motifs de décoration intérieure et extérieure dessinés d'après des modèles, exécutés et inédits, des principales époques de la Renaissance, par Eugène ROUYER, architecte, et le texte par Alfred DARCEL. Paris, 1863-66, 2 vol.
gr. in-4, fig. — N° 1469 A.

Sculptures décoratives. Motifs d'ornementation recueillis en
France, Allemagne, Italie et Espagne, dans les plus beaux
monuments du douzième au seizième siècle. Dessins par
ASSELINEAU, texte par Daniel RAMÉE, architecte. Paris, 1864,
2 vol. in-fol., fig. — N° 76 A.

La Renaissance monumentale en France, spécimens de composition et d'ornementation architectoniques, empruntés

aux édifices construits depuis le règne de Charles VIII jusqu'à celui de Louis XIV; par Adolphe BERTY. Paris, 1864, 2 vol. gr. in-4. — N° 138 A.

Décorations intérieures et meubles des époques Louis XIII et Louis XIV, reproduits d'après les compositions de Crispin de Passe, Paul Vredeman de Vries, Sébastien Serlius, Berain, Jean Marot, de Bross, etc., etc., et relevés sur des monuments de ces époques; par Louis ADAMS. Paris, 1865, in-fol., fig. — N° 13 B.

Architecture, décoration et ameublement de l'époque Louis XVI, dessinés et gravés d'après des motifs choisis dans des palais impériaux, le mobilier de la couronne, les monuments publics et les habitations privées, avec texte descriptif; par Rodolphe PFNOR. Paris, 1865, in-fol. — N° 1293 C.

Les Appartements privés de S. M. l'impératrice au palais des Tuileries, décorés par H.-M. LEFUEL, architecte de S. M. l'empereur. Publiés par Eugène ROUYER, architecte. Paris, 1867, in-fol. — N° 920 A.

Motifs historiques d'architecture et de sculpture d'ornement pour la composition et la décoration extérieures des édifices publics et privés. Choix de fragments empruntés à des monuments français du commencement de la Renaissance à la fin de Louis XVI; par César DALY. Paris, 1869, 2 vol. in-fol. — N° 378 A. — (En cours de public.)

Raccolta di decorazioni. — Recueil de décorations. Sect. 1re : Grisailles et camaïeux exécutés sur les murs des maisons, etc.; par Enrico MACCARI. Rome, 1870, in-fol. — N° 988 A. — (En cours de publ.)

Recueil d'ornements; par ROMAGNESI. In-fol. — N° 1455.

C. *Des divers genres d'édifices chez les anciens et les modernes.*

a. Architecture civile.

1. *Le Temple.*

(Voir aussi : *Recueil des calques*, p. 87 et suiv., et *Architecture ancienne*, p. 134 et suiv.)

Scielta di varii tempietti antichi, etc. — Choix de divers petits temples antiques, dessinés par Jean-Baptiste MONTANO et publiés par G.-B. Soria, Romain. Rome, 1624, pet. in-fol., fig. — N° 1104.

Das Erechtheion zu Athen, etc. — Le Temple d'Érechthée à Athènes, accompagné de plusieurs fragments inédits de l'architecture de cette ville et de quelques autres parties de la Grèce; par Al. Ferd. VON QUAST. Potsdam, 1843, gr. in-fol., fig. — N° 1354 B. — (Voir aussi p. 140.)

The Temples of Jupiter Panhellenius at Ægina, etc. — Le Temple de Jupiter Panhellénius à Égine et celui d'Apollon Épicurius à Bassæ, près de Phigalie, en Arcadie; par C.-R. COCKERELL, professeur d'architecture à l'Académie royale, associé étranger de l'Institut de France, etc.; ouvrage accompagné d'un Mémoire sur le système des proportions adoptées dans les projets relatifs à ces constructions, par W. WATKISS LLOYD. Londres, 1860, in-fol., fig. — N° 333 A.

Étude des dimensions du grand temple de Pæstum, au double point de vue de l'architecture et de la métrologie; par A. AURÈS. Nîmes-Paris, 1868, 2 vol. in-4 et in-fol., fig. — N° 83 C.

2. *L'Église.*

(Voir aussi : *l'Art chrétien*, p. 4; *Géographie d'art*, p. 52 et suiv., et *Architecture*, p. 147 et suiv.)

La Reconstruction de l'église Sainte-Geneviève. Paris, 1764, plaq. in-fol. — N° 37.

La *Metropolitana fiorentina illustrata*. — La Cathédrale de Florence illustrée. Florence, 1820, in-4, fig. — N° 1053.

Essai historique et descriptif sur l'église et l'abbaye de Saint-Jacques ou Saint-Jacob des Écossais, à Ratisbonne; par GRILLE DE BEUZELIN. Paris, 1835, in-fol., fig. — N° 717.

Monographie de Notre-Dame de Broù ; par Louis DUPASQUIER, architecte, avec un texte historique et descriptif, par DIDRON aîné. Paris, 1842, in-4 et atlas in-fol. — N° 520.

Monographie de l'église de Notre-Dame de Noyon ; par Louis VITET. Plans, coupes, élévations et détails par Daniel RAMÉE. Paris, 1845, in-4 et atlas in-fol., fig. — N° 1658.

Église Saint-Eustache, à Paris, mesurée, dessinée, gravée et publiée par Victor CALLIAT, architecte, avec un Essai historique sur l'église et la paroisse Saint-Eustache, par LE ROUX DE LINCY. Paris, 1850, in-fol., fig. — N° 239 A.

Plans, coupes, élévations et détails de l'église de Saint-Eugène ; par A.-L. LUSSON. Paris, 1855, in-fol., fig. — N° 983.

Sainte-Marie d'Auch. Atlas monographique de cette cathédrale ; par l'abbé F. CANÉTO. Paris, 1857, in-fol., fig. — N° 248 A.

Histoire archéologique, descriptive et graphique de la Sainte-Chapelle du Palais; par DECLOUX et DOURY (architecte et peintre). Paris, 1865, in-fol., fig. color. — N° 403 A.

Églises de bourgs et villages ; par A. DE BAUDOT. Paris, 1867, 2 vol. in-4, fig. — N° 113 A.

Monographie de Notre-Dame de Paris et de la nouvelle sacristie de MM. LASSUS et VIOLLET-LE-DUC, contenant 63 planches gravées par MM. Hibon, Ribault, Normand, etc. 12 planches photographiques de MM. Disson frères, 5 planches chromolithographiques de M. Lemercier; précédée d'une note historique et archéologique par M. CELTIBÈRE, architecte-archéologue. Paris, s. d., in-fol., fig. — N° 1093 A.

3. *Le Forum* (1), *le Palais législatif, l'Hôtel de ville, les Tribunaux, le Palais du Commerce.*

Plan et coupe d'une partie du Forum romain et des monuments sur la voie sacrée, indiquant les fouilles qui ont été

(1) Voyez le Recueil des calques, p. 87 et suiv., et la Restauration du Forum par les élèves architectes de l'Académie de France à Rome, p. 130 et suiv.

faites dans cette partie de Rome, depuis l'an 1809 jusqu'en 1819 ; dessinés et publiés par Auguste CARISTIE, architecte. Paris, 1821, grand in-fol. obl., fig. — N° 258.

Plan du *Forum romanum*, avec des notes explicatives; par (Jean-Nicolas) HUYOT. Paris, 1841, in-8, pl. — N° 785 A.

Plans, coupes, élévations et détails de la Restauration de la Chambre des députés, de sa nouvelle salle des séances, de sa bibliothèque et de toutes ses dépendances, suivis de la salle provisoire; par Jules DE JOLY. Paris, 1840, gr. in-fol., fig. — N° 814 B.

Memoria historico-descriptiva del nuevo palacio del Congreso de los diputados, etc. — Monographie historique et descriptive de la Chambre des députés. Madrid, 1856, in-fol., fig. — N° 1037 D.

Hôtel de Ville de Paris, mesuré, dessiné, gravé et publié par Victor CALLIAT, architecte inspecteur de l'Hôtel de Ville, avec une histoire de ce monument et des recherches sur le gouvernement municipal de Paris, par LE ROUX DE LINCY, ancien élève pensionnaire de l'École royale des chartes. Paris, 1844, in-fol., fig. color. — Supplément. Paris, 1859, in-fol., fig. color. — N° 239 B.

Monographie de l'hôtel de ville de Lyon, restauré sous l'administration de MM. Vaïsse et Chevreau, sénateurs; par Tony DESJARDINS, architecte en chef de la ville de Lyon, etc., accompagnée d'un texte historique et descriptif. Paris, 1867, in-fol., fig. en coul. — N° 455 C.

Monographie du palais du Commerce à Lyon, sous l'administration de M. Vaïsse, sénateur, administrateur du département du Rhône; par René DARDEL, ancien architecte en chef de la ville de Lyon, etc., accompagnée d'un texte historique et descriptif. Paris, 1868, in-fol., fig. — N° 396 B.

**4. *L'Arc de Triomphe, la Colonne triomphale, les Monuments
commémoratifs.***

(Voir aussi : Recueil des calques, p. 87 et suiv., et Restaurations, p. 130 et suiv.)

Del Modo tenuto nel trasportare l'obelisco Vaticano, etc. —
Indication des moyens employés pour le transport de l'obé-
lisque du Vatican ; par Dominique FONTANA. Rome, 1589,
in-fol., front. et fig. — N° 625.

Description de la belle et grande colonne historiée dressée en
l'honneur de l'empereur Théodose, dessinée par Gentile
BELLIN, peintre, expliquée par le P. Claude-François MENES-
TRIER, de la Compagnie de Jésus, et gravée par Jérôme
Vallet. Paris, 1702, in-fol., fig. — N° 1041 B.

— 16 dessins originaux de Gentile BELLIN. In-fol. oblong. —
N° 1041 B.

*Columna Cochlis, M. Aurelio Antonino Augusto dicata, ejus re-
bus gestis in Germanica atque Sarmatica expeditione insig-
nis ; a Petro S. Bartolo delineata, etc., cum notis* J. P. BEL-
LORII. Roma, 1704, in-fol. obl., fig. — N° 127.

Monumens érigés en France à la gloire de Louis XV ; par (Pierre)
PATTE, architecte. Paris, 1765, gr. in-fol., fig. — N° 1252.

*Veteres Arcus Augustorum triumphis insignes, ex reliquiis quæ
Romæ adhuc supersunt, cum imaginibus triumphalibus resti-
tuti, antiquis nummis notisque* J. Pet. BELLORII *illustrati ;
primum per J. J. de Rubeis æneis typis vulgati anno 1690,
iterum novis curis et supplementis prostant in calcographia
Camerali.* Romæ, 1824, gr. in-fol. obl., fig. — N° 131 B.

Description de la colonne monumentale érigée à la mémoire
de l'empereur Alexandre 1er ; par A. M. Avec la figure géo-
métrale de la colonne. Saint-Pétersbourg, 1834, in-8. —
N° 439.

Plans et Détails du monument consacré à la mémoire de l'empereur Alexandre, ouvrage dédié à Sa Majesté l'empereur
Nicolas 1er ; par A. RICARD DE MONTFERRAND. Paris, 1836, gr.
in-fol., fig. — N° 1433.

Notice sur l'état actuel de l'arc d'Orange et des théâtres antiques d'Orange et Arles, etc.; par Auguste CARISTIE. (Paris,
1839), in-4, fig. — N° 257.

L'Arc-de-Triomphe de l'Étoile; par J.-D. THIERRY, architecte.
Paris, 1845, in-fol , fig. — N° 1568 A.

Monuments antiques à Orange, arc de triomphe et théâtre; par
Auguste CARISTIE, architecte. Paris, 1856, gr. in-fol., fig. —
N° 256.

*Colonna Traiana eretta dal senato e popolo romano all' impera-
tore Traiano*, etc. — Colonne Trajane érigée par le sénat et
le peuple romain à l'empereur Trajan, dans son *forum*, à
Rome, représentant dans ses sculptures la guerre contre les
Daces, etc., etc. Rome, s. d., in-fol., fig. — N° 1496. —
Un double.

Recueil factice d'estampes anciennes : mausolées, arcs de triomphe, feux d'artifice. Grand in-fol. — N° 1397.

Arco Trajano in Ancona. — Arc de Trajan à Ancône; par
Andr. VICI, architecte. S. l. n. d. In-fol., fig. — N° 1634 A.

5. *Le Théâtre et l'Amphithéâtre chez les anciens et chez les modernes.*

(Voir aussi : Recueil des calques, p. 87 et suiv., et Restaurations, p. 130 et suiv.)

*De Ludis circensibus libri II.— De Triumphis liber unus, quibus
universa fere Romanorum veterum sacra ritusque declarantur
ac figuris æneis illustrantur* Onophrio PANVINIO; *cum notis
J. Argoli et additamento N. Pinelli.* Patavii, 1642, in-fol., fig.
— N° 1242.

Parallèle de plans des plus belles salles de spectacle d'Italie et
de France, avec des détails de machines théâtrales; par
DUMONT. Paris, 1774, in-fol., fig. — N° 519.

Pianta e Spaccato del nuovo teatro d'Imola. — Plan et coupe
du nouveau théâtre d'Imola; par Cosme MORELLI. Roma,
1780, in-fol., fig. — N° 1114.

*Descrizione dei Circhi, particolarmente di quello di Cara-
calla*, etc. — Description des Cirques, et particulièrement
de celui de Caracalla et des jeux qu'on y célébrait; ouvrage

posthume de J.-L. Bianconi, mis en ordre et publié par l'architecte Angiolo Uggori, avec des annotations par l'avocat C. Féa, en italien et en français. Rome, 1789, in-fol., fig. — N° 142.

Description du théâtre de Marcellus à Rome, rétabli dans son état primitif, d'après les vestiges qui en restent encore; mémoire joint aux plans, coupes, élévations et détails mesurés à Rome; par A.-L.-T. Vaudoyer, architecte. Paris, 1812, in-4, fig. — N° 1403 N. — Un double sans pl.

Del Circo volgarmente detto di Caracalla. — Dissertation sur le cirque dit de Caracalla; par (Antoine) Nibby. Rome, 1825, in-4, fig. — N° 1183.

Architectonographie des théâtres, ou Parallèle historique et critique de ces édifices; par Alexis Donnet et Orgiazzi, et continué par Jacques-Auguste Kaufmann, architecte. Paris, 1837-40, in-8 (sans pl.). — N° 488.

Parallèle des principaux théâtres modernes de l'Europe et des machines théâtrales françaises, allemandes, anglaises; par Clém. Contant. Paris, 1842, 2 part. en 1 vol. in-fol., fig. — N° 343 A.

Memoria historico-artistica del Teatro real de Madrid, etc. — Monographie historique et artistique du Théâtre royal de Madrid. Madrid, 1850, in-4, fig. — N° 1037 C.

Theatergebäude und Denkmäler des Bühnenwesens, etc. — Les Théâtres et les monuments scéniques chez les Grecs et les Romains; par F. Wieseler, professeur à Göttingue. Göttingue, 1851, in-fol., fig. — N° 1685 I.

Le Théâtre et l'Architecture; par Émile Trélat, architecte. Paris, 1860, in 8. — N° 1595 B.

Le Théâtre, par Charles Garnier, architecte du nouvel Opéra. Paris, 1871, in-8. — N° 669 B.

6. *Les Constructions d'utilité publique : halles, marchés, fontaines monumentales, services administratifs, maisons et écoles communales, ponts et débarcadères.*

Description et Plans de l'Hostel royal des Invalides. In-fol. (Voy. p. 222, Cabinet du Roy, t. XIII.) — N° 233 A.

Le Fontane di Roma, etc. — Les Fontaines de Rome sur les
  places et voies publiques; état actuel; par Jean-Baptiste
  FALDA. Rome, 1691, in-fol., fig. — N° 599.

Veduta de' nuovi aquedotti di Civita Vecchia, etc. — Vues des
  nouveaux aqueducs de Civita-Vecchia, dessinées par Ch.
  FONTANA. S. l. (Rome), 1699, in-fol., fig. — N° 627 A.

Architettura civile, opera postuma. — L'Architecture civile;
  par GUARINO GUARINI, ouvrage posthume. Turin, 1737,
  in-fol., fig. — N° 721.

Description historique de l'Hôtel royal des invalides, par l'abbé
  PÉRAU, avec plans, coupes, etc., dessinées et gravées par
  Cochin. Paris, 1756, in-fol., front. et fig. — N° 1262.

Notice historique comparée sur les aqueducs des anciens et la
  dérivation de la rivière d'Ourcq; par Louis PETIT-RADEL.
  Paris, 1803, in-8. — N° 1403 G.

Mémoire sur les hôpitaux civils de Paris; par CLAVAREAU, architecte des hôpitaux. Paris, 1805, in-8, fig. — N° 320.

Commentaire de J. FRONTIN sur les aqueducs de Rome, traduit avec le texte en regard; précédé d'une Notice sur Frontin, de notions préliminaires sur les poids, les mesures, les
  monnaies et la manière de compter des Romains, suivi de la
  Description des principaux aqueducs construits jusqu'à nos
  jours; des lois ou constitutions impériales sur les aqueducs,
  et d'un précis d'hydraulique, avec trente planches, par
  J. RONDELET. Paris, 1820, in-4, fig. — N° 650.

*Sections and details of the Museum now erecting at Scarbo-
  rough.* — Coupe et détails du musée nouvellement construit
  à Scarborough; par Richard-Hey SHARP. (York, 1829), in-4,
  8 pl. (Sans texte.) — N° 1519.

Nouveaux Égouts proposés à la ville de Paris, par Hector
  HOREAU, architecte. Paris, 1831, in-4, 1 pl. — N° 776 C. —
  Un double.

Rapport sur les marchés publics en Angleterre, en Belgique,
  en Hollande et en Allemagne; par ANGER, insp. gén. des
  halles et marchés... V. BALTARD, archit., A. HUSSON... (Publié
  par la Préfecture de la Seine.) Paris, 1846, in-4, fig. —
  N° 1390.

Fontaines de Paris. Nouvelle édition en quarante-huit planches gravées au trait; par MOISY et NORMAND et autres. Paris, 1855, in-fol., fig. — N° 1082 A.

Bâtiments de chemins de fer, embarcadères, plans de gares, stations, etc., accompagnés d'un texte explicatif; par Pierre CHABAT. Paris, 1862-66, 2 vol. in-fol., fig. — N° 280 C.

Bâtiments des stations et maisons de garde du chemin de fer Dendre-et-Waes, etc.; par J. P. CLUYSENAAR. Paris, 1862, in-4, fig. col. — N° 325 D.

Monographie des halles centrales de Paris; par Victor BALTARD et feu F. CALLET, architectes. Paris, 1863, in-fol., fig. — N° 98 A.

Architecture communale, hôtels-de-ville, mairies, maisons d'école, salles d'asile, presbytères, halles et marchés, abattoirs, lavoirs, fontaines, etc.; par Félix NARJOUX, architecte, avec une préface de M. Viollet-le-Duc. Paris, 1870, 2 séries en 2 vol. in-4, fig. — N° 1177 A.

7. Les Thermes.

(Voir aussi : Restaurations, p. 130 et 131.)

Le Antiche Camere delle Terme di Tito, etc. — Les Anciennes Chambres des Thermes de Titus et leurs peintures, restituées par L. Mirri, etc., décrites par l'abbé Jos. CARLETTI, etc. Rome, 1776, in-fol. — N° 254 B.

Les Thermes des Romains, dessinés par André PALLADIO, et publiés de nouveau avec quelques observations par Octave Bertotti Scamozzi, d'après l'exemplaire du lord comte de Burlington, imprimé à Londres en 1732. Vicence, 1797, in-4, front. et fig. — N° 1239.

— Autre édition, d'après celle de Londres faite en 1730, par le comte de Burlington, sur les dessins originaux de l'auteur; publiée sous la direction de M. Achille Leclerc, architecte, par H. Roux aîné. Paris, 1838, in-fol., fig.—N° 1240.

Restauration des Thermes d'Antonin Caracalla à Rome; par G.-Abel BLOUET, architecte. Paris, 1828, in-fol., front. et fig. — N° 162. — Un double.

Histoire de la ville et des thermes de Luxeuil (Haute-Saône),
depuis les temps les plus reculés jusqu'à nos jours; par
F. GRANDMOUGIN et Aug. GARNIER. Paris, 1866, in-fol., fig.
— N° 669 A.

8. *Les Prisons et le Lazaret.*

État des prisons, des hôpitaux et des maisons de force; par
John HOWARD; traduit de l'anglois. Nouvelle édition. Paris,
1791, 2 vol. in-8, portr. et fig. — N° 781.

Sistema generale dell' architettura de' lazzaretti. — Système
général de l'architecture des lazarets; par Carlo DIVERSI.
Naples, 1826, in-4, fig. — N° 480.

Architectonographie des prisons, ou Parallèle des divers systèmes de distribution dont les prisons sont susceptibles;
par BALTARD, architecte du Panthéon et des prisons. Paris,
1829, in-fol., front. et fig. — N° 97.

Monographie de la maison d'arrêt et de correction pour
hommes, construite à Paris, rue de la Santé (14ᵉ arrondissement); par Émile VAUDREMER, architecte. Paris, 1870,
in-fol., fig. — N° 1621 A.

9. *Architecture funéraire.*

Camere sepolcrali de' liberti e liberte di Livia Augusta, etc. —
Chambres sépulcrales des affranchis et affranchies de Livie
Augusta et d'autres Césars, caveaux funéraires récemment
découverts hors de la Porte Capène; par Pierre-Léon GHEZZI.
Rome, 1731, in-fol. (Sans texte.) — N° 690 A.

Gli Antichi Sepolcri, etc. — Tombeaux antiques ou Mausolées
romains et étrusques fondés à Rome et autres lieux célèbres;
par P. Santi BARTOLI. Roma, 1768, in-fol., fig. — N° 1497 (2 ex.)

Observations sur le projet du mausolée du maréchal de Saxe,
et réponse à ces mêmes observations. S. l. n. d., in-12. —
N° 1215.

Tombeaux antiques, trouvés à Saint-Médard d'Eyran, près de
Bordeaux; par Pierre LACOUR, père et fils. Bordeaux, 1806,
in-fol., fig. — N° 851.

Recueil des plus beaux tombeaux exécutés en Italie dans les
xvᵉ et xviᵉ siècles, d'après les dessins des plus célèbres architectes et sculpteurs; par A. GRANDJEAN DE MONTIGNY, architecte. Paris, 1813, in-fol., fig. — Nᵒ 712.

Monumens et tombeaux, mesurés et dessinés en Italie; par
P. CLOCHAR, architecte. Paris, 1815, in-fol., fig. — Nᵒ 324.

*The Monumental Effigies of Great Britain, selected from our
cathedrales,* etc. — Les Effigies tombales de la Grande-Bretagne, choisies dans nos cathédrales, dans le but de réunir
et de conserver des reproductions fidèles des meilleures illustrations historiques existantes, depuis la conquête normande jusqu'au règne d'Henri VIII ; par C.-A. STOTHARD. Londres, 1817, in-4, fig. col. — Nᵒ 1540.

Monumenti sepolcrali della Toscana, etc. — Monuments funéraires de la Toscane; par Jean-Paul LASINIO. Florence, 1819,
in-fol., fig. — Nᵒ 400.

Vues des catacombes de Paris, dessin. par CLOQUET. Suite de
6 pl. in-4 obl. — Nᵒ 325 B.

Monument destiné à honorer les victimes de Quiberon (par
Aug. CARISTIE). S. l. n. d. (1824), in-fol., fig. — Nᵒ 1111.

Collezione scelta dei monumenti sepolcrali, etc. — Choix des
monuments sépulcraux du cimetière commun de Bologne;
publiés par les soins de Natale Salvardi. Bologne, 1825,
pet. in-fol., fig. — Nᵒ 1490 A.

Monumenti sacri e profani, etc. — Monuments sacrés et pro-
fanes des xvᵉ et xviᵉ siècles, existant à Rome ; par Francesco
Tosi et gravés par Becchio. Rome, 1833-1838, in-fol. (Sans
texte.) — Nᵒ 1587.

Le Tombeau de Childéric Iᵉʳ, roi des Francs, restitué à l'aide
de l'archéologie et des découvertes récentes; par l'abbé Co-
CHET. Paris, 1859, in-8, fig. — Nᵒ 328.

Monuments funéraires choisis dans les cimetières de Paris et
des principales villes de France, dessinés, gravés et publiés
par L. NORMAND aîné, membre de la Société libre des beaux
arts de Paris. Paris, 1863, 2 parties en 1 vol. in-fol., fig. —
Nᵒ 1191 F.

Architecture funéraire contemporaine. — Spécimens de tombeaux, chapelles funéraires, mausolées, sarcophages, stèles,

pierres tombales, croix, etc., choisis principalement dans les cimetières de Paris et exprimant les trois idées radicales de l'architecture funéraire; par César DALY. Paris, 1871, in-fol., fig. — N° 378 D.

Voyez aussi: *Sculpture, partie historique et descriptive. Recueil de monuments.*

b. Architecture privée.

(Voyez aussi : *Géographie d'art,* page 52 et suiv.)

1. *Palais, châteaux, résidences princières, maisons de plaisance.*

ɪ. Angleterre et Allemagne.

The Mansions of England in the olden Time. — Les Maisons d'Angleterre dans le vieux temps; par Joseph NASH. Londres, 1839-49, 4 vol. in-fol. (Sans texte.) — N° 1178.

Monographie du château de Heidelberg, dessinée et gravée par Rodolphe PFNOR, accompagnée d'un texte historique et descriptif par Daniel RAMÉE. Paris, 1859, in-fol., fig. — N° 1293 D.

ɪɪ. France.

Quinze planches formant une suite de plans de châteaux ou logis; par ANDROUET DU CERCEAU. Petit in-4 obl. (sans titre ni texte). — N° 505.

Vues et perspectives de châteaux, paysages, monuments, etc.; par Israël SILVESTRE. 1664, in-fol. (Sans texte.) — N° 1521.

Recueil factice de l'œuvre complet d'Israël Silvestre contenant : Vues des monuments de Paris et des châteaux de France, environ 200 pièces. — Vues d'Italie, 80 pièces. — Vues et perspectives du château de Versailles, plans du château. — Vues de différentes villes de France et forteresses. In-fol. — N° 1522.

Toutes ces pièces sont montées sur feuillets blancs et composent un in-fol. dont M. Faucheux (*Catalogue raisonné de toutes les estampes qui forment l'œuvre d'Israël Silvestre,* p. 17) indique l'origine. Cet in-fol., dit-il (mar. rouge, fil. à comp. tr. dor.), aujourd'hui à la bibliothèque de l'Ecole des Beaux-arts, servit de morceau de réception à Israël Silvestre, présenté par Lebrun, en 1670, à l'Académie royale de peinture et de sculpture.

Recueil de vues de monuments de Paris et des principales résidences royales. 138 pièces, par Gabriel PERELLE père et
Nicolas et Adam PERELLE ses fils. — Vues de Rome,
22 pièces. In-fol. obl. — N° 1267.

Chasteau de Richelieu : Plans, vues, etc., dessinés ou gravés
par MAROT, PERELLE, SILVESTRE. In-4 obl. — N° 1521.

Versailles. Plans et vues particulières du château et des jardins.
Recueil d'estampes. Paris, (v. 1700), in-4 obl. — N° 1629.

Versailles. Description du château. In-fol., fig. (Voy. p. 222,
Cabinet du Roy, t. VI.) — N° 233 A.

Le Louvre et les Tuileries. (Recueil des plans et vues de ces
deux palais, avec la représentation des ornements et décorations intérieures, gravés par S. LE CLERC, BERAIN, SIL
VESTRE.) In-fol., fig. (Voy. Cabinet du Roy, t. V.) — N° 233 A.

Recueil de 121 des plus belles vues de palais, châteaux et
maisons royales de Paris et de ses environs, dessinées
d'après nature en 1780; par J. RIGAUD. Paris, (1780), in-fol.
(Sans texte.) — N° 1440.

Résidences de souverains. Parallèle entre plusieurs résidences
de souverains de France, d'Allemagne, de Suède, de Russie,
d'Espagne et d'Italie ; par C. PERCIER et P.-F.-L. FONTAINE.
Paris, 1833, in-4 et in-fol., fig. — N° 1265.

Le Palais Mazarin et les habitations de ville et de campagne au
dix-septième siècle (quatrième lettre sur l'organisation des
bibliothèques dans Paris); par le comte (Léon) DE LABORDE.
Paris, 1845, gi. in-8, fig. — N° 1219 A.

Le Palais du Luxembourg fondé par Marie de Médicis, régente,
considérablement agrandi sous le règne de Louis-Philippe Ier ; origine et description de cet édifice, principaux
événements dont il a été le théâtre depuis sa fondation en
1615, jusqu'en 1845. Cet ouvrage contient aussi l'historique
des rues qui forment le périmètre du Luxembourg et le monastère des anciens Chartreux de Paris; par Alphonse DE
GISORS, architecte. Paris, 1847, gr. in-8, fig. — N° 699.

Comptes de dépenses de la construction du château de Gaillon ;
publiés d'après les registres des manuscrits des trésoriers
du cardinal d'Amboise, par A. DEVILLE. Paris, 1850-51, in-4
et atlas in-fol. — N° 464.

Le Palais ducal de Nancy ; par Henri LEPAGE. Nancy, 1852, in-8, une pl. — N° 939.

Monographie du palais de Fontainebleau, dessinée et gravée par Rodolphe PFNOR, accompagnée d'un texte historique et descriptif, par M. CHAMPOLLION-FIGEAC, bibliothécaire au palais de Fontainebleau. Paris, 1863, 2 vol. in-fol., fig. — N° 1293 A.

Château de Marly-le-Roi, construit en 1676, détruit en 1798, dessiné et gravé d'après les documents puisés à la Bibliothèque impériale et aux archives, avec un texte ; par Aug.-Alex. GUILLAUMOT. Paris, 1865, in-fol., fig. — N° 735 B.

Palais, châteaux, hôtels et maisons de France du XVe au XVIIIe siècle ; par Claude SAUVAGEOT. Paris, 1867, 4 vol. in-4, fig. — N° 1502 A.

Monographie du château d'Anet, construit par Philibert de Lorme en 1548; dessinée, gravée et accompagnée d'un texte historique et descriptif, par Rodolphe PFNOR. Paris, 1867, in-fol., fig. — N° 1293 B.

Les Appartements privés de S. M. l'Impératrice au Palais des Tuileries, décorés par H.-M. LEFUEL, etc. (Voy. Décoration des édifices, p. 111.) — N° 920 A.

Le Château de Chambord, photographié par Mieusement, avec texte descriptif et historique par Aug. MILLOT. Paris, 1868, in-fol. — N° 1078 A.

Voyez, pour les palais et châteaux qui ne sont point indiqués ici, le t. IV du CABINET DU ROY : *Plans et vues des châteaux et maisons royales.*

III. Italie.

Palazzi di Genova. — Les Palais de Gênes; par Pierre-Paul RUBENS. S. l., (1622), in-fol. (Sans texte.) — N° 1473.

Palazzi di Roma de' più celebri architetti, etc. — Palais de Rome construits par les plus célèbres architectes et dessinés par Pietro FERRERIO, peintre et architecte. — *Nuovi disegni dell' architetture e piante de' palazzi di Roma,* etc. — Nouveaux dessins d'architecture et plans des palais de Rome construits par les plus célèbres architectes, dessinés

et gravés par Jean-Baptiste FALDA. Rome, (1655), de Rossi,
2 tomes en 1 vol. in-fol. obl. (Sans texte.) — N° 1232 A.

*Il primo libro del Nuovo Teatro delli palazzi in prospettiva
di Roma moderna*, etc. — Nouveau Théâtre des palais de
Rome moderne, dessiné et gravé par Alexandre SPECCHI,
sous la direction de Dom. de Rossi. — *Il secondo libro del
Novo Teatro delle fabriche ed edifizj*, etc. — Nouveau Théâtre
des églises et édifices de Rome moderne, dessiné et gravé
sous la direction et par les soins de Dom. Campiglia. Rome,
1699-1739, 2 tom. en 1 vol. in-fol. (Sans texte.) — N° 1232 B.

*Piante, elevazioni, profili e spaccati degli edifici, della villa...
di Giulio III*, etc. — Plans, élévations, profils et coupes des
bâtiments de la villa du pape Jules III, au dehors de la porte
Flamine ; par Jean STERN. Rome, 1784, in fol., fig.—N° 1538.

Palais, maisons et autres édifices modernes, dessinés à Rome,
publiés à Paris (par PERCIER). Paris, an VI (1798), gr. in-fol.,
— N° 1263 A.

Palais, maisons et vues d'Italie ; mesurés et dessinés par P. CLO-
CHAR. Paris, 1809, in-fol. (Sans texte.) — N° 325.

Architecture toscane, ou Palais, maisons et autres édifices de
la Toscane ; par GRANDJEAN DE MONTIGNY et A. FAMIN, architectes. Paris, 1815, in-fol., fig. — N° 711.

Palais *Massimi* à Rome, plans, coupes, élévations, profils,
voûtes, plafonds, etc., des deux palais Massimi ; par F.-T.
SUYS et L.-P. HAUDEBOURT. Paris, 1818, in-fol., fig. —
N° 1546.

La Villa *Pia* des jardins du Vatican, architecture de Pirro Ligorio ; publiée dans tous ses détails, par Jules BOUCHET, architecte, avec une Notice historique sur l'auteur de ce monument, et avec un texte descriptif, par RAOUL-ROCHETTE,
antiquaire. Paris, 1837, in-fol., fig. — N° 195 A.

Il Palazzo ducale di Venezia, etc. — Le Palais ducal de
Venise ; par François ZANOTTO. Venise, 1846-61, 4 vol. in-4,
fig. — N° 1703 A.

Der herzogliches Palast von Urbino, gemessen, gezeichnet, etc.
— Palais ducal d'Urbin, mesuré, dessiné et publié par
Frédéric ARNOLD. Leipzig, 1857, in-fol., fig. — N° 66 B.

2. *Maisons de ville.*

Description historique des maisons de Rouen les plus remarquables par leur décoration extérieure et par leur ancien-
neté (par DE LA QUÉRIÈRE). Ornée de sujets inédits, dessinés
et gravés par E.-H. Langlois. Paris et Rouen, 1821-41, 2 vol.
in-8, fig. — N° 875.

Paris moderne, ou Choix de maisons construites dans les nouveaux quartiers de la capitale et dans ses environs; par
NORMAND aîné. Paris, 1843-57, 4 vol. in-4 et in-fol. (Sans
texte.) — N° 1191 E.

L'Architecture privée au XIXe siècle, sous Napoléon III. Nouvelles maisons de Paris et des environs; par César DALY.
1re série. Paris, 1864, 3 vol. in-fol., fig. — N° 378 C. — (En
cours de public.)

L'Architecture moderne en France. Maisons les plus remarquables des principales villes des départements, plans,
coupes, élévations, détails de construction; par F. BARQUI.
120 pl. accompagnées d'un texte descriptif. Paris, 1869,
in-fol., fig. — N° 106 A.

3. *Maisons de campagne, cottages, habitations champêtres, jardins, constructions pour l'ornement des jardins, parcs et promenades publiques.*

Labyrinthe de Versailles. Paris, 1679, in-fol., fig. (Voy. p. 222,
Cabinet du Roy, t. VIII.) — N° 233 A.

Li Giardini di Roma, etc. — Les Jardins de Rome; par Jean-
Baptiste FALDA. Rome, (1683), in-fol. obl., fig. — N° 599 A.

Essai sur les jardins; par WATELET. Paris, 1774, in-8. —
N° 1680.

Vues des monumens construits dans les jardins de Franconʼ-
ville-la-Garenne, appartenans à madame la comtesse d'Al-
bon, gravées d'après ses dessins et ceux de M. DE LUSSI.
Paris, 1784, in-8, fig. — N° 1676.

Plans raisonnés de toutes les espèces de jardins; par Gabriel
THOUIN. Paris, 1820, in-fol., fig. color. — N° 1577.

A new Series of Designs for ornamental Cottages and Villas, etc.
— Nouvelle série de dessins pour cottages et villas, etc. ;
par P.-F. ROBINSON. Londres, 1838, in-4. (Sans texte.) —
N° 1447.

Architecture suisse, ou Choix de maisons rustiques des Alpes
du canton de Berne ; par GRAFFENRIED et STURLER, architectes. Berne, 1844, in-fol., fig. color. — N° 713.

Le Paysagiste. Nouveau Traité d'architecture de parcs et
jardins (école moderne), ouvrage orné de 32 planches et de
plus de 100 plans de jardins, gravés sur acier ; par LECOQ,
architecte de parcs et jardins. Paris, 1860, in-fol., fig. —
N° 918 A.

Maisons de campagne, plans et décorations de parcs et jardins
français, anglais et allemands. Habitations rurales, châteaux,
fermes, pavillons d'agrément, etc. ; par KRAFFT, architecte.
Paris, 1864, in-fol., fig. — N° 836 A.

Les Promenades de Paris. Bois de Boulogne. Bois de Vin-
cennes. Parcs. Squares. Boulevards ; par A. ALPHAND, directeur des promenades de la ville de Paris. Ouvrage orné de
chromolithographies et de gravures sur acier et sur bois.
Paris, 1867-73, 2 vol. gr. in-fol., fig. — N° 29 A.

Conseils aux personnes qui veulent se faire construire une habitation à la ville ou à la campagne ; par E. DE LA QUÉRIÈRE.
Rouen, 1869, in-8. — N° 878 D.

Maisons de campagne, châteaux, fermes, maisons de jardinier,
gardes-chasse et d'ouvriers, etc , exécutés en Belgique par
J.-P. CLUYSENAAR. Paris, 1869, in-4, fig. col. — N° 325 E.

Des Jardins d'agrément ; par BUTEUX. Abbeville, 1871, in-8. —
N° 230 B.

4. *Architecture rurale.*

Traité des bâtiments propres à loger les animaux qui sont nécessaires à l'économie rurale. Leipzig, 1802, in-fol., fig. —
N° 1591.

Traité d'architecture rurale contenant : 1° les principes généraux de cet art ; 2° leur application aux différentes espèces

d'établissemens ruraux ; 3° les détails de construction et de
la distribution intérieure de chacun des bâtimens dont ils
doivent être composés ; 4° divers travaux d'art ayant pour
objet de faciliter les communications, d'assainir les terres
en culture, de préserver les récoltes sur pied du maraudage
des animaux et d'augmenter et améliorer les produits des
prairies naturelles ; par DE PERTHUIS. Paris, 1810, in-4, fig.
— N° 1280.

Rural Architecture. — L'Architecture rurale, ou Série de projets pour cottages d'ornement ; par P.-F. ROBINSON. 4ᵉ édition, corr. et augm. Londres, 1836, in-4, fig. — N° 1448.

An Encyclopædia of Cottage, Farm, etc. — L'Encyclopé lie des
cottages et fermes, de l'architecture des villas et de leur
mobilier, contenant de nombreux plans d'habitation de
campagne et autres bâtiments, etc., des jardins, etc., illustrée par plus de 2,000 gravures, exécutées sur les dessins de
plus de cinquante architectes, jardiniers, constructeurs, etc.
Nouvelle édition avec un suppl. de 160 pages et d'environ
300 grav. par J.-C. LOUDON. Londres, 1842, in-8, fig. —
N° 975.

Traité de constructions rurales et de leur disposition, ou des
Maisons d'habitation à l'usage des cultivateurs ; des loge-
ments pour les animaux domestiques, écuries, étables, ber-
geries, etc.; par Louis BOUCHARD. Paris, (1859-1860), 2 vol.
in-8, fig. — N° 191 A.

D. *Projets.* — *Prix académiques.* — *Restitution d'anciens
édifices.*

Le Louvre. Plan d'achèvement, pyramide triomphale de Perrault. Fragment inédit de Leibniz. S. l. n. d., in-4. (Extr. du
Journal général de l'instruction publ.) — N° 979.

Projet de l'église de la paroisse de Saint-Philippe du Roule ;
par CHALGRIN, architecte (dessins originaux). 1772, gr. in-fol.
— N° 283.

Mémoire historique sur le dôme du Panthéon français ; par
J. RONDELET, architecte. Paris, an V (1797), in-4, fig. —
N° 1459.

Essai sur la restauration des piliers du dôme du Panthéon français; par DELAGARDETTE. Paris, an VI (1798), in-4, fig. — N° 1459.

Dissertation sur les dégradations survenues aux piliers du dôme du Panthéon françois et sur les moyens d'y remédier; par E.-M. GAUTHEY, architecte. Paris, an VI (1798), in-4, fig. — N° 1459.

Mémoire et projet sur la restauration du Panthéon français; par E. LA BARRE. Paris, an VI (1798), in-4, fig. — N° 1459.

Projet de restauration des piliers du dôme du Panthéon françois; par L. VAUDOYER, architecte. Paris, an VI (1798), in-4, fig. — N° 1459.

Essai sur les moyens d'opérer la restauration des supports de la tour du dôme du Panthéon français; par A.-J.-B.-G. GISORS, inspecteur des bâtiments du conseil des Cinq-Cents, et architecte. Paris, an VII (1799), in-4, fig. — N° 1459.

Projet pour la restauration du Panthéon français; par PETIT-RADEL, architecte. Paris, an VII (1799), in-8, fig. — N° 1459.

Restauration du Panthéon français. Compte rendu par le citoyen PEYRE, architecte, membre de l'Institut national et de la commission nommée par le ministre de l'intérieur pour l'examen du dôme du Panthéon français. Paris, an VII (1799), in-4, fig. — N° 1459.

Collection des prix que l'Académie d'architecture proposoit et couronnoit tous les ans (depuis 1779), gravée au trait, etc. Paris, s. d., in-fol., fig. — N° 1339.

Projets d'architecture et autres productions de cet art qui ont mérité les grands prix, etc., gravés et publiés par ALLAIS, DÉTOURNELLE et VAUDOYER. Paris, 1806, in-fol., fig. — N° 1339.

Grands prix d'architecture. Projets couronnés par l'Académie royale des beaux-arts de France (1804-31), gravés et publiés par A.-L.-T. VAUDOYER et L.-P. BALTARD. Paris, 1818-34, 2 vol. gr. in-fol., fig. — N° 1339.

Projets d'architecture; par PEYRE, neveu. Paris, 1812, gr. in-fol., portr. — N° 1287.

Projets pour l'amélioration et l'embellissement du 10ᵉ arrondissement (quartier de la Monnaie); par Léon DE LABORDE.
Paris, 1842, in-4. — Nº 841.

Communication de M. Paul DURAND au sujet de la démolition
projetée de la salle Saint-Côme. (Extrait des Procès-verbaux
de la Société archéologique d'Eure-et-Loir). (Chartres, 1866),
plaq. in-8. — Nº 532 A.

Photographies des prix et médailles d'architecture de 1ʳᵉ et de
2ᵉ classe, obtenus dans les concours de l'École des beaux-
arts. 5 vol. in-4. — Nº 337 B.

Restitution du temple d'Empédocle à Sélinonte, ou l'Architecture polychrome chez les Grecs ; par J.-J. HITTORF. Paris,
1851, in-4 et atlas in-fol. — Nº 767.

Le Laurentin, maison de campagne de Pline le Consul, restitué
d'après sa lettre à Gallus ; gravé et publié par Jules BOUCHET,
architecte. Paris, 1852, in-4, fig. — Nº 195.

Restauration des monuments antiques de la Grèce et de l'Italie depuis l'année 1788 jusqu'à présent, par les élèves architectes de 4ᵉ année de l'École française de Rome. 57 vol.
gr. in-fol. — Nº 1403 N.

Nᵒˢ D'ORDRE.	VOLUMES.	MÉMOIRES.	ANNÉES.	SUJETS.	NOMBRE DES DESSINS.	AUTEURS.
1			1788	Colonne Trajane, à Rome. (Voy. le 22ᵉ vol.).		Percier.
2			1801	Temple de la Pudicité, à Rome. . .	3	Dubut.
3	1ᵉʳ		1802	— de Vesta, à Rome.	3	Coussin.
4			1803	— de Mars le Vengeur.. . . .	8	Gasse.
5			1804	Tombeau de Cæcilia Metella. . . .	2	Grandjean.
6	2ᵉ	1	1809	Temple d'Antonin et Faustine. . .	13	Mesnager.
7	3ᵉ	1	1810	Arc de Titus, à Rome.	9	Guénepin.
8			1811	Temple de la Fortune, à Préneste (Palestrina)..	6	Huyot.
9	4ᵉ		1813	Panthéon, à Rome.	20	Leclère.
				A reporter.	64	

N°s D'ORDRE.	VOLUMES.	MÉMOIRES.	ANNÉES.	SUJETS.	NOMBRE DES DESSINS.	AUTEURS.
				Report. . . .	64	
10	5e	1	1814	Temple de la Paix, à Rome.. . . .	12	Gauthier.
11			1815	Temple de Jupiter Tonnant, à Rome.	4	Provost.
12			1816	Temple de Jupiter Stator, à Rome.	3	Suys.
13		1	1817	Temple de Sérapis, à Pouzzoles. Première partie..	16	Caristie.
	6e			*Id.* Deuxième partie..	31	—
				(Voy. 24e et 25e vol.)		
14		1	1820	Temple de la Sibylle et de Vesta, Tivoli.	12	Vanclempute.
15	7e	1	1821	Château d'eau Aqua Giulia, à Rome.	12	Garnaud.
16		1	1822	Forum de Pompéi, près Naples. . .	12	Callet.
17	8e	1	1823	Basilique Ulpienne, à Rome. 1re part.	5	Lesueur.
18		1	1824	Temple de Marc-Aurèle. 2e part...	8	Villain.
19	9e	1	1825	Thermes de Caracalla.	10	Blouet.
20		1	1826	Temple de Jupiter, à Ostie. (Voy. 18e vol.)	10	Gilbert.
21	10e	1	1827	Portique d'Octavie, à Rome. . . .	14	Duban.
22	11e	1	1828	Pæstum, roy. de Naples. 1re partie.	14	H. Labrouste.
	12e		1828	— — 2e partie..	9	—
23	13e	1	1829	Colisée, à Rome. 1re partie. . . .	14	Duc.
	14e		1829	— — 2e partie. . . .	9	—
24	15e	1	1830	Temple de Vénus, à Rome.. . . .	10	Vaudoyer (L.).
25	16e	1	1831	Antiquités de Cora, près Rome. . .	13	Labrouste (Th.).
26	17e	1	1832	Ile Tibérine, à Rome.	10	Delannoy.
27	18e	1	1834	Port de Trajan, à Ostie..	9	Garrez.
28	19e	1	1835	Forum de Trajan, à Rome.. . . .	14	Morey (Prosper).
29	20e	1	1837	Forum Romain, à Rome..	7	Léveil.
30	21e	1	1837	Théâtre de Pompée, à Rome .'. .	10	Baltard (Victor).
	22e	1	1788	Colonne Trajane, à Rome.	9	Percier.
31	23e	1	1838	Maison d'Auguste . . . . Temple d'Apollon Palatin. . . . . Bibliothèque Palatine. . . . . . . Temple de Caligula.	9	Clergel.
32	26e	1	1841	Thermes de Dioclétien.	8	Boulanger.
33	27e	1	1842	Les trois temples situés sur l'emplacement de l'église San Niccolò in Carcere Tulliano, Rome . . .	11	Lefuel.
34	28e	1	1843	Temple de Mars Vengeur et du Forum d'Auguste, à Rome.. . . .	10	Uchard.
35	29e		1845	Temple de Minerve Poliade, à Athènes.	6	Ballu.
36	30e	1	1845	Parthénon.	18	Paccard.
				A reporter. . .	403	

Nos D'ORDRE.	VOLUMES.	MÉMOIRES.	ANNÉES.	SUJETS.	NOMBRE DES DESSINS.	AUTEURS.
				Report. . . .	403	
37	31e	1	1845	État actuel des Propylées de l'Acropole d'Athènes.	7	Titeux et Chaudet.
38	32e	1	1848	Temple d'Érechthée, à Athènes . .	17	Tétaz.
39	33e		1848	Propylées de l'Acropole, à Athènes.	8	Dubuisson.
40	34e	1	1849	Temple de Neptune, à Pæstum . . .	14	Thomas.
41	35e	1	1850	Partie du Forum Romain située aux pieds du Clivus Capitolinus, à Rome.	21	Normand.
42	36e		1851	Temple de Thésée, à Athènes.. . .	6	André.
43	37e	1	1852	Temple de Jupiter Panhellénien, à Égine.	14	Garnier.
44	38e	1	1853	Temple d'Apollon Epicurius, à Bassa, en Arcadie..	9	Lebouteux.
45			1854	L'Acropole de Sunium, près Athènes	7	Louvet.
46		1	1855	Via Appia : monuments élevés le long de cette voie.	5	Ancelet.
47		1	1857	Mausolée d'Adrien, actuellement le château Saint-Ange, à Rome.	8	Vaudremer.
48		1	1858	Théâtre de Pompéi et du temple du Forum Triangulaire..	11	Bonnet.
49			1859	Villa Adrienne.	8	Daumet.
50		1	1860	Théâtre de Vérone.	10	Guillaume.
51		1	1861	Temple d'Hercule, à Tivoli (1).. .	11	Thierry.
52		1	1863	Acropole d'Athènes.	13	Boitte.
53			1865	Temple d'Héliopolis.	10	Joyau.
54		1	1865	Tabularium..	7	Moyaux.
55		1	1866	Temple de Vénus, à Pompéi.. . .	7	Chabrol.
56			1845	Basilique de Palestrine (2). . . .	6	Tétaz.
57			1867	. . . .		Brune.
58		1	1867	Forum de Trajan.	41	Guadet.
59			1867	Palais des Césars sur le Palatin . .	6	Dutert.
60		1	1868	Temple du Soleil, à Rome.	9	Gerhard.
61		1	1869	Forum d'Auguste.	10	Noguet.
62			1870	Palestre Imp. dépendant du palais des Césars, sur le mont Palatin, à Rome..	15	Pascal.
63			1871	Villa Madame..	14	Bénard.
				Total. . . .	697	

(1) Les restaurations reliées s'arrêtent à celle du temple d'Hercule.
(2) La restauration de la basilique de Palestrine par M. Tétaz, en 1845, a été donnée par sa veuve en 1868. Cette restauration, étant de troisième année, ne figure que par exception.

5. PARTIE HISTORIQUE ET DESCRIPTIVE.

1. ARCHITECTURE ANCIENNE ET MODERNE.

Histoire de l'architecture chez les anciens et les modernes.

Recueil et parallèle des édifices de tout genre, anciens et modernes, remarquables par leur beauté, par leur grandeur ou par leur singularité, et dessinés sur une même échelle, par J.-N.-L. Durand, architecte et professeur d'architecture à l'École polytechnique. Avec texte extrait de l'Histoire générale de l'architecture, par J.-G. Legrand. Paris, an VIII, gr. in-fol. obl., fig. — N° 532. — Un double, sans texte. Paris, an IX, in-fol.

Essai sur l'histoire générale de l'architecture; par J.-G. Legrand, architecte; pour servir de texte explicatif au Recueil et parallèle des édifices de tout genre, anciens et modernes, remarquables par leur beauté, leur grandeur ou leur singularité, et dessinés sur une même échelle, par J.-N.-L. Durand, archit. Nouv. édit., corr. et aug. d'une Notice historique sur J.-G. Legrand, avec portrait. Paris, 1809, in-8. — N° 921.

Beiträge zur Geschichte der Ausbildung der Baukunst, etc. — Documents pour servir à l'histoire des progrès de l'architecture, avec notes explicatives; par C.-L. Stieglitz. Leipzig, 1834, in-8, fig. — N° 1538 A.

Geschichte der Baukunst vom frühesten Alterthum bis in die neueren Zeiten. — Histoire de l'architecture depuis les temps les plus reculés jusqu'à nos jours; par C.-L. Stieglitz. Nouv. édit. Nuremberg, 1837, in-8. — N° 1538 B.

Histoire de l'architecture; par Thomas Hope, trad. de l'angl. par A. Baron. Bruxelles, 1839, 2 vol. in 8, fig. — N° 776.

Manuel de l'histoire générale de l'architecture chez tous les peuples, et particulièrement de l'architecture en France au moyen âge; par Daniel Ramée, architecte. Paris, 1843, 2 vol. in-12, fig. — N° 1375.

Histoire de l'art monumental dans l'antiquité et au moyen âge, etc.; par L. Batissier. Paris, 1845, in-8, fig. — N° 1111.

Monuments anciens et modernes, collection formant une histoire de l'architecture des différents peuples à toutes les époques; par Jules Gailhabaud. Paris, 1850, 4 vol. gr. in-4, fig. — N° 654. — Un double.

The illustrated Handbook of architecture, etc. — Manuel d'architecture illustré, court et populaire exposé des divers styles d'architecture qui ont prévalu à toutes les époques et dans tous les pays; par James Fergusson. Londres, 1855, 2 vol. in-8, fig. — N° 612 A.

Geschichte der Baukunst, etc. — Histoire de l'architecture; par F. Kugler. Stuttgart, 1859, 3 vol. in-8, fig. — N° 836 C.

Histoire générale de l'architecture; par Daniel Ramée. Paris, 1860-62, 2 vol. in-8, fig. — N° 1375 A.

History of the modern Styles of Architecture. — Histoire des styles modernes de l'architecture, faisant suite au Manuel, avec 312 illustrations; par James Fergusson. Londres, 1862, in-8, fig. — N° 612 B.

Geschichte der Architektur, etc. — Histoire de l'architecture depuis les temps les plus reculés jusqu'à nos jours; par le Dr Wilhelm Lübke. 3e édit., consid. augm. Leipzig, 1865, in-8, fig. — N° 979 A.

History of Architecture in all Countries, etc.— Histoire de l'architecture de tous les pays depuis les temps les plus anciens jusqu'à nos jours; par James Fergusson. Londres, 1865-67, 3 part. en 2 vol. in-8, fig. — N° 612 C.

2. ARCHITECTURE ANCIENNE.

A. *Généralités.*

(Voir aussi : *Archéologie*, p. 30 et suiv.)

Di Lucio Vitruvio Pollione de Architectura libri dieci, etc. — Les Dix Livres d'architecture de L. Vitruve, traduits du latin en italien. Como, (1521), in-fol., fig. — N° 1660.

— Autre édit. (Florence), 1523, in-8, fig. — N° 1661.

Architecture, ou Art de bien bastir, de Marc VITRUVE POLLION,
autheur romain antique; mis de latin en françoys par Jean
Martin, secrétaire de Mgr de Lenoncourt, pour le roy très
chrestien Henry II, etc. Paris, 1547, in-fol., avec fig. de
Jean Goujon. — N° 1665. — Autre édition : Paris, Jérôme de
Marnef, 1572, in-fol., fig. — N° 1666.

I Dieci Libri dell' architettura di M. Vitruvio, etc. — Les Dix
Livres d'architecture de M. Vitruve, traduits et commentés
par Mgr Barbaro. Venise, 1556, in-fol., fig. — N° 1663.

Les Dix Livres d'architecture de VITRUVE, corrigez et traduits
nouvellement en français avec des notes et des figures.
Paris, 1673, in-fol., front. et fig. — N° 1667. — Le même.
Seconde édition, revue, corrigée et augmentée, par M. Perrault, de l'Acad. roy. des sciences, etc. Paris, 1784, in-fol.,
front. et fig. — N° 1667. — Un double.

Abrégé des dix livres d'architecture de VITRUVE (par Perrault). Paris, 1674, in-12, fig. — N° 1668.

*L'Architettura di Marco Vitruvio Pollione, tradotta e com-
mentata,* etc. — L'Architecture de M. VITRUVE, traduite et
commentée par le marquis Bern. Galiani, membre des académies d'Herculanum et de Saint-Luc. 2ᵉ édit. Naples,
1790, pet. in-fol., front. et fig. — N° 1664.

Planches pour les dix livres de VITRUVE sur l'architecture, reproduites pour la plupart d'après les monuments antiques,
accompagnées de courtes explications en latin et en allemand, par Auguste Rode (titre en latin et en allem.). Berlin, 1801, in-fol., figures. — N° 1665 A.

Marci VITRUVII *Pollionis de architectura libri decem. Ex fide
librorum scriptorum recensuit, emendavit, etc. Jo. Gottlob.
Schneider, Saxo.* Lipsiæ, 1807-8, 3 vol. in-4. — N° 1507 A.

M. VITRUVII *Pollionis Architectura, textu ex recensione codicum
emendato, cum exercitationibus notisque novissimis Joannis
Poleni et commentariis variorum additis nunc primum studiis
Simonis Stratico.* Utini, 1825-30, 4 vol. en 8 part. in-4, fig.
— N° 1662.

VITRUVII *de architectura libri decem, apparatu præmuniti,
emendationibus et illustrationibus refecti, thesauro variarum
lectionum ex codicibus undique quæsitis et editionibus univer-*

sis locupletati, tabulis centum quadraginta declarati ab Aloisio Marinio, etc. Romæ, 1836, 4 vol. in-fol., fig. — N° 1665 B.

Architecture de VITRUVE, trad. nouv. par Ch.-L. Maufras. Paris, 1847-48, 2 vol. in-8, fig. — N° 1669.

Encore un Mémoire à propos des *Scamilli impares* de Vitruve; par AURÈS. Paris, 1865, in-8, une pl. — N° 83 A.

Die Geschichte der Baukunst der Alten. — Histoire de l'architecture ancienne; par A. HIRT. Berlin, 1821-27, 3 tom. en 1 vol. in-4, avec atlas in-fol. — N° 763 C.

L'Architettura antica descritta, etc. — L'Architecture antique décrite par les monuments ; ouvrage divisé en trois sections comprenant l'histoire, la théorie et la pratique de l'architecture égyptienne, grecque et romaine; par Louis CANINA. Rome, 1832-44, 6 vol. in-fol., fig. — N° 251.

Die Grundformen der antiken classischen Baukunst, etc. — Éléments de l'architecture des anciens à l'usage des hautes classes dans les colléges et aussi à l'usage de ceux qui s'instruisent eux-mêmes; par le docteur Ernest WAGNER et par Gustave KACHEL, architecte. Heidelberg, 1869, in-8, figures. — N° 1676 D.

B. *Histoire de l'architecture en Orient.*

1. L'Égypte ancienne et moderne, et la Nubie.

Description de l'Égypte, ou Recueil des observations qui ont été faites en Égypte pendant l'expédition de l'armée française, publiée sous la direction de M. JOMARD. Paris, 1809-13, 1818-28, 9 vol. in-fol. de texte et 14 vol. gr. in-folio d'atlas. — N° 442.

Brevi Cenni sull' architettura egiziana, etc. — Courtes indications sur l'architecture égyptienne, et en particulier sur les diverses espèces de colonnes qui y sont employées, présentées à l'Académie pontificale de Saint-Luc, par Démétrius JEFIMOFF. Rome, 1838, in-fol., fig. — N° 813.

Panorama d'Égypte et de Nubie, avec un portrait de Méhémet-Ali et un texte orné de vignettes; par Hector HOREAU, architecte. Paris, 1841, in-fol., fig. — N° 776 B.

Denkmäler aus Ægypten und Æthiopien, etc. — Monuments de l'Égypte et de l'Éthiopie, d'après les dessins de l'expédition scientifique envoyée dans ces contrées par le roi de Prusse, dans les années 1842-45 ; monuments publiés et expliqués par Ch.-Richard LEPSIUS. Berlin, (1849), 12 vol. gr. in-fol. fig. — N° 947 A.

Égypte, Nubie, Palestine et Syrie, dessins photographiques recueillis de 1849 à 1851, accompagnés d'un texte par Maxime DU CAMP. Paris, 1852, in-fol., fig. — N° 247.

Histoire de l'art égyptien d'après les monuments, depuis les temps les plus reculés jusqu'à la domination romaine; par PRISSE d'AVENNES. Paris, 1863, gr. in-fol., fig. color. (Sans texte.) — N° 1335.

2. Assyrie, Babylonie, Perse, Syrie, Judée.

(Voir aussi : *Explorations*, p. 40.)

Voyage en Perse de MM. Eugène FLANDIN, peintre, et Pascal COSTE, architecte, attachés à l'ambassade de France en Perse pendant les années 1840 et 1841, entrepris, par ordre de M. le ministre des affaires étrangères d'après les instructions dressées par l'Institut. Publié sous les auspices de M. le ministre de l'intérieur et de M. le ministre d'État sous la direction d'une commission composée de MM. Burnouf, Lebas et Leclère. Paris, 1851, 2 vol. in-8 et 6 in-fol. de fig. — N° 620.

Monument de Ninive découvert et décrit par M. P.-E. BOTTA, mesuré et dessiné par M. E. FLANDIN. Ouvrage publié par ordre du gouvernement. Paris, 1849-50, 5 vol. gr. in-fol. — N° 189.

The Monuments of Nineveh, etc. — Les Monuments de Ninive, gravés d'après les dessins faits sur les lieux mêmes; par Austen-Henri LAYARD. Londres, 1853, 2 vol. in-fol. (Sans texte.) — N° 884 C.

Les Églises de la Terre-Sainte ; par le comte Melchior DE VOGÜÉ. Paris, 1860, in-4, fig. — N° 1670 C.

Jerusalem explored, etc. — Jérusalem explorée; description de la ville ancienne et moderne, avec de nombreuses illustra-

tions, vues, plans, coupes; par Ermete PIEROTTI. Londres,
1864, 2 vol. pet. in-fol., fig. — N° 1296 B.

Le Temple de Jérusalem, monographie du Haram-ech-Chérif,
suivie d'un Essai sur la topographie de la ville sainte; par
le comte Melchior DE VOGÜÉ. Paris 1864, in-fol., fig. —
N° 1670 A.

Syrie centrale, architecture civile et religieuse en Syrie du
Ier au VIIe siècle; par le comte Melchior DE VOGÜÉ. Paris,
1865, in-4, fig. — N° 1670 B.

Ninive et l'Assyrie; par Victor PLACE, avec des Essais de restauration par Félix Thomas. Paris, 1867-70, 3 vol. gr. in-fol.,
fig. — N° 1307 B.

3. Inde.

Architecture at Beejapoor, etc. — L'Architecture à Beejapour,
ancienne capitale mahométane dans la présidence de Bom-
bay, photographiée sur les dessins du capitaine P.-D. Hart,
de A. Cumming et des dessinateurs indigènes, et en partie
sur les lieux par le colonel Biggs, et le major Loch. Avec
un Mémoire historique et descriptif du capitaine Meadows
TAYLOR, et des Notes touchant l'architecture, par James
FERGUSSON. Londres, 1866, gr. in-fol., fig. et pl. photogr.
— N° 1555 C.

Architecture in Dharwar and Mysore, etc. — L'Architecture à
Dharwar et à Mysore, photographié par Pigou, A.-C.-B. Neill,
le col. Biggs. Avec un Mémoire historique et descriptif par
le col. Meadows TAYLOR, et des Notes touchant l'Architecture, par James FERGUSSON. Londres, 1866, gr. in-fol., fig.
et pl. photogr. — N° 1555 B.

C. *Histoire de l'architecture en Occident.*

1. Grèce, Asie mineure.

(Voir aussi : *Archéologie*, p. 30 à 32 et 40, et : *Divers genres d'édifices*, p 112.)

Les Ruines des plus beaux monuments de la Grèce. Ouvrage
divisé en deux parties, où l'on considère, dans la première,

ces monuments du côté de l'histoire, et dans la seconde, du côté de l'architecture; par M. Le Roy, architecte, ancien pensionnaire du roi à Rome, et de l'Institut de Bologne. Paris et Amsterdam, 1758, 2 part. en 1 vol. gr. in-fol., fig. — N° 951 D.

The Antiquities of Athens measured and delineated. — Les Antiquités d'Athènes mesurées et dessinées, par James Stuart et Nicolas Revett. Londres, 1762-1816, 4 vol. gr. in-fol., fig. — N° 1541.

Antiquités d'Athènes, mesurées et dessinées par J. Stuart et N. Revett, peintres et architectes, trad. de l'angl. par L.-F. F. (Feuillet) et publiées par C.-P. Landon. Paris, 1808-22, 4 vol. in-fol., portr. et fig. — N° 1543.

Ionian Antiquities. — Antiquités Ioniennes, publiées avec l'autorisation de la Société des Dilettanti; par R. Chandeler et N. Revett. Londres, 1769-1797, 2 vol. gr. in-fol., fig. — N° 289.

Vedute degli avanzi dei monumenti antichi delle due Sicilie, etc. — Vues des ruines des monuments de l'antiquité dans les Deux-Siciles; par Bernard Olivieri. Rome, 1795, in-fol. obl. (Sans texte.) — N° 1622 A.

The Antiquities of Magna Græcia. — Les Antiquités de la Grande-Grèce; par William Wilkins. Cambridge, 1807, in-fol., fig. — N° 1687.

The Unedited Antiquities of Attica, etc. — Les Antiquités inédites de l'Attique, comprenant les restes d'architecture à Éleusis, à Sunium, à Thoricus, par la Société des Dilettanti. Londres, 1817, in-fol., fig. — N° 1542.

Olympia; or topography illustrative, etc. — Olympie, ou Topographie illustrée de l'état actuel de la plaine d'Olympie et des ruines de la ville d'Élis; par John Spencer Stanhope. Londres, 1824, in-fol., fig. — N° 1534.

Architecture antique de la Sicile, ou Recueil des plus intéressans monumens d'architecture des villes et des lieux les plus remarquables de la Sicile ancienne, mesurés et dessinés par J. Hittorff et L. Zanth, architectes. (Paris), 1826, gr. in-fol. (Sans texte.) — N° 768 A.

The Erechtheion at Athens, etc. — L'Érechtheion à Athènes :
fragments d'architecture athénienne et autres de l'Attique,
de Mégare et de l'Épire : illustrés par des planches gravées au trait, avec un texte descriptif et historique, par
Henri-William INWOOD. Londres, 1827, gr. in-fol., fig. —
N° 795.

Antiquities of Athens and other places in Greece, etc. — Antiquités d'Athènes et d'autres lieux en Grèce, en Sicile, etc.
Supplément aux Antiquités d'Athènes, de Stuart et Revett ;
par C(harles)-R(obert) COCKERELL, W. KINNARD, etc., architectes. Londres, 1830, in-fol. fig., — N° 333.

Métaponte ; par (H.-T.-P.-Joseph D'ALBERT), duc DE LUYNES,
et F.-J. DEBACQ. Paris, 1833, in-fol., fig. — N° 985. — Un
double.

Die Akropolis von Athen nach den neuesten Ausgrabungen, etc.
— L'Acropole d'Athènes, d'après les fouilles les plus récentes. Première partie : Le Temple de la Victoire Aptère
(1834-1836) ; par Louis ROSS, Edouard SCHAUBERT et Christian HANSEN. Berlin, 1839, in-fol., fig. — N° 1162 D.

Le Parthénon, documents pour servir à une restauration, réunis et publiés par Léon DE LABORDE (membre de l'Institut,
conservateur des Antiques du Louvre). Paris, 1848, 2 tom.
en 1 vol. gr. in-fol. (Sans texte.) — N° 843.

An Investigation of the Principles of Athenian Architecture, etc.
— Recherches sur les principes de l'architecture athénienne,
ou Résultats d'une étude récente suggérée par l'examen de
certains artifices d'optique, dans les édifices d'Athènes ; par
F.-C. PENROSE. Londres, 1851, in-fol., fig. — N° 1261 C.

L'Acropole d'Athènes (les Propylées, le Parthénon, l'Érech-
théum) ; par Eug. PIOT. Paris, 1853, in-fol. (Sans texte.) —
N° 1303 C.

L'Acropole d'Athènes (publié sous les auspices du ministre de
l'instruction publique et des cultes); par Ernest BEULÉ. Paris,
1853-54, 2 vol. in-8, fig. — N° 139.

Ephesus and the Temple of Diana. — Éphèse et le Temple de
Diane; par Édouard FALKENER. Londres, 1862, gr. in-8, fig.
— N 600.

Die Tektonik der Hellenen. — L'Architecture des Grecs ; par
Ch. Bötticher. Berlin, 1862, in-fol. (Sans texte.)—N° 190 A.

Note sur la courbure dissymétrique des degrés qui limitent au
couchant la plate-forme du Parthénon; par M. Choisy. In-8.
(Ext. des Comptes rendus de l'Acad. des inscript. et belles-
lettres, 1865). — N° 302 A. — Un double.

Étude des dimensions du Parthénon au triple point de vue de
l'architecture, des anciennes théories sur la valeur des nom-
bres et de la métrologie ; par Auguste Aurès. Nimes, 1867,
in-8. — N° 83 B.

Das Odeum des Herodes Atticus und der Regilla in Athen, etc.
— L'Odéon d'Hérode Atticus et de Regilla à Athènes,
restauré par M. W.-P. Tuckermann, architecte. Bonn, 1868,
in-fol., fig. — N° 1598 B.

Der Parthenon. — Le Parthénon ; publié par Adolphe Mi-
chaelis. Leipzig, 1870-71, texte in-8 et atlas in-fol. —
N° 1053 D.

2. Italie.

(Voir aussi : *Archéologie*, p. 30 et suiv., et *Divers genres d'édifices*, p. 112 et suiv.)

*Libro d'A. L., appartenente a l'architettura nel qual si figurano
alcune notabili antiquità di Roma*. — Le Livre d'Antonio
Labacco, concernant l'architecture, dans lequel figurent
quelques-unes des plus remarquables antiquités de Rome.
Rome, (1559), in fol., front. et fig. — N° 838.

Livre des édifices antiques romains, contenant les ordonnances
et desseings des plus signalez et principaux bastiments qui
se trouvoient à Rome du temps qu'elle estoit en sa plus
grande fleur ; partie desquels bastiments se void encore à
présent, le reste ayant esté ou du tout ou en partie ruiné;
par Jacques Androuet Du Cerceau. S. l., 1584, in-fol., fig.
— N° 504.

*Præcipua aliquot Romanæ antiquitatis ruinarum monimenta
vivis prospectibus ad veri imitationem designata a* Fabre.
S. l. n. d., (vers 1650), petit in-fol. — N° 596.

*I Vestigi dell' antichità di Roma raccolti et ritratti in perspet-
tiva,* etc. — Les Vestiges de l'antiquité à Rome, recueillis et
reproduits selon les lois de la perspective, etc., par Du
Pérac. Rome, 1653, in-4 obl. (Sans texte.) — N° 521.

Les Édifices antiques de Rome, dessinés et mesurés très-exac-
ment; par Antoine Desgodetz, architecte. Paris, 1682, gr.
in-fol., fig. — N° 456.

L'Ancienne Rome, la principale des villes de l'Europe, avec
toutes ses magnificences et ses délices; nouvellement et
très-exactement décrite depuis sa fondation, et illustrée par
des tailles-douces qui représentent au naturel toutes ses an-
tiquitez; par François Deseine. Leyde, 1713, 4 vol. in-12,
avec cartes et fig. — N° 455 A.

Pianta della villa Tiburtina di Adriano Cesare, etc. — Plan de
la ville Tiburtine de l'emp. Adrien, dessiné et gravé par
Pirro Ligorio, etc., revu et publié par Fr. Contini (en italien
et en latin). Rome, 1751, in-4, fig. — N° 1305.

Raccolta delle più insigni fabbriche di Roma antica, etc. — Recueil des monuments les plus remarquables de l'ancienne
Rome, mesurés nouvellement et expliqués par Joseph Valadier, architecte, élucidés par les observations de Philippe-
Aurel Visconti et gravés par Vinc. Feoli. Rome, 1810-26,
gr. in-fol., fig. — N° 1620.

Indicazione antiquaria, etc. — Indication archéologique des
parties les plus intéressantes des murs de Rome; par Antoine
Nibby. Rome, 1826, in-fol., fig. — N° 1183 A.

Aperçu sur l'origine et les antiquités de Rome pour servir d'explication au panorama de la Tour du Capitole; par Pierre
Visconti. Rome, 1826, in-12, avec un plan. — N° 1656 C.

*Architectura numismatica, or architectural medals of classic
antiquity,* etc. — L'Architecture numismatique, ou les Médailles architecturales de l'antiquité classique, illustrées et
expliquées par la comparaison avec les anciens auteurs et de
nombreux textes; par T. L. Donaldson, architecte. Londres,
1859, in-8, fig. — N° 485.

Ponti antichi sul Tevere e sull' Aniene, etc. — Ponts antiques
sur le Tibre et sur l'Anio, dessinés et gravés par Antoine

AQUARONI. (Recueil d'estampes sans texte.) Rome, 1836, in-4 obl. — N° 51 A.

Fragments antiques recueillis dans les ruines du temple de Vesta à Rome. Mesures nouvellement expliquées par Joseph VALADIER, architecte, et élucidées par les observations de Phil.-Aurel. VISCONTI. Paris, in-fol., fig. — N° 1631 B.

3. L'Architecture romaine hors de l'Italie.

Antiquités de la France (monuments de Nîmes); par (C.) CLE-RISSEAU, architecte. Paris, 1778, in-fol. (Sans texte.)—N° 322.

Éclaircissemens sur les antiquités de la ville de Nismes. Dernière édition. Nismes, 1783, in-8, fig. — N. 547.

Antiquités de la France (monuments de Nîmes); par CLERIS-SEAU, architecte; avec texte historique et descriptif, par J.-G. LEGRAND, architecte. Paris, 1804, 2 vol. in-fol., fig. — N° 323.

Monuments romains et gothiques de Vienne en France, dessinés et publiés par Étienne REY, suivis d'un texte historique et analytique, par E. VIETTY. Paris, 1831, gr. in-fol., fig. — N° 1426.

Lyon antique, restauré, d'après les recherches et documents de M. F.-M. ARTAUD, ancien directeur des monuments antiques de la ville de Lyon, par A. M. CHENAVARD, architecte. Paris, 1850, in-fol , fig. — N° 67 A.

ARCHITECTURE CHEZ LES MODERNES.

1. ARCHITECTURE DE TRANSITION.

A. *Architecture chrétienne primitive.*

a. Catacombes.

Roma subterranea novissima... opera et studio **Pauli** ARINGHI. Romæ, 1651, 2 vol. in-fol., front. et fig. — N° 182.

Catacombes de Rome : Architecture, peintures murales, lampes, vases, pierres précieuses gravées, instruments, objets divers, fragments de vases en verre doré, inscriptions, figures et symboles gravés sur pierre; par Louis PERRET. Paris, 1851-55, 6 vol. gr. in-fol., fig. en chrom. — N° 1275.

b. Basiliques romano-chrétiennes.

Basilicæ S. Mariæ Majoris de urbe a Liberio Papa I usque ad Paulum V, Pont. Max., descriptio et delineatio libri XII. Pauli DE ANGELIS. Romæ, 1621, gr. in-fol., fig. — N° 35.

La Patriarcale Basilica Lateranense, etc. — La Patriarcale Basilique de Latran; par Agostino VALENTINI. Rome, 1836-37, 2 vol. in-fol., fig. — N° 1604.

La Patriarcale Basilica Liberiana, etc. — La Patriarcale Basilique Libérienne (Sainte-Marie Majeure); par Agostino VALENTINI. Rome, 1839, in-fol., fig. — N° 1604.

La Patriarcale Basilica Vaticana, etc. — La Patriarcale Basilique du Vatican; par Agostino VALENTINI. (Voy. à la p. 155.) — N° 1604.

Die Basiliken des christlichen Roms, etc. — Les Basiliques de Rome chrétienne, dans leurs rapports avec l'idée et l'histoire de l'architecture religieuse; par Chr.-C.-J. BUNSEN. Munich, s. d. (1843), in-4 et atlas in-fol. — N° 228 E.

> L'Atlas joint au texte de Bunsen est l'œuvre de Gutensohn et Knapp; il avait déjà paru précédemment comme publication indépendante et sous un autre titre.

B. *Architecture byzantine.*

De Sacris Ædificiis a Constantino Magno constructis; synopsis historica J. CIAMPINI. Rome, 1747, 3 vol. in-fol., fig. — N° 310 B.

L'Augusta Ducale Basilica dell' evangelista san Marco, etc. — L'Auguste Basilique ducale de l'évangéliste saint Marc, dans la glorieuse métropole de Venise, avec des remarques sur son élévation, son architecture, ses mosaïques, ses fresques; ouvrage enrichi d'annotations et de planches en taille-douce, dessinées par les plus habiles architectes et gravées par les plus habiles artistes. Venise, 1761, in-fol., fig. — N° 107 A.

Essai sur les églises romanes et romano-byzantines du département du Puy-de-Dôme; par MALLAY, architecte. Moulins, 1841, in-fol., fig. — N° 993.

Die alt-christlichen Bauwerke von Ravenna, etc. — Les Vieux Monuments chrétiens de Ravenne du cinquième au neuvième siècle, classés historiquement et illustrés par des figures; par Al.-Ferdinand DE QUAST. Berlin, 1842, in-fol., fig. — N° 1354 A.

Choix d'églises byzantines en Grèce; par A. COUCHAUD, architecte. Paris, 1842, in-fol., fig. — N° 354 A.

Die Bauwerke in der Lombardei, etc. — Les Monuments de la Lombardie depuis le VIIe siècle jusqu'au XIVe, dessinés et expliqués suivant les données historiques ; par Frédéric OS-TEN. Darmstadt, (1847), in-fol., fig. — N° 1219 E.

L'Architecture byzantine en France. Saint-Front de Périgueux et les églises à coupoles de l'Aquitaine; par Félix de VER-NEILH. Paris, 1851, in-4, fig. — N° 1626.

Alt-christliche Baudenkmale von Constantinopel, etc. — Les Vieux Monuments chrétiens de Constantinople du cinquième au douzième siècle, publiés et expliqués, d'après les témoignages de l'histoire, par W. SALZENBERG. On y a joint la traduction en vers, par le Dr C. W. KORTÜM, de la description de Sainte-Sophie et de la chaire placée dans l'avenue du Palais patriarcal. Berlin, 1854, gr. in-fol , fig. — N° 1491 C.

Denkmäler der Kunst des Mittelalters, etc. — Monuments de l'art du moyen âge dans l'Italie méridionale; par Henri-Guillaume SCHULZ; publiés, après la mort de l'auteur, par Ferdinand de Quast. Dresde, 1860, 4 vol. in-4, et atlas in-fol. — N° 1509 A.

Serbiens byzantinische Monumente, etc. —Monuments byzantins de la Serbie; par F. KANITZ. Vienne, 1862, in-fol., fig. — N° 831 A.

L'Architecture byzantine, ou Recueil de monuments des premiers temps du christianisme en Orient, précédé de recherches historiques et archéologiques; par Charles TEXIER et

R. R. Popplewell Pullan, architecte. Londres, 1864, in-fol., fig. noires et en chrom. — N° 1557 A.

Étude sur l'architecture lombarde et sur les origines de l'architecture romano-byzantine; par F. DE DARTEIN. Paris, 1870, in-4 et atlas in-fol.—N° 396 D. — (En cours de public.)

C. *Architecture arabe, persane et indienne, etc.*

Essay on the Architecture of the Hindús, etc. — Essai sur l'architecture des Indous; par RAM-RAZ. Londres, 1834, in-4, fig. — N° 1375.

Architecture arabe, ou monuments du Kaire, mesurés et dessinés, de 1818 à 1826; par Pascal COSTE. Paris, 1839, gr. in-fol., fig. — N° 352. — Un double.

Plans, elevations, sections, and details of the Alhambra, etc. — Plans, élévations, coupes et détails de l'Alhambra, d'après des dessins exécutés sur les lieux en 1834, par Jules GOURY, et en 1834 et 1837 par Owen JONES, architecte, avec la traduction complète des inscriptions arabes, etc. Londres, 1845, 2 vol. gr. in-fol., fig. en chrom. — N° 1325 A.

La Wilhelma, villa mauresque de S. M. le roi Guillaume de Wurtemberg, exécutée d'après les plans et sous la direction de (Louis) DE ZANTH, architecte du roi. Paris, 1855, in-fol., fig. en chromo. — N° 1703.

Monuments modernes de la Perse, mesurés, dessinés et décrits; par Pascal COSTE. Paris, 1867, gr. in-fol., fig. — N° 352 A.

Les Arts arabes : architecture, menuiserie, bronzes, plafonds, etc., avec un texte descriptif et explicatif, et le trait général de l'art arabe; par Jules BOURGOIN, architecte. Paris, 1868-70, in-fol., fig. en chrom. — N° 202 C.

L'Art arabe d'après les monuments du Kaire, depuis le septième siècle jusqu'à la fin du dix-huitième siècle; par PRISSE d'AVENNES. Paris, 1869, gr. in-fol. (Sans texte.) — N° 1335 B. — (En cours de public.)

D. *Architecture de la Sicile sous la domination des Normands.*

Architecture moderne de la Sicile, ou Recueil des plus beaux
monumens religieux, et des édifices publics et particuliers
les plus remarquables de la Sicile ; par J.-J. HITTORFF et
L. DE ZANTH, architectes. Paris, 1835, in-fol., fig.— N. 768.

Saracenic and Norman Remains, etc. — Restes de l'architecture sarrasine et normande, pour illustrer l'histoire des Normands en Sicile ; par Henry Gally KNIGHT. (Londres, 1840),
in-fol., fig. — Nº 835.

Il Duomo di Monreale illustrato, etc. — La Cathédrale de Mon-
réale illustrée et reproduite en une suite de planches chromo-lithographiques ; par Dominique Don GRAVINA. Palerme,
1859, 2 vol. gr. in-fol., fig. en chrom. — Nº 715 A.

2. ARCHITECTURE DU MOYEN AGE.

Architecture du moyen âge pour toute l'Europe.

Voir aussi : *l'Art chrétien*, p. 4 ; *Géographie d'art*, p. 52 et suiv., et *Divers genres
d'édifices*, p. 112 et suiv.)

Les Monumens de la France classés chronologiquement et considérés sous le rapport des faits historiques et de l'étude des
arts ; par le comte Alexandre DE LABORDE, les dessins faits
d'après nature par MM. Bourgeois et Bance. Paris, 1816-36,
2 vol. gr. in-fol., fig. — Nº 840.

*A graphical Illustration of the metropolitan Cathedral Church
of Canterbury.* — Illustration de la cathédrale de Cantor-
béry, église métropolitaine, avec la description de ses monuments, des notices sur les chapelles, autels, etc.; par William
WOOLNOTH. (Londres, 1816), plaq. in-4, front., fig.—Nº 1700.

Specimens of gothic Architecture, consisting of Doors, Windows,
etc. — Spécimens d'architecture gothique, consistant en
portes, fenêtres, contre-forts, pinacles, etc., avec les mesures
prises sur d'anciens édifices à Oxford, etc., dessinés et gravés
par F. MACKENZIE et A. PUGIN. Londres, s. d. (1820), in-4.
(Sans texte.) — Nº 1352 B.

Specimens of gothic Architecture, etc. — Spécimens d'architecture gothique, empruntés à divers anciens édifices en Angleterre, avec plans, coupes, élévations et détails, combinés de manière à caractériser les différents styles et les modes de construction, etc.; par (Auguste) Pugin, architecte, accompagnés de notices historiques et descriptives, par E.-J. Willson. Londres, (1821), 2 vol. in-4, fig. — N° 1352 A.

Plans, elevations, sections and details at large of Westminster Hall. — Plans, élévations, coupes et détails de Westminster Hall sur une grande échelle; par Lewis Rockalls. Londres, 1822, plaq. gr. in-fol. — N° 354.

Cottingham. The History and Description of royal Monastery of Bathala, etc. — Histoire et description du monastère royal de Bathala, écrites originairement en portugais, par le père Louis de Sousa, et traduites en anglais avec des remarques par James Murphy, architecte. Londres, 1836, in-fol., fig. — N° 1122 A.

Historical and descriptive Essays, etc. — Essais historiques et descriptifs, accompagnés d'une suite de spécimens des antiquités architecturales de la Normandie; par A. Pugin et John Le Keux. Londres, 1837, in-4, fig. — N° 1351.

Histoire sommaire de l'architecture au moyen âge; par de Caumont. (Extrait des 4e et 5e parties du Cours d'antiquités monumentales, professé en 1830 par le même auteur.) Caen, 1837-38, in-8 et in-4 obl., fig. — N° 273.

Examples of gothic Architecture, etc. — Exemples d'architecture gothique, empruntés à divers édifices anciens, et accompagnés de notices historiques et descriptives; par A. Pugin, architecte, et pour la partie littéraire par Willson. Londres, 1838-40, 3 vol. in-4, fig. — N° 1352.

Statistique monumentale de Paris; par Albert Lenoir. Paris, 1839, in-4, et 2 vol. d'atlas atlas in-fol. — N° 928 C.

Essai sur l'architecture ogivale en Belgique; par A.-G.-B. Schayes. Mémoire couronné par l'Académie de Bruxelles. Bruxelles, 1840, in-4, fig. — N° 1505.

Denkmale der Baukunst, etc. — Monuments d'architecture du viie au xiiie siècle dans les contrées du Rhin inférieur; par Sulpice Boisserée. Munich et Stuttgard, 1842, in-fol., fig. — N° 170.

España artística y monumental, etc. — L'Espagne artistique et monumentale, vues et descriptions des lieux et monuments les plus remarquables; par Don Genaro-Perez DE VILLA-AMIL. Paris, 1842-50, 3 vol. in-fol., fig. — N° 1645 A.

Esquisse scénographique et historique de l'église Saint-Pierre d'Aire-sur-la-Lys, publiée par Mgr Scott, vicaire général d'Arras, curé-doyen d'Aire. Vues perspectives, plans et coupes lithographiés d'après les dessins de L.-A. BOILEAU, architecte. Notice historique sur cette église par F. MORAND, archiviste. Paris, 1844, in-fol., fig. color. — N° 1510.

Statistique monumentale de la Charente; par J.-H. MICHON. Dessins et plans par MM. Zadig Rivaud, Jules Geynet, etc. Paris, 1844, in-4, fig. — N° 1062 E.

Statistique monumentale du Calvados; par DE CAUMONT. Caen, 1846-57, 8 vol. in-8, fig. — N° 272.

Album Rouennais. Édifices remarquables de la ville de Rouen, dessinés et lithographiés par M. DUMÉE fils, avec des notes historiques, par M. Ch. RICHARD, conservateur des archives de Rouen, etc. Rouen, 1847, in-8, fig. — N° 1436.

Principes du style gothique exposés d'après des documents authentiques du moyen âge...; par Frédéric HOFFSTADT; traduit de l'allemand par Théodore Aufschlager, architecte. Paris, 1847, texte in-8 et atlas in-fol. — N° 769.

Ensayo histórico sobre los diversos géneros de arquitectura. — Essai historique sur les divers genres d'architecture employés en Espagne depuis la domination romaine jusqu'à nos jours; par Don José CAVEDA. Madrid, 1848, in-8. — N° 276 A.

Mémoire historique et critique sur la chapelle de la Sainte-Vierge de l'église royale et paroissiale de Saint-Germain-l'Auxerrois à Paris, et sur l'ornementation architecturale des peintures et vitraux dont on vient de la décorer; par N.-M. TROCHE. Paris, 1848, in-8, une pl. — N° 1598.

La Cathédrale de Bourges, description historique et archéologique avec plan, notes et pièces justificatives; par A. DE GIRARDOT et Hyp. DURAND. Paris, 1849, in-8. — N° 696 A.

Statistique monumentale du département du Pas-de-Calais; publiée par la commission des antiquités départementales. Arras, 1850, in-4, fig. — N° 1535 A. — (En cours de public.)

Excursion archéologique à la cathédrale de Bayeux ; par Charles Bourdon. Paris, 1851, in-8, fig. — N° 201.

Archives de la commission des monuments historiques, publiées par ordre de S. Exc. le ministre d'État, 1855-72. Paris, gr. in-fol., fig. — N° 56.

Rapport verbal fait à la Société française pour la conservation et la description des monuments historiques, dans la séance du 21 novembre 1854, sur divers monuments et sur plusieurs excursions archéologiques; par M. de Caumont, directeur de la Société. (Extrait du Bulletin monumental, publié à Caen, par M. de Caumont.) Paris, 1855, in-8, fig. — N° 271 A.

Architecture civile et domestique au moyen âge et à la Renaissance, dessinée et décrite par Aymar Verdier, architecte, et par le docteur F. Cattois. Paris, 1855-57, 2 vol. in-4, fig. — N° 1624 A.

De l'Architecture ogivale, architecture nationale et religieuse ; par Alfred Darcel. (Paris, 1857), in-8. — N° 393.

L'Architecture du Ve au XVIIe siècle et les arts qui en dépendent, d'après les travaux inédits des principaux architectes français et étrangers ; par Jules Gailhabaud. Paris, 1858, 4 vol. in-4, atlas in-fol. — N° 654.

Les Monuments de Seine-et-Marne. Description historique et archéologique et reproduction des édifices religieux, militaires et civils du département; par Amédée Aufauvre et Charles Fichot. Paris, 1858, in-fol., fig. — N° 81 A.

Album de Villard de Honnecourt, architecte du XIIIe siècle ; manuscrit publié en fac-simile, annoté, précédé de considérations sur la renaissance de l'art français au XIXe siècle et suivi d'un glossaire, par J.-B.-A. Lassus, architecte de Notre-Dame de Paris, de la Sainte-Chapelle, etc. Ouvrage mis au jour, après la mort de M. Lassus et conformément à ses manuscrits, par Alfred Darcel. Paris, 1858, in-4, fig. — N° 1645 B.

Mittelalterliche Kunstdenkmale des Oesterreichischen Kaiserstaates, etc. — Monuments d'architecture du moyen âge de l'empire d'Autriche, publiés par Gust. Heider, Rud. von

Eitelberger et J. Hieser. Stuttgart, 1858-60, 2 vol. in-4, fig. — N° 754 B.

The Stones of Venice, etc. — Les Pierres de Venise; par John Ruskin. Avec illustrations gravées par l'auteur. 2ᵉ édit. Londres, 1858-67, 3 vol. in-8, fig. — N° 1475 C.

Monumentos arquitectónicos de España, publicados á expensas del Estado. Bajo la direccion de una comision especial, creada por el Ministerio de Fomento, etc. — Monuments architectoniques de l'Espagne, publiés aux frais de l'État, sous la direction d'une commission spéciale créée par le ministre de l'instruction publique. Madrid, 1859, gr. in-fol., fig. — N° 1111 B. — (En cours de publication.)

Monographie de l'ancienne abbaye royale Saint-Yved de Braine, avec la description des tombes royales et seigneuriales renfermées dans cette église; par Stanislas Prioux. Paris, 1859, in-fol., fig. en coul. — N° 1333 B.

Portefeuille archéologique de la Champagne; par A. Gaussen, avec un texte par MM. E. Le Brun et H. d'Arbois de Jubainville, etc. Bar-sur-Aube, 1861, in-4, fig. en coul. — N° 674 A.

Notes, circulaires et rapports sur le service de la conservation des monuments historiques. Paris, 1862, in-4. — N° 1111 D.

Statistique monumentale de la Provence. Monographie de l'église cathédrale Saint-Siffrein de Carpentras, renfermant une description du cloître et de l'ancienne église, des détails historiques, des notes biographiques et de nombreux dessins gravés par E. Andréoli et B. S. Lambert. Paris et Marseille, (1802), in-8, fig. — N° 33 A.

Monuments scandinaves du moyen âge, avec les peintures et autres ornements qui les décorent; dessinés et publiés par N.-M. Mandelgren. Paris, 1862, in-fol., fig. — N° 996 A.

Some Account of gothic Architecture in Spain, etc. — Rapide Examen de l'architecture gothique en Espagne; par Georges-Edmond Street. Londres, 1865, in-8, fig. — N° 1540 A.

Architecture romane du midi de la France, dessinée, mesurée et décrite par Henry Révoil, architecte. Paris, 1866-73, 2 vol. in-fol., fig. — N° 1420 A.

Les Monuments de Pise au moyen âge; par Georges ROHAULT
DE FLEURY. Paris, 1866, texte in-8 et atlas in-fol.—N° 1450 A.

Monographie de la cathédrale de Chartres, architecture, sculpture d'ornement, etc.; par J.-B.-A. LASSUS, A. DUVAL et DIDRON.
Paris, 1867, gr. in-fol., fig. en coul. (Sans texte.)—N° 1093.

La Toscane au moyen âge, architecture civile et militaire; par
Georges ROHAULT DE FLEURY. Paris, 1870, in-fol., fig. —
N° 1450 B. — (En cours de public.)

Notes archéologiques pour servir à l'histoire de l'architecture
en Espagne. Une Junte consultative d'architectes tenue à
Girone (Catalogne) en janvier 1416; par Charles LUCAS. Paris,
1871, in-8. — N° 980 H.

Les Temples et églises circulaires d'Angleterre, précédés d'un
Essai sur l'histoire de ces monuments et suivis de quelques
églises du Saint-Sépulcre; par Charles LUCAS. Extrait de
la Revue de l'art chrétien, 1870-1871. Paris, 1871, in-8. —
N° 980 I.

Étude sur les monuments de l'architecture militaire des croisés
en Syrie et dans l'île de Chypre; par G. REY. Paris, 1871,
in-4, fig. — N° 1425 C.

Restauration de la salle des échevins à Ypres; par Alfred
MICHIELS. Bruxelles, 1871, in-12. — N° 1062 C.

Mémoire sur la résurrection de l'architecture gothique, précédé
de quelques considérations touchant l'influence des mœurs
sur l'architecture; par le baron DE WISMES. Rennes, s. d., in-8.
— N° 1697.

La France chrétienne et monastique; par PEIGNÉ-DELACOURT.
Vues cavalières de 25 abbayes, notamment dans les dio-
cèses d'Amiens, de Beauvais, de Noyon. S. l. n. d., in-4 obl.
— N° 1256 A.

5. ARCHITECTURE DEPUIS LA RENAISSANCE JUSQU'A NOS JOURS.

Les plus Excellents Bastiments de France, etc.; par Jacques
ANDROUET DU CERCEAU. Paris, 1576-79, 2 tom. en 1 vol. gr.
in-fol., fig. (édition originale). — N° 502. — Autre édition de
1607 (t. II de 1579), in-fol., fig. — N° 503.

Fontane diverse, etc. — Les Divers Genres de fontaines de la noble ville de Rome et de quelques autres parties de l'Italie, dessinées et gravées par J. MAGGI, peintre et architecte. Rome, 1645, in-4. (Sans texte.) — N° 991.

Il Nuovo Teatro delle fabriche et edificii, etc. — Le Nouveau Théâtre des bâtiments et édifices de Rome moderne, etc., dessinés et gravés par J.-B. (FALDA), publié par les soins de J.-G. Rossi. Rome, 1665, 3 part. en 1 vol. in-4 obl. (Sans texte.) — N° 1463 D.

Recueil des plans, profils et élévations de plusieurs palais, chasteaux, églises, sépultures, grotes et hostels, bâtis dans Paris et aux environs, avec beaucoup de magnificence, par les meilleurs architectes du royaume, desseignez, mesurés et gravés par Jean MAROT. Paris, s. l. n. d. (1670), in-4. — N° 1011.

Architecture françoise, ou Recueil des plans, élévations, coupes et profils des églises, palais, hôtels et maisons particulières de Paris et des châteaux et maisons de campagne ou de plaisance des environs et de plusieurs autres endroits de la France; par MAROT père et fils. Paris, 1727, in-fol. (Sans texte.) — N° 1010.

Architettura della basilica di San Pietro in Vaticano. — Architecture de la basilique de Saint-Pierre du Vatican; par Baptiste COSTAGUTI. Rome, 1684, in-fol., fig. — N° 351.

Insignium Romæ templorum prospectus exteriores interioresque a celebrioribus architectis inventi nunc tandem suis cum plantis ac mensuris a Jacobo DE RUBEIS, *Romano, suis typis in lucem editi.* Romæ, 1684, in-fol., front. (Sans texte.) — N° 1471. — Un double. — N° 1471 C.

Il Tempio Vaticano e sua origine..... Descritto dal. cav. Carlo Fontana, con molte regole principali d'architettura, etc.—Le Temple du Vatican et son origine et les édifices les plus remarquables, anciens et modernes, élevés au dedans et au dehors, décrit par le chevalier C. FONTANA. Avec des règles principales d'architecture, etc., ouvrage divisé en sept livres (trad. latine en regard par J.-Juste Bonnervé de Saint-Romain). Rome, 1694, in-fol., fig. — N° 626.

*Numismata summorum pontificum templi Vaticani fabricam indicantia chronologica ejusdem fabricæ narratione.....*a Philippo BONANNI. Romæ, 1696, in-fol., fig. — N° 171.

Romanæ magnitudinis Monumenta quæ urbem illam orbis dominam velut redivivam exhibent posteritati, etc. *Opera* Dominici Rossi. Romæ, 1699, in-4 obl. (Sans texte.)—N° 1463 E.

Alle de Huizen en Gebouwen op de Heeren-en Keisers-Grachten der Stad Amsterdam van den Binnen-Amstel tot aan de Brouwers-gracht, etc. — Maisons et édifices de la ville d'Amsterdam; dessinées et gravées par Gaspar PHILIPS. Amsterdam, (vers 1700), in-fol. (Sans texte.) — N° 1294.

Studio d'architectura civile sopra gli ornamenti di porte e finestre, etc. — Études d'architecture civile sur les ornements des portes et fenêtres, etc. (Voy. Décoration des édifices, page 109.) — N° 1463.

Disegni di vari altari e cappelle nelle chiese di Roma, etc. — Dessins d'autels et de chapelles des églises de Rome avec leurs façades, cotes, plans et mesures; œuvre des plus célèbres architectes, publiée par Jean-Jacques Rossi. Rome, (1713), gr. in-fol. (Sans texte.) — N° 1463 F.

Ouvrages d'architecture ordonnez par Pierre POST, architecte. Leyde, 1715, in-fol., fig. — N° 1331.

Opera..... cavata da suoi originali, cioè la chiesa, e fabrica della Sapienza, etc. — OEuvre du chevalier F. BOROMINO, d'après ses dessins originaux, à savoir : l'église et autres bâtiments de la *Sapienza* (Université) de Rome, avec cotes, plans, coupes et élévations. Rome, 1720, gr. in-fol., fig. — N° 179.

Vitruvius Danicus. — Le Vitruve danois; contient les plans, les élévations et les profils des principaux bâtimens du royaume de Dannemarc, aussi bien que des provinces allemandes, dépendantes du roi, etc. (texte danois, français et allemand). Copenhague, 1746-49, 2 vol. in-fol., fig. — N° 1670.

Memorie istoriche della gran cupola del tempio Vaticano, etc. — Mémoire historique sur la grande coupole de la basilique du Vatican. Padoue, 1748, in-fol., fig. — N° 1040.

Détails des plus intéressantes parties d'architecture de la basilique de Saint-Pierre de Rome, levés et dessinés sur le lieu par Gabriel-Martin DUMONT. Paris, 1763, in-fol. (Sans texte.) — N° 518. — Un double.

Le Fabbriche più conspicue di Venezia, misurate, illustrate ed intagliate, etc. — Les Monuments les plus remarquables de

Venise, mesurés, illustrés, gravés par les membres de l'Académie royale des beaux-arts de Venise. Venise, 1815-1820, 2 tom. en 1 vol. in-fol., fig. — N° 593.

Les Plus Beaux Édifices de la ville de Gênes et de ses environs; recueil publié par P. GAUTHIER, architecte. Paris, 1818-32, 2 vol. in-fol., fig. — N° 675.

Description, accompagnée des plans, coupes et élévations, de plusieurs édifices remarquables construits depuis le commencement de ce siècle à Saint-Pétersbourg, d'après les dessins de M. Thomas DE THOMON. Paris, 1819, plaq. in-4, fig. — N° 1576.

Choix d'édifices publics projetés et construits depuis le commencement du xixe siècle ; publié par MM. Gourlier, Biet, Grillon et feu Tardieu, architectes, membres du conseil des bâtiments civils. Paris, 1825-50, 3 vol. in-fol., fig. — N° 302.

Édifices de Rome moderne, ou Recueil des palais, maisons, églises, couvents et autres monuments publics et particuliers les plus remarquables de la ville de Rome, dessinés, mesurés et publiés par Paul LETAROUILLY, architecte. Paris, 1840-57, texte in-4 et 3 vol. d'atlas in-fol. — N° 955.

La patriarcale Basilica Vaticana, etc. — La Basilique patriarcale du Vatican; par Agost. VALENTINI. Rome, 1845, in-fol., fig. (Le tom. II publié en 1855, manque). — N° 1604.

Basilique du Vatican. Recueil de gravures. In-fol. — N° 1485 A.

Villa Médicis à Rome, dessinée, mesurée, publiée et accompagnée d'un texte historique et explicatif; par Victor BALTARD, architecte. Paris, 1847, in-fol., fig. — N° 98.

Vue perspective de la réunion des palais du Louvre et des Tuileries et plan historique des deux monuments d'après les plans officiels de M. L. VISCONTI, architecte de l'Empereur, dessinés et gravés par Rodolphe PFNOR. Paris, 1853, in-fol. — N° 1293.

L'Italie monumentale; par Eug. PIOT. Paris, 1853, in-fol. (Sans texte.) — N° 1303 C.

Architecture italienne septentrionale, ou Édifices publics et particuliers de Turin et de Milan; par F. CALLET et J.-B.-C. LESUEUR. Rome, 1855, in-fol. (Sans texte.) — N° 239.

Die Bauwerke der Renaissance in Toscana, etc. — Monuments
de la Renaissance en Toscane, d'après les dessins d'Adolphe
GNAUTH et d'Émile FÖRSTER. Avec un texte explicatif par
Édouard PAULUS; publiés par H. Förster, architecte. Vienne,
1867, in-fol. fig. — N° 634 D. — (En cours de publ.)

Geschichte der Renaissance Frankreichs, etc. — Histoire de la
Renaissance en France; par Guillaume LUBKE. Stuttgard,
1868, in-8, fig. — N° 979 C.

L'Architecture en Portugal. Mélanges historiques et archéologiques; par Charles LUCAS. Paris, 1870, in-8. — N° 980 F.

*Publication des œuvres variées des architectes depuis
la Renaissance.*

Libri cinque d'architettura, etc. — Cinq livres d'architecture;
par Séb. SERLIO. Venise, 1551, in-fol., fig. sur bois. —
Estraordinario libro, etc. — Livre extraordinaire (6°) d'architecture (en latin et en français). Lyon, 1551, in fol., fig.
— *Il Settimo libro*, etc. — Septième livre d'architecture (en
latin et en ital.). Francfort, 1575, in-fol., fig. — N° 1518.

Les Œuvres d'architecture d'Anthoine LE PAUTRE, architecte
ordinaire du roy. Paris, (1652), in-fol. (Sans texte.) —
N° 941. — Un double.

Recueil des œuvres de Pierre COTTART, architecte. S. l. n. d. (Paris, 1687), in-fol. — N° 353.

Œuvres d'architecture de Vincenzo SCAMOZZI, architecte de la
république de Venise, traduites en françois par Aug.-Charles
d'Aviler et par Samuel Du Ry, avec les planches originales.
Leide, 1713, in-fol., fig. — N° 1504.

Œuvres d'architecture de Jean LE PAUTRE, architecte, dessinateur et graveur du roy. Paris, 1751, 3 vol. pet. in-fol. (Sans
texte.) — N° 942.

Œuvres de SOUFFLOT. Recueil composé de gravures relatives
à l'église Sainte-Geneviève et au grand théâtre de Lyon,
deux monuments dont il est l'auteur. Paris, 1767-82, in-fol.
(Sans texte.) — N° 1531 A.

Les Bâtimens et les desseins d'André PALLADIO, recueillis et illustrés par O.-B. Scamozzi, en italien et en françois. Vicence, 1776-83, 4 vol. gr. in-fol., fig. — N° 1237. — Seconde édition. Vicence, 1786, 4 tom. en 2 vol. gr. in-fol., fig. — N° 1238.

Œuvres d'architecture de A.-F. PEYRE. Paris, 1818, in-fol., fig. — N° 1288.

Recueil d'architecture (de LECLERE), lithographié en 1826. Gr. in-fol. (Sans texte.) — N° 914.

Le Fabbriche civili, ecclesiastiche e militari di Michele Sanmicheli, etc. — Les Édifices civils, religieux et militaires de Michele SANMICHELI, dessinés et gravés par Francesco RONZANI et Luciolli GIROLAMO. Venise, 1832, in-fol., fig. — N° 1495.

Monumens d'architecture gothique, romane, de la renaissance, etc., accompagnés de décorations sculpturales et autres dans ces divers styles, tirés du portefeuille de feu POLLET, architecte, qui les a exécutés pour la plupart, et de ceux de plusieurs artistes de la capitale, gravés sur cuivre par H. Roux aîné. Paris, 1841, in-fol. — N° 1322 A.

Compositions antiques; dessinées, gravées et publiées par Jules BOUCHET, architecte. Paris, (1851), in-4 obl., fig. — N° 195.

Fragments d'architecture et de sculpture dessinés d'après nature, et autographiés par G. BOURGEREL, architecte. Paris, 1863, in-fol. (Sans texte.) — N° 202 A.

4. BIOGRAPHIES DES ARCHITECTES.

A. *Collectives.*

Recueil historique de la vie et des ouvrages des plus célèbres architectes (par J.-F. FÉLIBIEN-DES-AVAUX). Paris, 1687, in-4. — N° 609.

Noticias de los arquitectos y arquitectura de España desde su restauracion, etc. — Notices sur les architectes et l'architecture de l'Espagne depuis la Renaissance; par Eugenio LLAGUNO y AMIROLA, avec éclaircissements, notes, additions et

documents par D. Juan-Augustin Cean-Bermudez. Madrid,
1829, 4 vol. in-8. — N° 32 A.

Histoire de la vie et des ouvrages des plus célèbres architectes
du xiᵉ siècle jusqu'à la fin du xviiiᵉ, accompagnée de la vue
du plus remarquable édifice de chacun d'eux; par Quatremère de Quincy. Paris, 1830, 2 vol. gr. in-8, fig. — N° 1363.

Notice historique sur la vie artistique et les ouvrages de
quelques architectes français du xvᵉ siècle; par Callet père,
architecte. Paris, 1842, in-8, fig. — N° 237.

Biographie universelle des architectes célèbres; par feu Alex.
Du Bois, architecte du gouvernement, et Ch. Lucas, architecte. Paris, 1868, in-8. — N° 980 B. — (En cours de public.)

B. *Particulières.*

Notice historique sur défunt Jacques-Denis **Antoine**, architecte
des monnoies; par Lussault. Paris, 1801, in-8. — N° 982.

Funérailles de Félix **Duban**, architecte du gouvernement,
membre de l'Académie des Beaux-Arts, etc., etc., rédigé,
sur l'invitation de la commission générale des funérailles et
du monument de Félix Duban, par César Daly. Paris, 1871,
in-8. — N° 378 B.

Notice historique sur la vie et les ouvrages de J.-N.-L.
Durand; par Rondelet, l'un de ses élèves. Paris, 1835,
in-8. — Nᵒˢ 506 et 1025 A.

Discours prononcé sur la tombe d'Achille-René-François
Leclère, secrétaire-archiviste de la section d'architecture
de l'École des beaux-arts, par M. Vinit, secrétaire perpétuel
de l'école. Paris, 1853, in-8. — N° 547 A.

Notice rapide sur la vie et les ouvrages de Claude-Nicolas
Ledoux, membre de l'ancienne Académie royale d'architecture (signée J. C.). S. l. n. d., in-8. — N° 506.

Notice sur L.-A. **Piel**, architecte et dominicain; par Léon de
La Sicotière. Caen, 1844, in-8. — N° 1520.

(Pour les notices sur la vie et les ouvrages des architectes :
Bonnard, Chalgrin, Dufourny, Gondoin, Heurtier,

Hurtault, Peyre et Rondelet, voyez : *Recueil de notices historiques;* par QUATREMÈRE DE QUINCY. Paris, 1834-37
2 vol. in-8. — N° 1370. (Voy. ci-dessus, p. 72.)

IV. SCULPTURE.

1. GÉNÉRALITÉS.

Traité des statuës (par François LEMÉE). Paris, 1688, in-12. —
N° 1592.

Recherches sur l'art statuaire, considéré chez les anciens et
chez les modernes, ou Mémoire sur cette question proposée
par l'Institut national de France : Quelles ont été les causes
de la perfection de la sculpture antique, et quels seraient les
moyens d'y atteindre? (Par ÉMERIC-DAVID.) Ouvrage couronné
par l'Institut national. Paris, 1805, in-8. — N° 559. — Un
double.

Réponse au libelle intitulé : Lettre de M. Giraud à M. Émeric-
David (par ÉMERIC-DAVID). Paris, 1806, in-8. — N° 560.

Appendice à l'ouvrage intitulé : Recherches sur l'art statuaire
des Grecs, ou Seconde Lettre de M. GIRAUD à M. Émeric-
David. Paris, 1806, in-8. — N° 560. — Un double.

De la Sculpture ancienne et moderne; par Louis et René MÉ-
NARD (ouvrage couronné par l'Académie des beaux-arts).
Paris, 1867, in-8. — N° 1040 A.

Sculpture ethnographique. Marbres et bronzes, d'après les
divers types des races humaines; par Charles CORDIER, photographies par Marville. Paris, s. d., in-fol. (Sans texte.) —
N° 347.

2. PARTIE TECHNIQUE.

A. *Des matières et des moyens pratiques employés par les sculpteurs.*

Description des travaux qui ont précédé, accompagné et suivi
la fonte en bronze d'un seul jet de la statue équestre de
Louis XV, dressée sur les mémoires de Lempereur, par
Jean MARIETTE. Paris, 1768, gr. in-fol., fig. — N° 1006.

Mémoires historiques relatifs à la fonte et à l'élévation de la
statue équestre d'Henri IV sur le terre-plein du Pont-Neuf
à Paris, avec des gravures à l'eau-forte représentant l'ancienne et la nouvelle statue ; par Ch.-J. LAFOLIE. Paris, 1819,
in-8, fig. — N° 854.

Les Della Robbia, sculpteurs en terre émaillée. Étude sur leurs
travaux, suivie d'un catalogue de leur œuvre ; fait en Italie
en 1853 ; par Henry BARBET DE JOUY. Paris, 1855, in-8. —
N° 101.

Étude sur les fontes de Primatice dans le jardin de l'Empereur,
aux Tuileries ; par BARBET DE JOUY. Paris, 1860, in-8. —
N° 101 A.

Notes d'un compilateur sur les sculpteurs et les sculptures
en ivoire (par Ph. DE CHENEVIÈRES). S. l. n. d., gr. in-8. —
N° 298 B.

B. *Gravure en pierres fines et en médailles, moulages.*

Trésor de numismatique et de glyptique, ou Recueil général
de médailles, monnaies, pierres gravées, bas-reliefs, etc.,
tant anciens que modernes, les plus intéressans sous le rapport de l'art et de l'histoire, gravés d'après le procédé de
M. Ach. Collas, sous la direction de MM. P. Delaroche...
Henriquel-Dupont et Ch. LENORMANT. Paris, 1834-49, 9 vol.
in-fol., fig. — N° 1596.

Du Moulage en plâtre chez les anciens ; par Ch. PERKINS. Paris,
1869, in-8, fig. — N° 1265 B.

3. PARTIE HISTORIQUE ET DESCRIPTIVE.

A. *Écrits sur la sculpture des anciens.*

Le Jupiter Olympien, ou l'Art de la sculpture antique considéré
sous un nouveau point de vue ; ouvrage qui comprend un
essai sur le goût de la sculpture polychrome, l'analyse
explicative de la toreutique et l'histoire de la statuaire en
or et en ivoire chez les Grecs et les Romains, avec la restitution des principaux monuments de cet art, et la démons-

tration pratique ou le renouvellement de ses procédés mécaniques; par QUATREMÈRE DE QUINCY. Paris, 1814, in-fol., fig.
en coul. — N° 1364.

Lettres écrites de Londres à Rome et adressées à M. Canova,
sur les marbres d'Elgin, ou les sculptures du temple de
Minerve à Athènes; par QUATREMÈRE DE QUINCY. Rome, 1818,
in-8. — N° 1366.

Mémoires sur des ouvrages de sculpture du Parthénon et de
quelques édifices de l'Acropole d'Athènes, et sur une épi-
gramme grecque en l'honneur des Athéniens morts devant
Potidée; par E.-Q. VISCONTI. Paris, 1818, in-8. — N° 1655.

Mélanges d'ant.quités grecques et romaines, ou Observations
sur plusieurs bas-reliefs antiques du musée du Louvre; et
réplique à la réponse de Félix Lajard; par le comte DE CLA-
RAC. Paris, 1830, in-8. — N° 317.

Lettres sur l'enlèvement des ouvrages de l'art antique à
Athènes et à Rome, écrites les unes au célèbre Canova, les
autres au général Miranda; par QUATREMÈRE DE QUINCY.
Nouv. édit. Paris, 1836, in-8. — N° 1367.

Histoire de la sculpture antique, par ÉMERIC-DAVID, précédée
d'une notice sur la vie et les ouvrages de l'auteur, par le
baron Walckenaer, publiée pour la première fois par les soins
de M. Paul Lacroix. Paris, 1853, in-12. — N° 560 E.

Praxiteles und die Niobegruppe, etc. — Praxitèle et le groupe
des Niobéides, expliqués par les peintures de vases; par
Ch. FRIEDERICHS. Leipzig, 1855, in-8, fig. — N° 645 A.

Geschichte der griechischen Plastik, etc. — Histoire de la
sculpture en Grèce à l'usage des artistes et des amis de l'art;
par J. OVERBECK, accompagnée d'illustrations, dessinées
par H. Streller et gravées par J.-G. Flegel. 2e édit. Leipzig,
1857-58, 2 vol. in-8. — N° 1222 C.

Geschichte der Plastik, etc. — Histoire de la sculpture depuis
les temps les plus reculés jusqu'à nos jours; par Guillaume
LÜBKE. Leipzig, 1863, in-8, fig. — N° 979 B.

Skopas Leben und Werke, etc. — Vie et œuvre de Scopas;
par Louis URLICHS. Greifswald, 1863, in-8. — N° 1601 B.

Praxitèle. Essai sur l'histoire de l'art et du génie grecs depuis l'époque de Périclès jusqu'à celle d'Alexandre; par Émile GEBHART. Paris, 1864, in-8. — N° 681 B.

Bausteine zur Geschichte der griechisch-römischen Plastik, etc. — Matériaux pour servir à l'histoire de la plastique grecque et romaine, ou Monuments antiques du musée de Berlin; par Ch. FRIEDERICHS. Dusseldorf, 1868-71, 2 vol. in-12. — N° 645 B.

L'Exaltation de la fleur, bas-relief grec de style archaïque trouvé à Pharsale; par Léon HEUZEY. Paris, 1868, in-4, fig. — N° 763 E.

Der Apoxyomenos des Lysippus. — L'Apoxyomène de Lysippe; par I. KÜPPERS; avec une planche lithographiée. (Tirage à part du programme du gymnase de Bonne, 1868-1869.) — Bonn, 1869, in-4, fig. — N° 836 D.

Beiträge zur Geschichte der griechischen Plastik. — Matériaux pour servir à l'histoire de la plastique grecque; par Alexandre CONZE; avec 11 planches dessinées et lithographiées d'après les plâtres de la royale Université de Halle-Wittemberg, dessinés et lithographiés par Hermann Schenck. Halle, 1869, in-4, fig. — N° 345 B.

Die antiken Bildwerke im Theseion zu Athen, etc. — Les Monuments antiques conservés dans le temple de Thésée à Athènes; par Reinhard KEKULÉ. Leipzig, 1869, in-8. — N° 832 A.

Die Balustrade des Tempels der Athena-Nike in Athen. — La Balustrade du temple de Minerve-Victoire à Athènes, avec un plan de la terrasse du temple et trois lithographies; par Reinhard KEKULÉ. Leipzig, 1869, in-8, fig. — N° 832 B.

B. *Recueils de statues, bas-reliefs et autres fragments antiques.*

Statues et bustes antiques des maisons royales; 1re partie : Le Louvre, les Tuileries, Versailles, avec une notice par FÉLIBIEN. Paris, 1679, in-fol., fig. (*Voy.* p. 222, Cabinet du roy, t. IX.) — N° 233 A.

Symbolica Dianæ Ephesiæ statua a Claudio MENETREIO (ME-
NESTRIER) *ceimeliotheca Barberinæ præfecto exposita*, etc.
Editio altera auctior. Romæ, 1688, in-4, fig. — N° 1041 A.

*Admiranda Romanarum antiquitatum ac veteris sculpturæ
vestigia anaglyphico opere elaborata ex marmoreis exem-
plaribus quæ Romæ adhuc extant..... a P.* SANCTI BARTOLO
delineata et incisa; notis Jo. Petr. BELLORII *illustrata.* Romæ,
1693, in-fol. (Sans texte.) — N° 131 A.

Recueil de sculptures antiques, grecques et romaines (par L.-S.
ADAM). S. l., 1754, in-4, fig. — N° 13.

Museo Capitolino. — Musée du Capitole. (Publié par J. Bottari
et N. Foggini.) Rome, 1741-82, 4 vol. in-fol., fig. — N° 1124 C.

Il Museo Pio-Clementino, etc. — Le Musée Pio-Clémentin ; par
Jean-Baptiste VISCONTI et Ennius-Quirinus VISCONTI. Rome,
1782-1807, 7 vol. gr. in-fol., fig. — N° 1124 A.

Sculture del palazzo della villa Borghese. — Courte description
des sculptures de la villa Borghèse dite Pinciana (par
Ennius-Quirinus VISCONTI). Rome, 1796-97, 3 vol. in-8, fig.
— N° 1513.

Monumenti Gabini della villa Pinciana, etc. — Description
des monuments de Gabies à la villa Pinciana (villa Borghèse) ; par Ennius-Quirinus VISCONTI. Rome, 1797, in-8,
fig. — N° 1656.

Les Monuments antiques du Musée Napoléon, dessinés et gravés par Th. PIROLI, avec une explication, par J.-G. SCHWEIG-
HAEUSER pour le premier volume, et pour les trois autres, par
Louis PETIT-RADEL, publiés par F. et P. Piranesi, frères. Paris,
1804-1806, 4 vol. in-4, fig. — N° 1110.

Augusteum, ou Description des monumens antiques qui se
trouvent à Dresde ; par Guillaume-Gottlieb BECKER. Leipzig,
1804-11, 3 tom. en 1 vol. in-fol., fig. — N° 118 A.

*Il Museo Chiaramonti, aggiunto al Pio-Clementino, da N. S.
Pio VII,* etc. — Le Musée Chiaramonti ajouté au musée
Pio-Clémentin par S. S. Pie VII, avec l'explication de
MM. Phil.-Aurèle VISCONTI et Jos.-Ant. GUATTANI, publiée par
Ant. d'Este et Gasp. Capparone. Rome, 1808, 3 vol. gr.
in-fol., fig. — N° 1124 B.

Bassirilievi antichi di Roma, etc. — Bas-reliefs antiques de Rome, gravés par Th. Piroli, avec des explications par G. Zoega, etc. Rome, 1808, 2 vol. in-4, fig. — Nº 1704 A.

Musée des antiques, dessiné et gravé par P. Bouillon, peintre, avec des notices explicatives par J.-B. de Saint-Victor. Paris, (1811-27), 3 vol. gr. in-fol., fig. —Nº 198.

Bassirilievi antichi della Grecia o sia Fregio del tempio di Apollo Epicurio, etc. — Bas-reliefs antiques de la Grèce, ou Frise du temple d'Apollon Epicurius en Arcadie, dessinée d'après les originaux par J.-M. Wagner, et grav. par Ferd. Ruschweyh. Rome, 1814, in-fol. obl., fig. —Nº 1676 C.

Recueil de fragmens de sculpture antique en terre cuite (par Seroux d'Agincourt). Paris, 1814, in-4, fig. — Nº 18.

Musée de sculpture antique et moderne, ou Description historique et graphique du Louvre et de toutes ses parties, des statues, bustes, etc.; par le comte F. de Clarac. Continué sur les manuscrits de l'auteur. Publié par Alfred Maury, sous la direction de Victor Texier, graveur. Paris, 1826-53, 6 vol. in-8 et 6 vol. in-4 obl. de fig. — Nº 316. — Un double.

Museum Worsleyanum, or a Collection, etc. — Musée Worsley, ou Collection de bas-reliefs, bustes, statues, pierres gravées antiques, et vues prises d'après nature dans le Levant, dans les années 1785-86-87 (par Richard Worsley). Londres, 1829, 2 vol. gr. in-4. — Nº 1124 N.

The British Museum. Elgin and Phigaleian marbles. —Townley-Gallery. — Le Musée britannique. Marbres d'Elgin et de Phigalie. — Galerie Townley. Londres, 1833-36, 4 vol. in-12, fig. — Nº 211.

The Bronzes of Siris, etc. — Les Bronzes du Siris, aujourd'hui au musée Britannique. Essai archéologique de P. O. Brœndsted. Publié par la Société des Dilettanti. Londres, 1836, in-fol., fig.—Nº 213 A.

Terracotten des königlichen Museums zu Berlin. — Terres-cuites du musée royal de Berlin; par Théodore Panofka. Berlin, 1842, in-4 fig., — Nº 1241 A.

Monumenti Amaranziani, illustrati, etc. — Monuments Amaranciens expliqués par le marquis L. Biondi. Rome, 1849, gr. in-fol., fig. — Nº 1124 C.

Antiche Opere in plastica, etc. — Anciens ouvrages en terre
cuite, découverts, recueillis et expliqués par G.-P. CAMPANA.
Rome, 1851, in-fol., fig. — N° 247 A.

*Ueber merkwürdige Marmorwerke des königl. Museums zu
Berlin.* — Marbres remarquables du musée royal de Berlin;
par Th. PANOFKA. Berlin, 1857, in-4, fig. — N° 1241 C.

Description des marbres antiques du musée Campana à Rome;
par Henry D'ESCAMPS. (Sculpture grecque et romaine.) Paris,
1862, in-fol., fig. — N° 564 A.

Statues et bas-reliefs antiques de la galerie des Offices à Florence, reproduits par A. BRAUN; 39 photographies, 1 vol.
in-fol. — N° 336 B.

C. *Écrits sur la sculpture chez les modernes.*

Description historique et chronologique des monumens de
sculpture réunis au Musée des Français, suivie d'une Dissertation sur la barbe et les costumes de chaque siècle et du
Traité de la peinture sur verre; par Alexandre LENOIR.
5° édition, revue et augmentée. Paris, 1800, in-8. — N° 930.
— Même ouvrage. 7° et 8° éditions, 1803 et 1806.

Storia della scultura dal suo risorgimento in Italia, etc. — Histoire de la sculpture depuis sa renaissance en Italie jusqu'au
siècle de Napoléon, pour continuer les travaux de Winckel-
man et d'Agincourt; par Léopold CICOGNARA. Venise, 1813-
1824, 7 vol. in-8 de texte et 1 atlas in-fol. — N° 312.

Notice sur la nouvelle statue équestre de Louis XIV; par C. Olivier BLANCHARD DE BOISMARSAS. Paris, 1822, in-8, une pl. —
N° 158.

Description des ouvrages de la sculpture française des XVI°,
XVII° et XVIII° siècles, exposés dans les salles de la galerie
d'Angoulême; par le comte DE CLARAC. Paris, 1824, in-12.
— N° 314.

Notice sur l'ancienne statue équestre, ouvrage de Daniello
Ricciarelli et de Biard le fils, élevée à Louis XIII en 1639, au
milieu de la place Royale à Paris et détruite en août 1792;
par Anatole DE MONTAIGLON. Paris, 1851, in-8. — N° 1096 A.

Histoire de la sculpture française par T.-B. Émeric-David; accompagnée de notes et observations par M. J. Du Seigneur, statuaire, et publiée pour la première fois par M. Paul Lacroix. Paris, 1853, in-12. — N° 556.

Un Bronze de Michel-Ange; par Frédéric Reiset. Paris, 1853, in-18. — N° 1407.

Kunstdenkmäler des christlichen Mittelalters, etc. —Monuments d'art du moyen âge chrétien, etc. (Voir p. 47.) — N° 1685 B.

Notices of Sculpture in ivory, etc. — Notices sur les sculptures en ivoire, ou Lecture sur l'histoire, les procédés et les chefs-d'œuvre de cet art, à l'occasion de la première assemblée annuelle et générale de la Société d'Arundel; par M. Digby Wyatt, architecte; suivie d'un Catalogue des spécimens d'ivoires sculptés que renferment les différentes collections; par Edmond Oldfield, etc. Londres, 1856, in-4. — N° 473 A.

L'Œuvre de Blasset ou plutôt Blassel, célèbre sculpteur amiénois (1600 à 1659); par A. Dubois. Amiens, 1862, in-8, portr. et fig. — N° 496 B.

Tuscan Sculptors, their lives, etc. — Les Sculpteurs toscans, leur vie, leurs œuvres et leur temps, avec illustrations gravées d'après des dessins originaux et des photographies; par Charles-C. Perkins. Londres, 1864, 2 vol. in-4, fig. — N° 1265 A.

Les Sculpteurs italiens; par Ch.-C. Perkins. Édition française, revue, augmentée et ornée d'un Album, etc. Trad. de l'anglais par Ch.-Ph. Haussoullier. Paris, 1869, 2 vol. in-8 et Album in-4. — N° 1265 C.

Les Tarsias de marbre du baron H. de Triqueti. Décoration de la chapelle Wolsey à Windsor (par le baron de Girardot). Nantes, 1868, in-8, avec un 1 plan. — N° 1597 A.

D. *Publications des œuvres de la sculpture moderne, statues, bas-reliefs, etc., etc.*

Tombeau de François Ier, dédié et présenté à Son Excellence Mgr le duc de Feltre, ministre de la guerre; par E.-F. Imbard. Paris, 1812, gr. in-fol., fig. — N° 787.

Tombeau de Louis XII, dit le Père du peuple ; par E.-F. IM-
BARD. Paris, 1815, in-fol., fig. — N° 788.

Notice sur le Tombeau de François II, duc de Bretagne, 1507,
placé dans l'église cathédrale de Nantes ; par Michel COLUMB.
Seconde édition. Nantes, in-8, fig. — N° 337.

CANOVA. *Sui marmi diversi*, etc. — Les Statues de CANOVA.
Venise, 1817, in-4. — N° 253.

Les Statues, groupes, bustes et mausolées qui composent l'œuvre de CANOVA. Rome, s. d., gr. in-fol. (Sans texte.) —
N° 253 A.

Souvenirs du Musée des monumens français ; collection de
40 dessins perspectifs gravés au trait, représentant les principaux aspects sous lesquels on a pu considérer tous les
monumens réunis dans ce musée, dessinés par J.-E. Biet et
gravés par MM. Normand père et fils, avec un texte explicatif,
par M. J.-P. BRÈS. Paris, 1821, in-fol., fig. — N° 1531.

Intera Collezione di tutte le opere, etc., etc. — Collection
complète de toutes les œuvres du chevalier Albert THOR-
WALDSEN, gravées au trait ; avec des explications, par l'abbé
MISSERINI, etc. (texte italien et français). Rome, 1831, 2 vol.
in-fol., fig. — N° 1577 A.

Porte principale du Baptistère de Florence, l'Œuvre de Lorenzo GHIBERTI, gravée sous la direction de M. Blanche. Paris, 1837, in-fol. — N° 690 B.

*Descrizione del tabernacolo che orna la confessione della basi-
lica di San-Paolo*, etc. — Description du tabernacle qui orne
la confession de la basilique de Saint-Paul sur la voie d'Os-
tie, sauvé de l'incendie en 1823 et replacé sur la confession
par décret de S. S. Grégoire XVI, etc. Rome, in-fol., fig. —
— N° 453 A.

Descrizione del tabernacolo, etc. — Description du tabernacle
qui orne la confession de la basilique de Saint-Paul ; par
L. MORESCHI. Rome, 1838-40, texte et atlas in-fol. —
N° 1115 A.

Les Statues coloriées du chœur de la cathédrale de Cologne.
12 pl. sans texte, pet. in-fol. — N° 270 B.

Les Stalles de la cathédrale d'Amiens ; par JOURDAIN et DUVAL. (Extrait des *Mémoires de la Société des antiquaires de Picardie*.) Amiens, 1843, in-8, fig. — N° 819.

Album des boiseries sculptées du chœur de Notre-Dame de Paris, connues sous le nom de vœu de Louis XIII. Paris, 1855, in-fol., fig. — N° 22. — Un double.

Le Tombeau de Napoléon Ier aux Invalides ; notice par Albert LENOIR, architecte. Paris, 1855, in-4, fig. — N° 928 A. — Un double.

L'Œuvre de FOGELBERG, publiée par Casimir Leconte et dédiée à Sa Majesté Oscar Ier, roi de Suède et de Norwége. Paris, 1856, in-fol., front. et fig. — N° 916.

Recueil de sculptures gothiques dessinées et gravées à l'eauforte d'après les plus beaux monuments construits en France depuis le onzième jusqu'au quinzième siècle ; par ADAMS. Paris, 1856-59, 2 vol. in-4. (Sans texte.) — N° 13 A.

Stalles de la cathédrale de Rouen ; par Eustache-Hyacinthe LANGLOIS. Avec une Notice sur sa vie et ses travaux, par Ch. Richard. Rouen, 1858, in-8, fig. — N° 870.

Les Bas-Reliefs de la cathédrale d'Orvieto ; ; gravés sur les dessins de Vincenzo PONTANI par D.-B. Ascani, B. Bartoccini et Louis Gruner. Leipzig, 1858, 2 parties in-fol. obl., fig. — N° 719 B.

Stalles du chœur de la cathédrale d'Auch ; texte et dessins par L. SANCET, gravées par M. Auguste Guillemot et sous sa direction. Paris, 1862, pet. in-fol., fig. — N° 1493 A.

L'Œuvre de Jean GOUJON, gravé d'après ses statues et ses basreliefs, par Réveil. Accompagné d'un texte biographique et de tables explicatives des planches. Nouvelle édition. Paris, 1868, in-fol., fig. — N° 709 A.

Iliade d'Homère : gravée par Thomas Piroli d'après les dessins composés par Jean FLAXMAN, sculpteur à Rome. S. l. n. d., pet. in-fol. obl. (Sans texte.) — N° 623 A.

Odyssée d'Homère : gravée par Thomas Piroli d'après les dessins composés par Jean FLAXMAN, sculpteur à Rome. S. l. n. d., pet. in-fol. obl. (Sans texte.) — N° 622 A.

Compositions from the Works, Days and Theogony. — Les Travaux, les Jours et la Théogonie d'Hésiode, dessinés par Jean Flaxman et gravés par William Blake. Londres, 1817, pet. in-fol. obl. (Sans texte.) — N° 623 B.

Dante Alighieri : *cioè l'Inferno, il Purgatorio ed il Paradiso.* etc. — Dante Alighieri, c'est-à-dire l'Enfer, le Purgatoire et le Paradis de Dante Alighieri, composés par Jean Flaxman, sculpteur anglais, et gravés par Thomas Piroli. Rome, 1802, in-8 obl. (Sans texte). — N° 623 C.

> Nous plaçons ici de préférence les compositions de Flaxman, à cause de leur caractere éminemment sculptural.

Statues et bas-reliefs à Florence : place de la *Signoria* et *Loggia* de' Lanzi, baptistère et portes de L. Ghiberti, tombeau de Julien de Médicis et de Michel-Ange, quarante-neuf photographies par Ad. Braun. 1 vol. in-fol. — N° 336 B.

E. *Biographies des sculpteurs.*

J.-S. **Brun,** sculpteur statuaire. Notice historique par A. D. Paris, 1846, in-8, portr. — N° 216.

Canova et ses ouvrages, ou Mémoires historiques sur la vie et les travaux de ce célèbre artiste; par Quatremère de Quincy. Paris, 1834, in-8. — N° 1355.

Sculpteurs de la Renaissance. Michel **Colombe;** par Paul Mantz. Paris, 1857, in-8. — N° 998.

Éloge historique de M. **Coustou** l'aîné, sculpteur ordinaire du Roy et recteur de l'Académie royale de peinture et de sculpture. Paris, 1737, in-12. — N° 550.

Éloge funèbre de M. **Coysevox,** sculpteur du Roy, prononcé à l'Académie; par Fermel'huis. Paris, 1721, in-8. — N° 613.

Funérailles de M. Pierre-Jean **David** d'Angers, professeur à l'École des beaux-arts, 8 janvier 1856; par Léon Vinit. Paris, 8 pp. in-8. — N° 547 A.

Funérailles de M. Francisque-Joseph **Duret,** professeur à l'École des beaux-arts, 27 mai 1865; par Albert Lenoir. Paris, 3 pp. in-8. — N° 547 A.

Notice de l'œuvre de François **Girardon,** de Troyes, sculpteur ordinaire du Roi, chancelier et recteur de l'Académie royale

de peinture et de sculpture, etc., avec un précis de sa vie
et des notes historiques et critiques (par CORRARD DE BREBAN).
Paris, 1833, in-8. — N° 1205 C.

Notice sur la vie et les œuvres de F. **Girardon**, de Troyes,
sculpteur du Roi ; par CORRARD DE BREBAN. 2ᵉ édition. Troyes,
1859, in-8, — N° 349.

Notice sur les deux **Giraud,** sculpteurs français ; par MIEL.
(Extrait des Annales de la Société libre des beaux-arts pour
1839-1840.) Paris, s: d., in-8. — N° 154.

Notice sur la vie et les ouvrages de **Milhomme,** statuaire,
grand prix de 1801. Paris, 1844, in-8, portr. — N° 1199.

Discours prononcé sur la tombe de Louis **Petitot,** professeur-
sculpteur de l'École des beaux-arts ; par M. GILBERT, secrétaire-archiviste de la section d'architecture de l'École, le
3 juin 1862. Paris, 1862, in-8. — N° 547 A.

Éloge historique de **Pigalle,** célèbre sculpteur ; suivi d'un Mémoire sur la sculpture en France. Londres, 1786, plaq. in-4.
— N° 553.

La Vie et les œuvres de Jean-Baptiste **Pigalle,** sculpteur ; par
P. TARBÉ. Paris, 1859, in-8. — N° 1554.

Éloge historique de Pierre **Puget,** sculpteur, peintre et architecte (ouvrage qui a concouru pour le prix proposé par l'A-
cadémie de Marseille). Paris, 1807, in-8. — N° 554.

Essai sur la vie et les ouvrages de Pierre **Puget** ; par Zénon
PONS. Paris, 1812, in-8. — N° 1327.

Pierre **Puget,** peintre-sculpteur-architecte, décorateur de vais-
seaux ; par Léon LAGRANGE. Paris, 1868, in-8. — N° 857 D.

Simart, statuaire, membre de l'Institut. Étude sur sa vie et
sur son œuvre ; par Gustave EYRIÈS. Paris, (1860), in-8. —
N° 592 A. — Un double.

Thorwaldsen : sa vie et son œuvre ; par Eugène PLON, ouvrage enrichi de deux gravures au burin, par F. Gaillard, et
de trente-cinq compositions du maître, gravées sur bois, par
Carbonneau, d'après les dessins de F. Gaillard. Paris, 1867,
gr. in-8, fig. — N° 1577 B.

Pour les Notices sur la vie et les travaux des sculpteurs :
**Cartellier, Chalgrin, Dejoux, Dupaty, Duvivier,
Houdon, Lecomte, Lemot** et **Roland**, voyez : *Recueil
de notices historiques;* par Quatremère de Quincy. Paris,
1834-37, 2 vol. in-8. — N° 1370. (Voy. ci-dessus, p. 72.)

V. PEINTURE.

1. GÉNÉRALITÉS.

Dialogos de la pintura ; su defensa, origen, essencia, definicion,
etc. — Dialogues sur la peinture; sa défense, son origine,
son essence, sa définition, ses modes et ses diversités. 8 livres ornés de 8 pl. allégor. et d'un front., renfermant des
notices sur un traité de Michel-Ange, aujourd'hui perdu,
et sur les collections espagnoles; par Vincent Carducho.
Madrid, 1633, in-4. — N° 254 A¹.

La Peinture parlante, dédiée à messieurs les peintres de l'A-
cadémie royale de Paris; par H. P. (Pader), P. P. Tolosain.
Tolose, 1657, in-4, front. — Songe énigmatique sur la
peinture universelle (par le même). Tolose, 1658, in-4. —
N° 1226. — Un double.

Idée de la perfection de la peinture, etc., par Roland Freart
sieur de Chambray. Au Mans, 1662, in-4. — N° 284.

Entretiens sur les vies et sur les ouvrages des plus excellens
peintres anciens et modernes (par Félibien). Paris, 1666-
85, 4 part. en 2 vol. in-4. — N° 606.

Entretiens sur les vies et sur les ouvrages des plus excellens
peintres anciens et modernes, avec la vie des architectes; par
M. Félibien. Nouvelle édition, revue, corrigée et augmentée
des Conférences de l'Académie royale de peinture et de
sculpture, de l'Idée du peintre parfait, des Traitez de la
miniature, des dessins, des estampes, de la connoissance
des tableaux et du Goût des nations; de la Description des
maisons de campagne de Pline, et de celle des Invalides.
Trévoux, 1725, 6 vol. in-12, front. et fig. — N° 607.

Conversations sur la connoissance de la peinture et sur le jugement qu'on doit faire des tableaux, où il est parlé de la vie

de Rubens et de quelques-uns de ses plus beaux tableaux (par Roger DE PILES). Paris, 1677, in-12. — N° 345.

La Réforme de la peinture (par J. R., peintre). Caen, 1681, in-12, front. — N° 1405.

Dissertation sur les ouvrages des plus fameux peintres. Dédiée à Monseigneur le duc de Richelieu (par DE PILES). Paris, 1681, in-12. — N° 1300.

Abrégé de la vie des peintres, avec des réflexions sur leurs ouvrages, et un traité du peintre parfait, de la connoissance des dessins, de l'utilité des estampes ; par (Roger) DE PILES. Seconde édition, revue et corrigée par l'auteur, avec un abrégé de sa vie et plusieurs autres additions. Paris, 1715, in-12, front. — N° 1299.

Réflexions sur quelques causes de l'état présent de la peinture en France, avec un examen des principaux ouvrages exposés au Louvre le mois d'août 1746 (par DE LAFONT DE SAINT-YENNE). La Haye, 1747, in-12. — N° 1404.

Traité de peinture, suivi d'un Essai sur la sculpture, pour servir d'introduction à une histoire universelle, relative aux beaux-arts, avec un Catalogue des artistes les plus fameux de l'École française ; par DANDRÉ-BARDON. Paris, 1765, 2 vol. in-12. — N° 381.

Recherches sur les beautés de la peinture, et sur le mérite des plus célèbres peintres anciens et modernes ; par Daniel WEBB ; trad. de l'angl. par M. B***. Paris, 1765, in-12. — N° 1685. — Un double.

Œuvres diverses de M. DE PILES, de l'Académie royale de peinture. Amsterdam et Leipzig, 1767, 5 vol. in-12, front. — N° 1303.

Examen critique des différentes écoles de peinture ; par M. Jean-Baptiste DE BOYER, marquis D'ARGENS. Berlin, 1768, in-16. — N° 60.

Essai sur la peinture et sur l'Académie de France établie à Rome ; par ALGAROTTI ; trad. de l'italien par Pingeron. Paris, 1769, in-12. — N° 23.

Antologia dell' arte pittorica, etc. — Anthologie de l'art de la peinture, contenant un Essai sur la composition dans la peinture, le Traité du beau et du goût du chev. Don Ant.-Raph. MENGS ; une Lettre du même à Don Ant. Ponz sur le mérite des tableaux du palais du roi à Madrid ; Quelques Règles de la peinture par J.-P. LOMAZZO ; l'Art de peindre à la fresque par A. POZZO ; Leçons pratiques sur le coloris, par MENGS, etc. In Augusta, 1784, in-4, fig. — N° 48.

Réflexions sur la peinture et la gravure, accompagnées d'une courte dissertation sur le commerce de la curiosité, et les ventes en général, etc.; par C.-F. JOULLAIN fils aîné. Metz, 1786, in-12. — N° 818.

Des Causes physiques et morales qui ont influé sur les progrès de la peinture et de la sculpture chez les Grecs ; par LE BARBIER l'aîné. Paris, 1799, in-8. — N° 885.

Principes abrégés de peinture, etc., par F. DUTENS. Nouvelle édit., corrigée et considérablement augmentée, principalement dans l'harmonie des couleurs et l'art de composer les pastels. Tours, an XII (1804), in-8, fig. — N° 542.

Observations sur quelques grands peintres, dans lesquelles on cherche à fixer les caractères distinctifs de leur talent, avec un précis de leur vie ; par Jean-Joseph TAILLASSON. Paris, 1807, in-8. — N° 1531.

Le Guide de l'artiste et de l'amateur, contenant le Poëme de la Peinture de DUFRESNOY, avec une traduction nouvelle revue par M. Kératry, suivie de Réflexions de ce dernier auteur ; de Notes de Reynolds ; de l'Essai sur la peinture, de DIDEROT ; d'une Lettre sur le paysage, de GESSNER ; de trois lettres tirées du Paresseux sur l'observation des règles ; l'Imitation de la nature et de la beauté. Paris, 1824, in-12. — N° 731.

Les Peintres européens en Chine et les peintres chinois ; par F. FEUILLET DE CONCHES. (Extrait de la *Revue contemporaine*.) Paris, 1856, in-8. — N° 616.

Guide théorique et pratique de l'amateur de tableaux. Études sur les imitateurs et les copistes des maîtres de toutes les écoles dont les œuvres forment la base ordinaire des galeries ; par Théodore LEJEUNE, artiste peintre. Paris, 1864-65, 3 vol. in-8. — N° 923 A.

2. PARTIE TECHNIQUE.

A. *Traités de l'art de peindre.*

Trattato della pittura, etc. — Traité de la peinture de Léonard DE VINCI, nouvellement mis au jour, avec la Vie du même auteur, par Raphaël du Fresne, et de plus les trois livres de la peinture et le Traité des statues de Léon-Baptiste ALBERTI et la vie de ce dernier. Paris, 1651, in-fol., fig. — N° 1650.

Traité de la peinture, de Léonard DE VINCI, trad. de l'ital. en franç. (par le sieur de Chambray). Paris, 1651, in-fol., fig.— N° 1651. — Nouvelle édition, revue et corrigée. Paris, 1716, in-12, fig. — N° 1651.

Le Peintre converty aux précises et universelles règles de son art, avec un raisonnement abrégé au sujet des tableaux, bas-reliefs et autres ornemens que l'on peut faire sur les diverses superficies des bastimens, et quelques advertissemens contre les erreurs que des nouveaux écrivains veulent introduire dans la pratique de ces arts ; par Abraham BOSSE. Paris, 1667, in-8, front. — N° 188 A.

Optique de portraiture et peinture; par Grégoire HURET, dessinateur et graveur ordinaire du Roy. Paris, 1670, in-fol., front. et fig. — N° 783.

Sentimens des plus habiles peintres du temps sur la pratique de la peinture. Recueillis et mis en tables de préceptes par Henry TESTELIN, peintre du roy, professeur et secrétaire de l'Académie royale de peinture et de sculpture. Paris, 1680, in-fol., fig. — N° 1557.

— Autre édition : Avec plusieurs discours académiques ou conférences tenues en l'Académie royale desdits arts. Paris, 1696, in-fol., fig. — N° 1557.

Les Premiers Élémens de la peinture pratique, enrichis de figures de proportions mesurées sur l'antique; par J.-B. CORNEILLE, peintre de l'Académie royale. Paris, 1684, in-12, fig. N° 348 A. — Un double.

Traité sur la peinture; par Bernard DUPUY DU GREZ. Toulouse, 1699, in-4, fig. — N° 530.

Cours de peinture par principes; par DE PILES. Paris, 1708, in-12, front. — N° 1301. — Autre édition. Paris, 1791, in-12. — N° 1301.

Traité élémentaire et pratique du dessin et de la peinture à l'usage des jeunes artistes; contenant des observations sur les différentes manières de dessiner; les règles de la compositions du clair-obscur et du coloris; l'apprêt et le mélange des couleurs; la connaissance des vernis, secrets et procédés pour les paysages à l'encre de Chine, à l'aquarelle et à la gouache; les règles pour la figure ou pour la peinture à l'huile en général; par L. LIBERT, peintre dessinateur. Lille, 1811, in-12, fig. — N° 966.

Traité complet de la peinture; par PAILLOT DE MONTABERT. Paris, 1829-51, 9 vol. in-8 et un atlas in-4. — N° 1228.

Traité théorique et pratique des connaissances nécessaires à tout amateur de tableaux, etc.; par Fr.-Xavier DE BURTIN. 2ᵉ édit. Valenciennes, 1846, 2 vol. in-8, fig. — N° 229.

Traité de la peinture de CENNINO CENNINI, mis en lumière pour la première fois avec des notes par le chevalier G. Tambroni; trad. par Victor Mottez. Paris, 1858, in-8. — N° 280 A.

B. *Des Couleurs et du Coloris.*

Dialogue sur le coloris (par DE PILES). Paris, 1699, in-12. — N° 1302. — Un double. — N° 348 A.

L'Optique des couleurs, fondée sur de simples observations et tournée surtout à la pratique de la peinture, de la teinture et des autres arts coloristes; par le R. P. CASTEL. Paris, 1740, in-12, fig. — N° 261.

Matières colorantes et procédés de peinture employés par P.-P. Rubens, découverte faite par J.-D. RÉGNIER, peintre. Gand, 1847, in-8. — N° 1017. — Un double.

Exposé d'un moyen de définir et de nommer les couleurs d'après une méthode précise et expérimentale, avec l'application de ce moyen à la définition et à la dénomination des

couleurs d'un grand nombre de corps naturels et de produits
artificiels; par M. E. Chevreul. Paris, 1861, in-fol., planch.
en couleur. — N° 300.

De la Lumière et de la couleur chez les grands maîtres anciens, démontré et développé par J.-D. Régnier. Paris,
1865, in-8. — N° 1405 B.

C. *Des diverses manières de peindre.*

a. Peinture à l'huile.

L'Académie de la peinture nouvellement mise au jour pour
instruire la jeunesse à bien peindre en huile. Paris, 1679,
in-12. — N° 7.

De la Peinture à l'huile ou des Procédés matériels employés
dans ce genre de peinture, depuis Hubert et Jean Van-Eyck
jusqu'à nos jours; par J.-F.-L. Mérimée. Paris, 1830, in-8.—
N° 1044.

b. Peinture murale à la fresque ou à l'encaustique.
Procédés qui s'y rattachent.

(Voy. aussi : *Notices,* p. 65, et *Histoire de la peinture,* p. 183 et suiv.)

Mémoire sur la peinture à l'encaustique et sur la peinture à la
cire; par le comte de Caylus et Majault. Genève, 1755,
in-8, front. et fig. — N° 277.

La Cire alliée avec l'huile, ou la Peinture à l'huile-cire trouvée
à Manheim; par Charles baron de Taubenheim. Manheim,
1770, in-8, fig. — N° 645.

Peintures murales des chapelles de Notre-Dame de Paris,
exécutées sur les cartons de E. Viollet-le-Duc. Paris, 1870,
in-fol., fig. — N° 1653 E.

c. Miniature. — Son histoire et ses œuvres.

*Antiquissimi Virgiliani Codicis fragmenta et picturæ ex Biblio-
theca Vaticana ad priscas imaginum formas a Petro Sancte
Bartholi incisæ.* Romæ, 1741, in-fol., fig. — N° 1653 F.

Peintures et ornements des manuscrits classés dans un ordre chronologique pour servir à l'histoire des arts du dessin, depuis le ive siècle de l'ère chrétienne jusqu'à la fin du xvie; par le comte Auguste DE BASTARD. Paris, 1835, et ann. suiv. in-fol., fig. en coul. — N° 109.

Livre d'heures de la reine Anne de Bretagne, traduit du latin et accompagné de notices inédites par l'abbé DELAUNAY. Paris, Curmer, 1841, 2 vol. in-4, fig. en coul. — N° 970 B.

Paléographie universelle. Collection de fac-simile d'écritures de tous les peuples et de tous les temps,... dessinés par SILVESTRE, et accompagnés d'explications historiques et descriptives par CHAMPOLLION-FIGEAC et Aimé CHAMPOLLION fils. Paris, 1841, 4 vol. gr. in-fol., fig. — N° 1523.

Statuts de l'ordre du Saint-Esprit, au droit désir ou du nœud, institué à Naples en 1352 par Louis d'Anjou, premier du nom, roi de Jérusalem, de Naples et de Sicile. Manuscrit du xive siècle, conservé au Louvre dans le musée des souverains français ; avec notice sur la peinture des miniatures et la description du manuscrit, par le comte Horace DE VIEL-CASTEL. Paris, 1853, in-fol., fig. en coul. — N° 1537 A.

L'Office au xve siècle d'après une miniature de la bibliothèque de Rouen ; par Alfred DARCEL. Paris, 1853, in-4, une pl. — N° 396.

Mystère des actes des apôtres représenté à Bourges en avril 1536, publié, d'après le manuscrit original, par le baron A. DE GIRARDOT. Paris, 1854, in-8. — N° 596 B.

L'Imitation de Jésus-Christ (publié par CURMER). Paris, 1856, gr. in-8, fig. en coul. — Appendice : Notice de J. JANIN sur l'Imitation de Jésus-Christ ; Auteur présumé de l'Imitation, par l'abbé DELAUNAY ; Histoire de l'ornementation des manuscrits, par Ferd. DENIS ; Catalogue bibliographique, etc. Paris, 1858, gr. in-8, fig. — N° 788 A.

Histoire de l'ornementation des manuscrits; par M. Ferdinand DENIS, conservateur à la bibliothèque Sainte-Geneviève. Paris, 1857, in-8, fig. sur bois. — N° 426.

La Légende de sainte Ursule, princesse britannique, et de ses onze mille vierges, d'après les anciens tableaux de l'église de Sainte-Ursule à Cologne, reproduits en chromolithographie, publiée par F. KELLERHOVEN, texte par J.-B. DUTRON, planches et texte inédits. Paris, 1860, gr. in-4, fig. en coul. — N° 832 D.

The Art of illuminating, etc.—L'Art de l'enluminure tel qu'on le pratique en Europe depuis les temps les plus anciens, illustré par des encadrements, des lettres initiales et des alphabets, et chromolithographié, par W.-R. Tymms, avec un Essai par Digby WYATT, architecte. Londres, 1860, in-4. — N° 1700 B.

Livre de prières, illustré à l'aide des ornements des manuscrits classés dans l'ordre chronologique et selon les styles divers qui se sont succédé depuis le huitième siècle jusqu'au seizième, reproduits en couleurs et publiés par B.-Charles MATHIEU; notice historique et texte explicatif par Ferdinand DENIS et B.-Ch. MATHIEU. Paris, 1862, 2 vol. in-8, fig. — N° 426.

Les Manuscrits à miniatures de la bibliothèque de Laon [et aussi de Soissons] étudiés au point de vue de leur illustration (du VIIe au XVIe siècle). Texte et dessins par Édouard FLEURY. Laon, 1863 et 1865, 3 vol. in-4, fig. — N° 624 A et 624 B.

Les Évangiles des dimanches et fêtes de l'année, suivis des Prières à la sainte Vierge et aux saints, texte revu par l'abbé Delaunay, publié par Curmer. Paris, 1864, 2 vol. gr. in-8, fig. en coul. — N° 373 A.

Fac-similes of the Miniatures and Ornaments of Anglo-Saxon and Yrish Manuscripts, etc. — Les Manuscrits anglo-saxons et irlandais, fac-similés des miniatures et ornements du VIIe au Xe siècle, exécutés par J.-O. WESTWOOD, dessinés par W.-R. Tymms, imprimés en chromolithographie par Day et fils. (Titre angl. et franç.) Londres, (1868), gr. in-fol., fig. en coul. — N° 1685 J.

Histoire de l'ornement russe, du Xe au XVIe siècle d'après les manuscrits. Paris, 1870, in-fol., chromolith. — N° 1219 B.

Sur la miniature moderne.

Traité de la mignature, dédié à Mme la princesse de Guéméné, par Mlle PERROT, de l'Académie roïale. Paris, 1693, in-12. — N° 1278.

Escole de la mignature dans laquelle on peut aisément apprendre à peindre sans maître. Avec le secret de faire les plus
belles couleurs, l'or bruny et l'or en coquille. Nouvelle édition, augmentée. Rouen, 1724, pet. in-12. — N° 566.

L'École de la mignature, ou l'Art d'apprendre à peindre sans
maître et les secrets pour faire les plus belles couleurs.
Nouv. édit., revue, corrigée et augmentée. Paris, 1782, in-8.
— N° 1067 A.

d. Peinture sur verre. — Son histoire et ses œuvres.

Le Vetrate dipinte da Fra Guglielmo da Marcilla, etc. — Les
Vitraux peints par frère GUILLAUME DE MARSEILLE, dans le
chœur de l'église Sainte-Marie-du-Peuple, dessinés par
Fr. Giangiacomo et gravés par divers artistes. Rome, (vers
1810), in-fol., fig. — N° 1403 B.

Essai historique et descriptif sur la peinture sur verre ancienne et moderne et sur les vitraux les plus remarquables
de quelques monumens français et étrangers, suivi de la
biographie des plus célèbres peintres-verriers; par E.-Hya-
cinthe LANGLOIS. Planches dessinées et gravées par made-
moiselle Espérance Langlois. Rouen, 1832, in-8, fig. —
N° 868.

Peinture sur verre. Considérations critiques sur cet art, sur le
rang qu'il doit tenir dans la décoration intérieure des monumens et sur la direction qu'il convient de lui donner; par
VIGNÉ, peintre-verrier. Paris, 1840, in 8. — N° 1025 A.

Monographie de la cathédrale de Bourges; par A. MARTIN et
Ch. CAHIER; première partie : vitraux du XIII° siècle. Paris,
1841-44, in-fol., fig. en coul. — N° 1013 B.

Divers Works of early masters in Christian Decoration, etc.
— Œuvres diverses des maîtres primitifs pour la décoration des édifices chrétiens, avec une introduction renfermant la biographie d'Albert Durer, un exposé critique de
ses travaux, des notices sur son maître Wohlgemuth et son
ami Pirckheymer; sur Adam Krafft et son tabernacle à Nuremberg; avec des exemples empruntés aux anciens vitraux
de York, de West-Wikham, de Kent, de la chapelle de

Saint-Georges à Windsor, de l'ancienne église du Saint-Sacrement à Limbourg; ainsi que les œuvres de Dirk et Wouter Crabeth, et une courte notice sur les verrières de Gouda, en Hollande, et de l'église Saint-Jacques, à Liége; par John WEALE. Londres, 1846, 2 vol. in-fol., fig. en coul. — N° 1684 A.

Les Vitraux de la cathédrale de Tournai, dessinés par J.-B. CAPRONNIER et mis sur pierre par J. de Keghel; avec un texte historique et descriptif par M. DESCAMPS, vicaire-général de l'évêché de Tournay, et LE MAISTRE-D'ANSTAING, membre de la commission de restauration de la cathédrale, membre correspondant du comité des arts et monuments de France. Bruxelles, 1848, gr. in-fol., fig. en coul. — N° 437 A.

Verrières du chœur de l'église métropolitaine de Tours, dessinées et publiées par J. MARCHAND, texte par MM. BOURASSÉ et MANCEAU, chanoines de Tours. Paris, 1849, in-fol., fig. en coul. — N° 200.

Exposition universelle de Londres. Vitraux; par Prosper LAFAYE. Paris, 1851, in-4. — N° 853.

Traité historique de la peinture sur verre et description de vitraux anciens et modernes, pour servir à l'histoire de l'art en France; par Alexandre LENOIR. Paris, 1856, in-8, fig. — N° 935.

Histoire de la peinture sur verre (en Europe, et particulièrement en Belgique, contenant une analyse descriptive des vitraux de ce royaume); par Edmond LÉVY, de Rouen, architecte, avec planches, par J.-B. CAPRONNIER, peintre-vitrier de Bruxelles. Bruxelles, 1860, in-4, planches en chromolithogr. — N° 965 A.

Calques des vitraux peints de la cathédrale du Mans, ouvrage renfermant : 1° les Calques, ou les Réductions d'après les calques des verrières de cette cathédrale les plus intéressantes sous le rapport de l'art et de l'histoire; 2° l'Inventaire de tous les vitraux de cette cathédrale : publiés sous les auspices de Mgr Filon, évêque du Mans; par Eugène HUCHER. Paris, 1864, gr. in-fol., fig. en coul. — N° 781 B.

e. Peinture sur émail.

Traité des couleurs pour la peinture en émail et sur porcelaine; précédé de l'Art de peindre sur l'émail, et suivi de plusieurs mémoires sur différents sujets intéressants, tels que le travail de la porcelaine, l'art du stucateur, la manière d'exécuter les camées et les autres pierres figurées, le moyen de perfectionner la composition du verre blanc et le travail des glaces; ouvrage posthume de M. D'ARCLAY DE MONTAMY. Paris, 1765, in-12. — N° 58.

Recherches sur l'histoire de la peinture sur émail dans les temps anciens et modernes, et spécialement en France ; par L. DUSSIEUX. Paris, 1841, in-8. — N° 540.

Œuvres complètes de Bernard DE PALISSY. Édition conforme aux textes originaux imprimés du vivant de l'auteur, avec notes et une notice historique, par Paul-Antoine Cap. Paris, 1844, in-12. — N° 1233.

Les Apocryphes de la peinture de portrait à propos de l'émail de Petitot gravé en tête du livre de M. de Noailles sur madame de Maintenon ; par F. FEUILLET DE CONCHES. Paris, 1849, in-8. — N° 616.

Histoire des peintures sur majoliques faites à Pesaro et dans les lieux circonvoisins, par Jean-Baptiste PASSERI ; trad. de l'italien et suivie d'un Appendice par Henri Delange. Paris, 1853, in-8. — N° 1248.

Recherches sur la peinture en émail dans l'antiquité et au moyen âge; par Jules LABARTE. Paris, 1856, in-4, fig. en coul. — N° 838 B.

L'Émail des peintres; par Claudius POPELIN. Paris, 1866, in-8, fig. — N° 1327 B.

(Voir aussi : Les Émaux de PETITOT, p. 197.)

f. Mosaïque. — Pavages ornementés.

Joannis CIAMPINI, *Romani, Vetera monimenta, in quibus præcipue musiva opera, sacrarum profanarumque ædium struc-*

tura ac nonnulli antiqui ritus, dissertationibus iconibusque illustrantur. Romæ, 1747, 2 vol. pet. in-fol. — N° 310 B.

Essai sur la peinture en mosaïque; par M. Le V*** (Le Viel). Paris, 1768, in-12. — N° 965.

Description d'un pavé en mosaïque découvert dans l'ancienne ville d'Italica, aujourd'hui le village de Santiponce, près de Séville , suivie de Recherches sur la peinture en mosaïque chez les anciens, et les monuments en ce genre qui n'ont point encore été publiés; par Alexandre de Laborde. Lyon, 1802, in-fol., fig. color. — N° 839.

Description d'une mosaïque représentant des jeux du cirque, découverte à Lyon le 18 février 1806 ; par A.-M.-F. Artaud. Lyon, 1806, in-fol., une pl. en coul. — N° 67.

Histoire abrégée de la peinture en mosaïque, suivie de la description des mosaïques de Lyon et du midi de la France; par (A.-M.-) F. Artaud. Lyon, 1835, 2 vol. in-4 et in-fol.—N° 68.

I Mosaici della cupola nella capella Chigiana di S: Maria del Popolo in Roma, etc. — Mosaïques de la chapelle Chigi de Sainte-Marie-du-Peuple à Rome, composées par Raphael Sanzio d'Urbino ; gravées et publiées par Louis Gruner, expliquées par Antoine Grifi. Rome, 1839, in-fol., figures. — N° 719 C.

Les Mosaïques chrétiennes des basiliques et des églises de Rome; décrites et expliquées par Henri Barbet de Jouy. Paris, 1857 , in-8. — N° 102.

La Basilica di san Marco in Venezia, esposta ne' suoi musaici, e nelle sue sculture, etc. — La Basilique de Saint-Marc à Venise; ses mosaïques et ses sculptures. Venise, (1843), gr. in-fol. (Sans texte.) — N° 108 C.

Les Carrelages émaillés du moyen âge et de la renaissance, précédés de l'histoire des anciens pavages : mosaïques, labyrinthes, dalles incrustées; par Émile Amé. Paris, 1859, in-4, fig. en coul. — N° 31 A.

Die römische Villa zu Nennig und ihr Mosaik erlautert. — La Villa romaine de Nennig et sa mosaïque expliquée par le doyen du chapitre de Wilmowsky. Bonn, 1864-65, 2 part. en 1 vol. in-fol., fig. en coul. — N° 1691 B.

Suite aux Mélanges d'archéologie, rédigés ou recueillis par les
auteurs des vitraux de Bourges (Ch. CAHIER et A. MARTIN).
Paris, 1868, 2 vol. in-4, fig. — N° 234 C.

Cette *Suite aux Mélanges* est entièrement consacrée au pavage émaillé.

Musaici cristiani ed i Saggi dei pavimenti delle chiese di Roma,
etc.—Mosaïques chrétiennes et Essai sur les pavés des églises
de Rome antérieures au XVe siècle. Planches chromolitho-
graphiées, avec notices historiques et critiques du comman-
deur DE ROSSI, avec une traduction française. Rome, 1872,
gr. in-fol. — N° 1463 G. — (En cours de public.)

D. *Des divers genres de peinture.*

Peinture de paysage.

Essai sur le paysage, dans lequel on traite des diverses méthodes pour se conduire dans l'étude du paysage, suivi de
courtes notices sur les plus habiles peintres en ce genre, ouvrage utile aux amateurs ; par C.-J.-F. LECARPENTIER. Paris,
1817, in-8. — N° 904.

Théorie du paysage, ou Considérations générales sur les beautés de la nature que l'art peut imiter ; par J.-B. DEPERTHES.
Paris, 1818, in-8. — N° 193.

Manuel du peintre en miniature, du lavis, des plans, des
paysages et des fleurs, etc.; par Théodore ROUSTEL. Mor-
tagne, 1823, in-18. — N° 1469.

3. PARTIE HISTORIQUE ET DESCRIPTIVE.

A. *Histoire de la peinture chez les anciens, les modernes, et dans tous les pays.*

a. Histoire de la peinture chez les anciens et reproduction par la gravure,
la chromolithographie, etc., des peintures antiques.

Les Images ou tableaux de platte-peinture de PHILOSTRATE
Lemnien, sophiste grec, mis en françois par Blaise de Vi-
genère. Paris, 1578, in-4. — N° 1295.

— Autre édit. avec Arguments et Annotations. Paris, 1615,
in-fol., front. et fig. — N° 1296.

De Pictura veterum libri tres Francisci Junii. Amstelædami,
1637, in-4. — N° 830. — Autre édition : Roterodami, 1694,
in-fol., portr. — N° 831.

*Le Pitture antiche delle grotte di Roma e del sepolcro de' Na-
soni*, etc. — Les Peintures antiques des grottes de Rome
et du tombeau des Nasons, dessinées et gravées par Santi
Bartoli ; décrites et expliquées par Bellori et Michel-Ange
de la Chausse. Rome, 1719, in-fol. — N° 131.

Le Antiche Camere delle Terme, etc. — Les Anciennes Chambres des Termes de Titus, etc. (*Voy.* p. 119.) — N° 254 B.

Description de quelques peintures antiques qui existent au cabinet du Royal-Musée Bourbon de Portici ; par le chanoine
André de Jorio. Naples, 1825, in-8, fig. — N° 817 B.

Peintures de Polygnote à Delphes, dessinées et gravées d'après
la description de Pausanias ; par Franz et Jean Riepenhau-
sen. Rome, 1826, in-fol. obl., fig. — N° 1438.

Musée Royal-Bourbon. Guide pour la galerie des peintures anciennes ; par le chanoine (André) de Jorio. 2e édit., revue,
corrigée et augmentée. Naples, 1830, in-8, fig. — N° 817 A.

Peintures antiques inédites, précédées de Recherches sur l'emploi de la peinture dans la décoration des édifices sacrés et
publics chez les Grecs et chez les Romains, faisant suite aux
Monuments inédits ; par Raoul-Rochette. Paris, 1836, gr.
in-4, fig. color. — N° 1381.

Die Malerei der Alten, etc. — La Peinture des anciens, considérée dans ses applications, et au point de vue technique,
particulièrement en ce qui concerne la peinture décorative ;
par R. Wiegmann et C. Ottfried Muller. Hanovre, 1836,
in-12. — N° 1685 H.

Trois Dissertations : sur l'inscription de Delphes, citée par
Pline ; sur l'ouvrage d'Anaximènes de Lampsaque intitulé
« Des Peintures antiques ; » sur la signature des œuvres de
l'art chez les anciens ; par J.-P. Rossignol. Paris, 1862,
in-8. — N° 1466.

Essai sur la peinture de genre dans l'antiquité ; par Émile
Gebhart. Paris, 1868, in-8. — N° 681 C.

Wandgemälde der vom Vesuv verschütteten Städte Campa-niens, etc. — Peintures murales des villes de la Campanie détruites par le Vésuve, précédées d'un Mémoire sur la peinture murale des anciens, considérée au point de vue pratique; par Wolfgang HELBIG et Otto DONNER. Leipzig, 1868, in-8, atlas. — N° 755 A.

b. Peinture au moyen âge.

Histoire de la peinture au moyen âge, suivie de l'Histoire de la gravure, du Discours sur l'influence des arts du dessin et du Musée olympique; par T.-B. ÉMERIC-DAVID, avec une Notice sur l'auteur, par P. L. Jacob, bibliophile. Paris, 1842, in-8. — N° 555.

c. Chez les modernes.

(Voir aussi l'*Art chrétien*, p. 4 et 5, et *Notices*, p. 65.)

a. *En Allemagne, en Angleterre et dans les Pays-Bas.*

Handbuch der Geschichte der Malerei, etc. — Manuel de l'his-toire de la peinture, depuis Constantin le Grand jusqu'à nos jours, en Italie, en Allemagne, en Espagne, en France et en Angleterre; par le Dr Franç. KUGLER. Berlin, 1837, 2 vol. in-12. — N° 836 B.

Histoire de la peinture flamande et hollandaise; par Arsène HOUSSAYE. Paris, 1840, in-fol., fig. — N° 777.

Histoire de la peinture flamande et hollandaise; par Alfred MI-CHIELS. Paris, 1847-48, 4 vol. in-8. — N° 1062. — Un dou-ble. — Seconde édition : Paris, 1865-69, 9 vol. in-8.

Études sur l'Allemagne, renfermant une histoire de la pein-ture allemande; par Alfred MICHIELS. Seconde édition. Bruxelles, 1850, 2 vol. in-8. — N° 1061.

Rubens et l'école d'Anvers; par Alfred MICHIELS. Origines de l'école d'Anvers. Les maîtres de Rubens, Pierre-Paul Rubens, Van Dyck, Jordaens, Snyders, les trois Téniers, Diepenbeck, van Thulden, Quellyn le vieux, Jean van Hoeck. — Autres élèves de Rubens. — Ses antagonistes, les conservateurs, les révolutionnaires, ses imitateurs. — L'École de Rubens à la seconde génération. Artistes de divers genres formés par le grand homme. Paris, 1854, in-8. — N° 1062 A.

Catalogue des tableaux et dessins de Rubens, avec l'indication des endroits où ils se trouvent; par Alfred MICHIELS. Paris, 1854, in-8. — N° 1062 A.

Die Malerschule Huberts van Eyck nebst deutschen Vorgängern und Zeitgenossen. — Hubert van Eyck, son école, ses prédécesseurs allemands et ses contemporains. 1ʳᵉ partie. Histoire de la peinture allemande jusqu'en 1450; par H.-G. HOTHO. Berlin, 1855, in-8. — N° 776 D.

Musées de la Hollande. Amsterdam et La Haye. Études sur l'école hollandaise; par W. BURGER. Paris, 1858, in-16. — N° 228 H.

Les Anciens Peintres flamands, leur vie et leurs œuvres; par J.-A. CROWE et G.-B. CAVALCASELLE. Trad. de l'angl, par O. Delepierre; annoté et augmenté de documents inédits par Alex. Pinchart et Ch. Ruelens. Paris et Bruxelles, 1862-65, 2 vol. in-8, fig. — N° 372 B.

Manuel de l'histoire de la peinture. Écoles allemande, flamande et hollandaise ; par G.-F. WAAGEN. Traduction par MM. Hymans et J. Petit, avec un grand nombre d'illustrations. Bruxelles, Leipzig, Gand, Paris, 1863-64, 3 vol. pet. in-8, fig. — N° 1676 B.

Les Nations rivales dans l'art. Angleterre, Belgique, Hollande, Bavière, Prusse, etc.; de l'influence des expositions internationales sur l'avenir de l'art ; par Ernest CHESNEAU. 2ᵉ édit. Paris, 1868, in-12. — N° 299 B.

b. *En France, en Espagne et en Portugal.*

Histoire abrégée des plus fameux peintres, sculpteurs et architectes espagnols, etc. Traduit de l'espagnol de Don Ant. PALOMINO DE VELASCO. Paris, 1749, in-12. — N° 1623.

Essai d'un tableau historique des peintres de l'école françoise depuis Jean Cousin en 1500, jusqu'en 1783 inclusivement, avec le Catalogue des ouvrages des mêmes maîtres qui sont offerts à présent à l'émulation et aux hommages du public, dans le salon de la Correspondance. Sous la direction et par les soins de M. DE LA BLANCHERIE. Paris, 1783, in-4. — N° 569.

Notice sur le baron Taylor et sur les tableaux espagnols achetés par lui, d'après les ordres du roi; par Achille JUBINAL. Paris, 1837, in-8. — N° 506.

La Renaissance des arts à la cour de France. Études sur le XVIe siècle; par le comte (Léon) DE LABORDE. Peinture. Paris, 1850, 2 vol. in-8. — N° 845.

A antiga escola portugueza de pintura, etc., etc. — L'Antique École portugaise de peinture, étudiée d'après les tableaux du grand Vasco; par J.-C. ROBINSON, sous les auspices de la Société protectrice des beaux-arts. Lisbonne, 1868, in-8. — N° 1447 A.

c. En Italie.

Considérations sur l'état de la peinture en Italie dans les quatre siècles qui ont précédé celui de Raphaël ; par ARTAUD DE MONTOR. Paris, 1811, in-8. — N° 342.

Histoire de la peinture en Italie, depuis la renaissance des beaux-arts jusques vers la fin du XVIIIe siècle; par l'abbé LANZI. Trad. de l'ital. sur la troisième édition par Mme Armande Dieudé. Paris, 1824, 5 vol. in-8. — N° 873.

Storia della pittura italiana. — Histoire de la peinture italienne racontée par ses monuments; par Jean ROSINI. Pise, 1839-1857, texte, 7 vol. in-8, fig., et 2 vol. in-fol. de planches. — N° 1462 C.

Michel-Ange, Léonard de Vinci, Raphaël, avec une Étude sur l'art en Italie avant le XVIe siècle et des catalogues raisonnés, historiques et bibliographiques; par Charles CLÉMENT. Paris, 1861, in-12. — N° 321 A. — Deuxième édition, rev. et consid. augm. Paris, 1867, in-12.

A new History of Painting in Italy, etc.— Nouvelle Histoire de la peinture en Italie du IIe au XVIe siècle, tirée des documents nouveaux et des récentes recherches dans les archives de l'Italie, et résultant également de l'examen des œuvres d'art dans toute l'Europe; par J.-A. CROWE et G.-B. CAVALCASELLE. Londres, 1864-66, 3 vol. in-8, fig. — N° 372 A.

History of Painting in north Italy, etc.— Histoire de la peinture
dans le nord de l'Italie du xive au xvie siècle, tirée des matériaux les plus nouveaux ; par J.-A. Crowe et G.-B. Cavalcaselle. Londres, 1871, 2 vol. in-8, fig. — N° 372 C.

B. *Reproduction par la gravure, la lithographie, la photographie, la lithochromie, des œuvres des peintres, dans tous les
pays.*

(Voir aussi : *Recueils d'estampes,* p. 224.)

α. Collectivement.

Le Cabinet des Beaux-Arts, ou Recueil d'estampes gravées,
d'après les tableaux d'un plafond où les beaux-arts sont
représentez, avec l'explication de ces mêmes tableaux (par
Perrault). Paris, 1690, in-4 obl., fig. — N° 1272. — Un
double.

Recueil d'estampes, d'après les plus beaux tableaux et d'après
les plus beaux desseins qui sont en France dans le cabinet du
Roy, dans celui de Monseigneur le duc d'Orléans et dans
d'autres cabinets, divisé suivant les différentes écoles, avec
un abrégé de la vie des peintres et une description historique de chaque tableau. Paris, 1729-42, 2 vol. in-fol., fig. —
N° 1396 A.

Pitture a fresco del Campo-Santo di Pisa, etc. — Peintures à
fresque du Campo-Santo de Pise, gravées par Carlo Lasinio.
Florence, 1812, in-fol. obl., fig. — N° 1307 A.

Descrizione delle Pitture del Campo-Santo di Pisa, etc. — Description des peintures du Campo-Santo de Pise, avec 9 planches gravées par Lasinio, et l'indication des monuments qui
y sont rassemblés. 3e édit. Pise, 1829, in-16, fig. — N° 1307 A.

Recueil d'estampes gravées d'après des peintures antiques italiennes, etc.; par Aug. Boucher-Desnoyers, ou exécutées
sous sa direction, d'après les dessins qu'il a faits en Italie,
dans les années 1818-19. Paris, 1821, in-fol., 34 pl.— N° 462.

Les Meilleures Peintures de la Chartreuse de Naples (Guido
Reni, Ribera, L. Giordano), dessinées et publiées en 18 plan-
ches, par L. Angelini. Naples, 1840, in-fol. (Sans texte.) —
N° 34.

Notice sur les peintures de l'église de Saint-Savin; par
P. Mérimée. Paris, 1845, in-fol., fig. noires et un atlas de
fig. en coul. — N° 1047.

Peintres vivants : 100 gravures, eaux-fortes, lithographiées par
les premiers artistes, d'après Ingres, Delacroix, Decamps,
Diaz, etc., etc., texte par Théophile Gautier, Arsène Houssaye. Paris, 1851, in-fol. — N° 1259.

Les Artistes contemporains, 1846-53. Paris, 8 années en 2 vol.
in-fol. (Sans texte.) — N° 74.

Les Artistes anciens et modernes par MM. H. Baron, Français,
Gavarni, E. Leroux, Mouilleron, C. Nanteuil, etc. Paris,
s. d., in-fol., fig. — N° 1175 B.

Les Peintres et les enlumineurs du roi René. Une Passion de
1446, suite de gravures au burin, les premières avec date.
Montpellier, 1857, in-4, une pl. — N° 1258.

L'Album. Recueil de photographies des chefs-d'œuvre de l'art
contemporain, publié par Louis Martinet. Notices par Th.
Gautier, P. de Saint-Victor, Frédéric Henriet, etc., etc.
Paris, 1860, 2 vol. in-4, fig. — N° 1014.

Sammlung alt-, ober- und niederdeutscher Gemälde, etc. — Ancienne Collection de peintures formées dans la haute et basse
Allemagne; choix de reproductions photographiques de
l'ancienne galerie Boisserée, aujourd'hui dans la pinacothèque
de Munich, accompagné d'un aperçu sur l'ancienne peinture
allemande par J.-A. Messmer. Munich, 1862, in-fol., fig. —
N° 1050 B.

Chefs-d'œuvre des grands maîtres, reproduits en couleurs;
par F. Kellerhoven, d'après les nouveaux procédés; texte
par Alfred Michiels. Paris, s. d., in-fol., fig. en couleur. —
N° 832 D.

La Peinture au Vatican : La Chapelle Sixtine. — Les Chambres. — Les Loges. — La Galerie de tableaux. — La Salle
des maîtres primitifs — La Chapelle de Saint Laurent.
— Les Cartons des Arrazi. — 346 photographies par Adolphe Braun. 4 vol. in-fol. — N° 336 B.

Les peintures à fresque de cette salle, située dans les dépendances de
la Bibliothèque du Vatican, qui nous montrent à côté de Fra Angelico,
Margharitone, Giotto, Masaccio, Cimabué, ont été réunies par Grégoire XVI.

La Peinture à Florence : — Les Cloîtres S. Marc. — L'Annun-
ziata. — Les Scalzi. — L'ancien couvent de S. Onofrio. —
San Salvi, — où se voient les fresques de Fra Angelico da
Fiesole et d'Andrea del Sarto. — 74 photographies par
A. Braun, 1 vol. in-fol. — N° 324 A.

Recueil de photographies d'après les maîtres. 88 pl. 2 vol.
in-fol. (Sans texte.) — N° 1403 I.

Recueil de peintures modernes de l'École française, ou Galerie
photographique. Publié par Goupil. 101 planches, grand
in-fol. (Sans texte.) — 658 A.

b. Séparément.

Albane (François). Recueil de diverses pièces d'après ce
maître, auxquelles se trouvent jointes quelques gravures
d'après le DOMINIQUIN. In-fol. (Sans texte.) — N° 1403 B.

Albane (François). Peintures, gravées par Étienne Baudet.
Rome, 1672, in-fol. (Sans texte.) — N° 19 A.

Aligny (Théodore). Paysages gravés par ce maître, et reproduits par les procédés héliographiques d'Édouard Baldus.
In-fol. (Sans texte.) — N° 24 A.

Angelico (Fra). *Le Pitture della cupella di Nicolo V*, etc. —
Les Peintures de Nicolas V, exécutées dans le Vatican par le
bienheureux Jean Angelico de Fiesole, dessinées et gravées
au trait par Francesco Giangiacomo. Rome, 1810, 16 pl.
in-fol. — N° 1403 B.

Angelico (Fra). Fresques de la chapelle de Nicolas V. 15 photogr. par A. Braun. (Voy. ci-dessus, p. 189 : la Peinture au
Vatican.) — N° 336 B.

Bourdon (Sébastien). Son œuvre. Recueil factice. In-fol. (Sans
texte.) — N° 202.

Caravage (Polydore de). *Polydori Caravagiensis insignia
monocromata*, etc. — Les Remarquables Peintures mono-
chromes de Polydore de Caravage, etc., etc.; gravées par
P. S. Bartoli, éditées et dédiées par G.-J. de Rossi à J.-P.
Bellori. In-fol. obl. (Sans texte.) — N° 1403 B.

Carrache (les). L'*Enea vagante, pitture dei Caracci, intagliate da G.-M. Mitelli Bolognese.* — Les Avantures d'Énée, peintes par les Carraches; gravées par Mitelli de Bologne. In-fol. fig. (Sans texte.) — N° 1403 B.

Ces peintures, publiées en 1643 à Rome par G. J. de Rossi, décoraient les murs d'une salle de la maison Alexandre Fava.

Carrache (les). L'Histoire de Romulus et de Rémus, par les trois Carraches. Fresques dans le Palais de Magnani Guidotti, à Bologne. In-fol. obl. (Sans texte.) — N° 1403 B.

Carrache (Annibal). *Imagines Farnesiani cubiculi cum ipsarum monocromatibus et ornamentis,* etc. In-fol. — N° 1403 B.

Peintures dans un cabinet du palais Farnèse, à Rome.

Chardin (Jean-Baptiste-Siméon), peintre du Roy. Son œuvre, avec son portrait peint par lui-même, et gravé par Chevillet. In-fol. (Sans texte.) — N° 291.

Chifflart (Œuvres de M.), grand prix de Rome. Paris, 1859, in-fol. — 301 D.

Cornelius (P. von). *Entwürfe zu den Fresken der Friedhofshalle zu Berlin,* etc. — Cartons des fresques de Pierre Cornelius dans le salon de la paix à Berlin. Leipzig, (1848), in-fol. obl., 10 pl. au trait. — N° 348 B.

Cornelius (Pierre). Compositions puisées dans les Niebelungen. In-fol. obl. — N° 348 C.

Corrége (Antoine Allégri dit le). Peintures de la Coupole Saint-Jean, ou du Dôme de Parme. In-fol. — N° 350 A.

Cortone (Peintures exécutées par Pierre de) dans le palais Barberini, publiées par Jacques de Rossi. In-fol. obl. (Sans texte.) — N° 350 B.

Cortone (Peintures exécutées par Pierre de) dans l'église de Sainte-Bibiane, publiées par Jacques de Rossi. In-fol. (Sans texte.) — N° 350 B.

Cortone (Peintures exécutées par Pierre de) dans le Palais Pitti, à Florence. In-fol. (Sans texte.) — N° 350 B.

Cortone (Galerie du prince Pamphili, peinte par Pierre de), gravée par Charles Cesio, et publiée par Jacques de Rossi. Rome, in-fol. (Sans texte.) — N° 350 B.

Cortone (Peintures exécutées par Pierre de) dans le palais del
Pigneto, à Rome. In-fol. obl. (Sans texte.) — N° 350 B.

Cousin (Jean). Recueil des Œuvres choisies. Peinture, sculpture, vitraux, miniatures, gravures à l'eau-forte et sur bois,
reproduites en fac-simile par MM. Adam et St. Pilinski,
Aug. Racinet, Lemaire, Durand et Dujardin (quarante-et-
une planches, dont quatre en couleurs), et publiées avec
une Introduction par Ambroise FIRMIN-DIDOT, de l'Académie
des inscriptions et belles-lettres. Paris, 1873, in-fol., fig. —
N° 366 C.

(Cousin, Jean.) — Hypnérotomachie, ou Discours du songe
de Poliphile, déduisant comme amour le combat à l'occasion
de Polia, trad. de l'ital. et mis en lumière par G. Martin.
Paris, 1544, in-fol., avec fig. sur bois attribuées à Jean Cousin. — N° 1322.

Coypel (A.). Recueil d'estampes faites d'après ses tableaux
et gravées par Audran, B. Picard, Desplace, etc. Gr. in-fol.
(Sans texte.) — N° 369.

Delaroche (Œuvre de Paul), reproduit en photographie par
Bingham, accompagné d'une Notice sur la vie et les ouvrages
de Paul Delaroche par Henri DELABORDE, et du Catalogue
raisonné de l'œuvre, par Jules GODDÉ. Paris, 1858, in-fol.,
fig. — N° 413 A.

Dominiquin. Peintures de la chapelle de Saint-Nil, à Grotta
Ferrata. In-fol. (Sans texte.) — N° 1403 B.

Dominiquin. Peintures des pendentifs de la Coupole de l'é-
glise Saint-Silvestre, au Quirinal. In-fol. (Sans texte.) —
N° 1403 B.

Dominiquin. Fresque de la chapelle Sainte-Cécile à Saint-
Louis-des-Français. In-fol. (Sans texte.) — N° 1403 B.

Dominiquin. Peintures dans l'église de Fano. In-fol. (Sans
texte.) — N° 1403 B.

Dominiquin. Peintures du palais Costaguti, à Rome. In-fol.
(Sans texte.) — N° 1403 B.

Dominiquin. Peintures de la galerie Farnèse. In-fol. (Sans
texte.) — N° 1403 B.

Dubois (Ambroise). Galerie de la reine, dite de Diane, à Fontainebleau, peinte par Ambroise Dubois, en 1600, sous le règne de Henri IV ; publiée par E. GATTEAUX et V. BALTARD, d'après les dessins de L.-P. Baltard et de C. Percier. Paris, 1858, in-fol., fig. — N° 662 A.

Durer (Œuvre d'Albert), photographié par MM. Bisson frères ; texte par M. Émile GALICHON. Paris, 1861, in-fol., fig. — N° 534 A.

Durer (Alb.). *Oratio dominica polyglotta.... delineationibus Alberti Dureri cincta, edita a Franz Xaver Stoeger.* Monachii, s. d., in-4, portr., fig. — N° 535.

Flandrin (Hippolyte). Frise de la nef de l'église Saint-Vincent-de-Paul, peinte par Hipp. Flandrin, reproduite par lui en lithographie. Paris, sans date, in-fol. obl. (Sans texte.) — N 6 21.

Flandrin (Hippolyte). Peintures murales exécutées dans les églises Saint-Paul, à Nîmes, et Saint-Martin-d'Ainay, à Lyon...; reproduites en lithographie par J.-B. Poncet. Paris, s. d., in-fol. obl. (Sans texte). — N° 621 B.

Flandrin (Hippolyte). Voyez *Dessins des maîtres*, p. 202.

Gavarni. Œuvres choisies. Paris, 1846, 2 vol. in-8, fig. — N° 679 A.

Gudin (Th.). Vues maritimes et pittoresques, dessinées sur pierre. Paris, (1828), in-fol. obl. (Sans texte.) — N° 723. — Un double.

Gudin (Th.). Marines, Paris, in-fol. obl. (Sans texte.) — N° 722.

Guido Reni. Peintures de la chapelle Pontificale, au Quirinal ; dessinées par Pierre Angeletti, gravées par Jean et Charles Ottaviani. In-fol. (Sans texte.) — N° 1403 B.

Holbein (Hans). *Portraits of illustrious personages, etc.* — Portraits des personnes distinguées de la cour de Henri VIII, gravés d'après les dessins originaux de Hans Holbein dans la collection de Sa Majesté, avec des Mémoires biographiques et historiques par Edmund LODGE ; publiés par John Chamberlaine, conservateur des dessins et médailles du roi. Londres, 1828, in-4, fig. color. — N° 771.

Ingres (J.). La Semaine. Dessins faits à Rome par J. Ingres en 1813. Donnés à E. Gatteaux. Gravés par W. Haussoullier, en 1869. In-4, fig. (Sans texte.) — N° 790 B.

Ingres (J.-A). Ses œuvres, gravées au trait par A. Réveil. Paris, (1800-1851), in-4 (Sans texte.) — N° 790.

Ingres (J.-A.). Voyez *Dessins des maîtres,* p. 202.

Isabey (Œuvres gravées d'). Gr. in-fol. (Sans texte.) — N° 796 A.

Jules Romain. Frises du palais de Mantoue, gravées par Anthoinette Bouzonnet-Stella. Paris, 1675, 25 pl. pet. in-4 obl. (Sans texte.) — N° 1456.

Jules Romain. *Sigismundi Augusti Mantuam adeuntis profectio ac triumphus,* etc. — Le Triomphe de Sigismond; peintures dans le Palais du Té à Mantoue. In-fol. (Sans texte.) — N° 1403 B.

Jules Romain. *Pitture di Giulio Romano,* etc. — Les Fresques de Jules Romain dans le royal palais du Té, près de Mantoue, dessinées, gravées et accompagnées d'une légende. Mantoue, 1811, in-fol., fig. — N° 829 A.

Kaulbach (Wilhelm von). *Kunstgeschichtliche Wandgemälde,* etc. — Peintures relatives à l'histoire de l'art dans la nouvelle Pinacothèque de Sa Majesté le roi Louis Ier de Bavière (côté sud-ouest de l'édifice), photographiées d'après les esquisses de Kaulbach, par Joseph Albert. 12 pl. précédées du portrait de S. M. le roi Louis de Bavière, accompagnées d'un texte explicatif par Édouard Isle. S. l. n. d., in-fol. obl. — N° 831 B.

Lanfranc. *La Cuppola del cavalier Gio. Lanfranco, dipinta in Roma, nella chiesa di S. Andrea della Valle,* etc. — La Coupole, peinte par le chevalier Lanfranc, à Rome, dans l'église de Saint-André della Valle, dessinée et gravée par Charles Cesio, et publiée par les soins de G.-J. Rossi. Rome, 1691, in-fol. (Sans texte.) — N° 1403 B.

Lanfranc (Jean). Peintures dans l'église de Saint-Jean des Florentins, à Rome. In-fol. (Sans texte.) — N° 1403 B.

Lanfranc (Jean). *Deorum concilium in Pinciis Burghesianis hortis, ab Eq. Joanne Lanfranco Parmensi,.... mira pingendi*

*arte expressum; a **Petro Aquila** incisum.* (Romæ, 1720),
9 pl. in-fol. (Sans texte.) — N° 1403 B.

> Cette assemblée des dieux, peinture de plafond, orne la galerie du pre-
> mier étage de la villa Borghèse.

Lanfranc. Peintures dans l'église de Saint-Augustin, à Rome.
In-fol. (Sans texte.) — N° 1403 B.

Le Brun et **Le Sueur.** Les Peintures de Ch. Le Brun et
d'Eust. Le Sueur, qui sont dans l'hôtel du Chastelet, ci-de-
devant la maison du président Lambert, dessinées par
B. Picard, et gravées tant par lui que par différens graveurs. Paris, 1740, in-fol., fig. — N° 1260.

Le Brun. La Grande Galerie de Versailles, et les deux salons
qui l'accompagnent, peints par Charles Lebrun, premier
peintre de Louis XIV, dessinés par J.-B. Massé, peintre et
conseiller de l'Académie royale de peinture et sculpture, et
gravés sous ses yeux. Paris, 1752, gr. in-fol. obl., fig. —
N° 899.

Le Brun. Recueil de divers dessins de fontaines et de frises
maritimes, inventez et dessignez par M. Le Brun. (Voy. ci-
dessus, p. 109.) — N° 901.

Le Brun. La Petite Galerie du Louvre, de feu Le Brun, premier peintre de Sa Majesté, dessinée et gravée par Saint-
André. (Paris, 1698), in-fol. (Sans texte.) — N° 901 A.

Lehmann (Henri). Peintures murales de la galerie des fêtes à
l'Hôtel de Ville de Paris. Paris, 1854, in-fol. obl., fig. —
N° 923.

Le Prince (Œuvres de Jean-Baptiste), peintre du Roi. Paris,
1782, in-fol., fig. — N° 947.

Lorrain (Claude le). *Liber Veritatis, or, a Collection of two
hundred prints, after the original designs,* etc. — Le Livre
de Vérité, ou Collection de deux cents estampes d'après les
dessins originaux de Claude le Lorrain dans la collection de
Sa Grâce le duc de Devonshire, exécutés par Richard Earlom
et publiés par John Boydell, etc. Londres, 1777-1819, 3 vol.
in-fol., fig. — N° 973 A.

Luini (Bernard). Fresques dans le palais Brera, à Milan,
reproduites par Adolphe Braun. Ensemble 9 photographies. — N° 336 B. — Voy. *Musées et Galeries,* p. 201.

Mantegna (Andrea). *C. Julii Cæsaris dictatoris triumphi de Gallia, Ægypto, Ponto, Africa, Hispania, ab Andrea Mantinea, eximio atque insigni pictore, Mantuæ in ducali aula coloribus expressi.* Romæ, 1692, in-fol., 10 pl. gravées par Robert d'Audemarde. (Sans texte.) — N° 1403 B.

> Ces cartons, exécutés pour Louis de Gonzague, duc de Mantoue, ont été vendus à l'Angleterre. En 1858, on les voyait au château de Hampton-court.

Masaccio (Tommaso). *Le Pitture di Masaccio esistenti in Roma nella basilica di S. Clemente,* etc. — Les Peintures de Masaccio dans la basilique de Saint Clément, avec un texte par Carlo Labruzzi, etc. Rome, 1819, gr. in-fol., fig. — N° 846. — Le même ; Rome, 1830, in-fol. (Sans texte.)

Michel-Ange. Les Prophètes et les Sibylles. — Le Jugement dernier. Recueil composé de 78 pièces, gravées par A. Bertini, Dom. Canego, Aloys. Fabris, Petrus Savorelli, Nicol. van Ælst, Jean Volgiato. 14 planches, sans titre ni date, gravées par Piroli. — N° 1058 A.

Michel-Ange Buonarotti (Le Jugement dernier de), accompagné d'un texte explicatif et historique. (Paris, 1829), in-fol., fig. — N° 1059.

Michel-Ange. Fresques de la chapelle Sixtine au palais du Vatican, reproduites par Adolphe Braun, photographe. 2 vol. in-fol. : Vue de la chapelle. — Plafond de la chapelle, en neuf parties. — Figures isolées. — Tympans des fenêtres. — Compartiments semi-circulaires au-dessus des fenêtres. 121 photographies. (Voyez Vatican, p. 189.) — N° 336 B.

Orsel (Œuvres diverses de Victor). In-fol. — N° 1219 C.

Overbeck (Frederick). *Darstellungen aus den Evangelien,* etc. — L'Évangile illustré par quarante compositions de F. Overbeck, gravées par les meilleurs artistes de l'Allemagne. Dusseldorf, (1847-50), in-fol. obl .— N° 1222 E.

Pérugin. L'Ascension de Notre-Seigneur Jésus-Christ, d'après le tableau original du Musée de Lyon, collection unique de douze grandes feuilles calquées, dessinées avec le plus grand soin par feu A.-B. Marquet, peintre d'histoire, reproduites en fac-simile par d'habiles artistes. Texte sur la vie du Pérugin, orné de son portrait, par Achille JUBINAL, suivi

d'une Notice biographique sur A.-A. Marquet, précédée de
son portrait. Paris, 1867, gr. in-fol., fig. — N° 1282.

Petitot (les Émaux de) du Musée impérial du Louvre, portraits de personnages historiques et de femmes célèbres du
siècle de Louis XIV, gravés au burin par L. Ceroni. Paris,
1862-64, 2 vol. in-4, fig. — N° 1284 A.

Pinturicchio (Bernardino). *Lunette in parte danneggiate che
esistevano nel chiostro grande del convento di Santa Maria del
Popolo.*—Lunettes en partie endommagées, qui se trouvaient
dans le grand cloître du couvent de Sainte-Marie-du-Peuple; peintes par Bernardino, dit Betto, surnommé le Pinturicchio, par (Jean) d'Espagne et les autres élèves de Pierre
Perugino : lunettes démolies en 1811, et dessinées par François Giangiacomo en 1810 à Rome. In-fol. (Sans texte) —
N° 1403 B.

Pinturicchio (Bernardino). *Apside della chiesa de San Onofrio*, etc. — Apside de l'église de S. Onufre (à Rome),
peinte dans la partie supérieure par Balthazar Peruzzi de
Sienne, et dans la partie inférieure par Bernardino, peintre
de Pérouse, surnommé le Pinturicchio, et dessinée par
François Giangiacomo. In-fol. (Sans texte.) — N° 1403 B.

Pinturicchio (Bernardino). *Varie Pitture... nell' apside della
Basilica di S. Croce in Gerusalemme ed in S. Maria del
Popolo*, etc. — Peintures diverses dans l'abside de l'église
de Sainte-Croix de Jérusalem et à Sainte-Marie-du-Peuple,
dans les chapelles Albertoni et de la Rovère, dessinées par
François Giangiacomo et gravées par divers artistes. Rome,
In-fol. (Sans texte.) — N° 1403 B.

Pinturicchio (Bernardino). *Capella Reale nella chiesa di
S. M. d'Aracœli*, etc. — Peintures dans l'église d'Aracœli,
à Rome. In-fol. (Sans texte.) — N° 1403 B.

Pinturicchio (Bernardino). *Capella Riario in S. Maria del
Popolo*, etc. — La Chapelle Riario, dans Sainte-Marie-du-
Peuple, peinte par Bernardino, surnommé le Pinturicchio,
dessinée par François Giangiacomo. In-fol. (Sans texte.) —
N° 1403 B.

Poussin (Œuvre de Nicolas), gravée au trait. 17 pl. in-8 obl.
(Sans texte.) — N° 1332 A.

Poussin (Nic.). Travaux d'Hercule composés pour la décoration de la grande galerie du Louvre. Seconde partie, publiée par E. Gatteaux, graveur en médailles, d'après les dessins qui font partie de son cabinet, gravés par A. Gelée, 1850, in-fol. (Sans texte.) — N° 1332.

Raphaël. *Loggie di Rafaële*, etc. Voyez *Ornement*, p. 82.

Raphaël. *Pinacotheca-Hamptoniana*, cartons d'Hamptoncourt, gravés par Nic. Dorigny. In-fol. — N° 1387 L.

Raphaël. Peintures en grisailles dans les embrasures des fenêtres de la chambre de l'Héliodore. Pet. in-fol. — N° 1387 I.

Raphaël (Sanzio d'Urbin). *Leonis X admirandæ virtutis imagines ab Hetruriæ legatione ad Pontificatum, a Raphael Urbinate ad vivum et ad miraculum expressas, in aulæis Vaticanis textili monocromate elaboratas, etc. — Petrus Sanctes Bartolus delineavit, aqua incidit.* Roma, pet. in-fol. obl. (Sans texte.) — N° 1387 l.

Raphaël. Le Christ et les douze apôtres. In-fol. (Sans texte.) — N° 1387 J.

Raphaël (Sanzio d'Urbin). Recueil de diverses pièces et suites publiées à Rome, gravées d'après ce maître et notamment les peintures à fresques exécutées dans quatre salles communément appelées les Stanze de Raphaël (de 1416 à 1795). Gr. in-fol. — N° 1387 A.

Raphaël (Les Loges de) : Collection complète des cinquante-deux tableaux, peints à fresque, qui ornent les voûtes du Vatican et représentent des sujets de la Bible, dessinés à l'aquarelle par Joseph-Charles de Meulemeester, ancien pensionnaire de France à Rome, et gravés sous la direction de M. L. Calamatta. Paris, 1860, gr. in-fol., fig. — N° 1387 II.

Raphaël. *Dieci Soggetti ricavati dalle pitture di Raffaele*, etc. — Dix sujets empruntés aux peintures de Raphaël dans les salles du Vatican, dessinés et gravés au trait par François Giangiacomo. Rome, 1809, in-fol. (Sans texte.) — N° 1387 B.

Raphaël. *Sacræ Historiæ acta a Raphaele Urbin. in Vaticanis xystis ad picturæ miraculum expressa; N. Chapron Gallus, a se delineata et incisa.* Romæ, 1649, in-fol. obl. (Sans texte.) — N° 1387 D.

Raphaël. *Raphaëlis Sancti Urbinatis Planetarium opere musivo elaboratum Romæ in Sacello Chisiorum Templi B. V. Mariæ de Populo,* etc. — Les Signes du Zodiaque ou le planétaire, mosaïque exécutée, d'après les dessins de Raphaël, à la coupole de la chapelle des Chigi, dans l'église de Sainte-Marie-du-Peuple à Rome, dessinée et gravée par M. Dorigny. Rome, 1695, in-fol. (Sans texte.) — N° 1387 M.

Raphaël. Fresques du Vatican : les Chambres et les Loges, reproduites par Adolphe Braun, photographe. Ensemble : cent cinquante photographies, 3 vol. in-fol. (Voy. Vatican, p. 189.) — N° 336 B.

Voyez aussi : *Galerie du Louvre* et *Dessins des maîtres.*

Rembrandt (L'Œuvre de), reproduit par la photographie, décrit et commenté par Charles BLANC. Paris, 1853, in-fol., fig. — N° 1412.

Rigaud (Œuvre de Hyacinthe), chevalier de l'ordre de Saint-Michel, noble citoyen de Perpignan, ancien directeur et recteur de l'Académie royale de peinture et sculpture. Paris, 1741, gr. in-fol., cent cinquante portraits gravés par Drevet, Edelinck, etc. (Sans texte.) — N° 1439.

Ouvrage magnifique et très-rare.

Rubens. Voyez *Galerie du Luxembourg,* p. 200.

Salvator Rosa. Esquisses et compositions. Recueil d'estampes. In-fol. obl. (Sans texte.) — N° 1491 A.

Sarto (Andrea del). *La Vita di Gio. Batt.,* etc. — La Vie de saint Jean-Baptiste et les quatre Vertus cardinales; peintures à fresque d'André del Sarto dans le cloître de l'ancienne communauté dello Scalzo. Florence, 1794, in-fol. (Sans texte.) — N° 1403 B.

Van der Meulen. Son œuvre. 3 vol. in-fol. (Sans texte.) — N° 233 A. (Voy. p. 222, *Cabinet du roy,* t. XVI, XVII et XVIII.)

Van Dyck. Portraits gravés par Lombart. Londres-Paris, recueil d'estampes in-fol. (Sans texte.) — N° 1613.

Vernet. Les Ports de France, peints par Joseph VERNET et HUÉ, dont les tableaux enrichissent la galerie du Sénat conservateur au Luxembourg, accompagnés de notes historiques et statistiques sur chacune des villes où ils se trouvent situés. On y a joint les portraits des auteurs et l'ouvrage est précédé de la Vie de J. Vernet, par M. P.-A. M***. Paris, 1812, in-4, fig. — N° 1330.

Vouët. Œuvres, gravées par Dorigny, Mellan, etc. In-fol., portr. (Sans texte.) — N° 1671.

Watteau (Antoine). Figures de différents caractères, de paysages et d'études, dessinées d'après nature, par Antoine WATTEAU, peintre du roy, en son Académie royale de peinture et sculpture , gravées à l'eau-forte par les plus habiles peintres et graveurs du temps, tirées des plus beaux cabinets de Paris. Paris, sans date, 2 vol. in-fol. (Sans texte.) — N° 1683.

Watteau (L'Œuvre d'Antoine), peintre du roy en son Académie royale de peinture et sculpture, gravé d'après ses tableaux et desseins originaux tirez du cabinet du roy et des plus curieux de l'Éurope, par les soins de M. de Jullienne. Paris, s. d., 2 vol. in-fol. (Sans texte.) — N° 1684.

Zuccari (Federigo, Tadeo e Ottaviano). *Illustri Fatti Farnesiani coloriti nel real palazzo di Caprarola*, etc. — Les Actions illustres des Farnèses peintes dans le palais royal de Caprarola par les frères ZUCCARI, etc., et gravées à l'eau-forte par Giorgio Gasparo de Prenner. Rome, 1748, in-fol. obl. (Sans texte.) — N° 1704 B.

c. Musées et Galeries.

La Gallerie du palais du Luxembourg peinte par RUBENS, dessinée par les sieurs Nattier, et gravée par les plus illustres graveurs du temps. Dédiée au roy. Paris, 1710, gr. in-fol., avec un portrait de Rubens, d'après Van DYCK. (Sans texte.) — N° 1474.

Galerie électorale de Dusseldorff, ou Catalogue raisonné et figuré de ses tableaux, ouvrage composé dans un goût nouveau par Nicolas DE PIGAGE, avec une suite de trente planches, contenant trois cent soixante-cinq estampes gravées d'après les tableaux. Bâle, 1778, 2 vol. in-fol. obl., fig. — N° 658.

Galerie du Palais-Royal, gravée d'après les tableaux des différentes écoles qui la composent, par J. Couché, graveur de S. A. S. Monseigneur le duc d'Orléans. Avec un abrégé de la vie des peintres et une description historique de chaque tableau par M. l'abbé de Fontenai. Paris, 1786-1808, 3 vol. in-fol., fig. — N° 355.

Musée de peinture et de sculpture, ou Recueil des principaux tableaux, statues et bas-reliefs des collections publiques et particulières de l'Europe, dessiné et gravé à l'eau-forte par Réveil, avec des notices descriptives, critiques et historiques, par Duchesne aîné. Paris, 1828, 17 vol. in-18, fig. — N° 1124 1.

Galleria dell' imp. e reale Accademia delle belle arti di Firenze, etc. — Galerie de l'Académie imp. et royale des beaux-arts de Florence, publiée en gravures sur cuivre par une société artistique, décrite et expliquée par de savantes et habiles plumes italiennes. Florence, 1845, in-fol., fig. — N° 663 A.

Galeries historiques du palais de Versailles. (Publiées par Gavard.) Paris, 1845, 7 vol. gr. in-8, fig. — N° 660.

Armengaud (J.-C.-D.). Les Galeries publiques de l'Europe. Rome, Paris, 1856, in-4, fig. — N° 66.

Pinacoteca italiana Bolognese, etc. — La Pinacothèque Italienne Bolonaise, ou Recueil de ses meilleurs tableaux, reproduits au trait par la lithographie. Turin, 1864, in-8, fig. — N° 1297 A.

Musée de Madrid. — Photographies de J. Laurent. 6 vol. in-fol. — N° 1124 M.

Spécimens des galeries publiques de l'Europe : 33 tableaux de la galerie de Florence. — 30 tableaux du Louvre. — 34 tableaux du Musée de Bâle. — 9 du palais Brera à Milan. — 4 du Musée de Dresde. — Ensemble : 100 photographies par A. Braun. 2 vol. in-fol. — N° 336 B.

d. Dessins des maîtres.

Raccolta di disegni incisi da Girolamo Mantelli, etc. — Recueil de dessins gravés par G. Mantelli de Canobio, d'après les originaux de Léonard de Vinci et de ses élèves Lombards, conservés dans la bibliothèque Ambrosienne. Milan, 1785, in-fol. (Sans texte.) — N° 997.

A Series of fac-similes of original Drawings, etc. — Recueil de fac-simile de dessins originaux de RAPHAEL d'Urbin, de la collection sans rivale de sir Thomas Lawrence. Londres, 1841, in-fol., fig. — N° 1387 N.

Raffaell's drawings in the royal collection at Windsor Castle, etc. — Les Dessins de RAPHAEL de la collection royale à Windsor, photographiés. par C. Thurlson Thompson, publiés par ordre du prince Albert. Londres, 1856-60, in-fol. — N° 1387 T.

Choix de dessins de RAPHAEL, qui font partie de la collection Wicar à Lille, reproduits en fac-simile par MM. Wacquez et Leroy, gravés par les soins de M. H. d'Albert, duc de Luynes. Paris, 1858, in-fol. — N° 1387 O.

Dessins originaux de grands maîtres, gravés en fac-simile, par Leroy, avec texte, par MM. F. REISET et F. VILLOT. Paris, s. d., in-fol., fig. — N° 951 A.

Dessins originaux de M. INGRES, reproduits en fac-simile par Marville, 90 photographies. 2 vol. in-fol. (Sans texte.) — N° 790 A.

Dessins de M. FLANDRIN, 58 photographies par Marville. 2 vol. in-fol. (Sans texte.) — N° 621. A.

Esquisses et dessins par des maîtres de diverses écoles, notamment de MURILLO, RIBERA, RUBENS, VAN DYK, ALONSO CANO, etc., photographiés par Janicot, et précédés de quelques reproductions du CORRÉGE. Petit in-folio. (Sans texte.) — N° 1403 K.

Dessins des maîtres, reproduits en fac-simile par A. Braun, classés suivant les Écoles et dans l'ordre alphabétique ci-dessous indiqué; dessins dont les originaux sont conservés dans la galerie des offices, à Florence, la collection de l'archiduc Albert, à Vienne, et à l'Académie des beaux-arts à Venise; 947 photographies formant 16 vol. in-fol. — N° 336 B.

ÉCOLE FLORENTINE.

NOMS :	FLORENCE.		VIENNE.		VENISE.	
Allori (Ange), dit le Bronzino.	2	dessins.	»	dessins.	»	dessins.
Angelico (fra)	4	—	»	—	»	—
Bandinelli (Baccio).	4	—	1	—	1	—
Baldovinetti (Alessio). . . .	2	—	»	—	»	—
Bartolomeo (fra).	18	—	2	—	»	—
Beccafumi (Domenico). . . .	5	—	»	—	»	—
Bella (Stephano della). . . .	1	—	»	—	»	—
Bicci (Lorenzo di).	1	—	»	—	»	—
Boscoli (Andrea).	1	—	»	—	»	—
Boticelli (Sandro).	5	—	»	—	»	—
Buonaccorsi, dit Perino del						
Vaga	6	—	»	—	»	—
Buonarotti (Michel-Angelo) .	13	—	9	—	1	—
Cardi da Cigoli..	1	—	»	—	»	—
Castagno (Andrea del) . . .	2	—	»	—	»	—
Cosimo (Pietro di)	2	—	»	—	»	—
Credi (Lorenzo di)	2	—	2	—	»	—
Franciabigio..	»	—	1	—	»	—
Gaddi (Angiolo).	1	—	»	—	»	—
Gaddi (Taddeo)	1	—	»	—	»	—
Garbo (Raffaellino del). . .	6	—	»	—	»	—
Gherardi (Cristofano). . . .	1	—	»	—	»	—
Ghiberti (Lorenzo).	1	—	»	—	»	—
Ghirlandajo (Domenico). . .	6	—	2	—	»	—
Gozzolli (Benozzo).	5	—	»	—	»	—
Lippi (fra Filippino)	7	—	»	—	»	—
Masolino da Panicale. . . .	2	—	»	—	»	—
Martini (Francesco).	1	—	»	—	»	—
Maturino.	1	—	»	—	»	—
Masaccio (Tomaso).	1	—	»	—	»	—
Moroni (Bartolomeo). . . .	1	—	»	—	»	—
Penni (Giovani) dit *Il Fattore*.	1	—	»	—	»	—
Pesello (Giuliano)	1	—	»	—	»	—
Pessellino (Francesco) . . .	2	—	»	—	»	—
Peruzzi (Baldassare). . . .	1	—	2	—	1	—
Pino (da Marco).	1	—	»	—	»	—
Pisanello.	1	—	»	—	»	—
Pocetti (Bernardino)	3	—	»	—	»	—
Pollajuolo (Antonio del). . .	6	—	»	—	»	—
Pontormo (Carrucci). . . .	2	—	»	—	»	—

NOMS :	FLORENCE.		VIENNE.		VENISE.	
Ricciarelli (Daniele da Volterra.	2 dessins.		» dessins.		» dessins.	
Robbia (Luca della).	1	—	»	—	»	—
Rosselli (Matteo).	2	—	»	—	»	—
Rosso (Maître Roux). . . .	»	—	2	—	»	—
Salimbeni (Arcangiolo). . .	1	—	»	—	»	—
Salviati (Francesco).	5	—	1	—	»	—
Sarto (Andrea Vannucchi, surnommé del)	15	—	3	—	»	—
Tempesta (Antonio).	3	—	»	—	»	—
Vanni (Francesco).	3	—	»	—	»	—
Vasari (Giorgio).	5	—	»	—	»	—
Verrochio (Andrea del). . .	15	—	»	—	»	—
Vico (Enea).	1	—	»	—	»	—
Vinci (Leonardo da)	13	—	9	—	4	—

ÉCOLE ROMAINE.

	FLORENCE.		VIENNE.		VENISE.	
Barocci (Federigo).	4	—	4	—	»	—
Borgiani (Orazio)	1	—	»	—	»	—
Genga (Girolamo).	»	—	1	—	»	—
Perugino (Pietro Vanucci, dit Il)	14	—	4	—	»	—
Pinturicchio (Bern. Betti, dit).	5	—	»	—	»	—
Pippi (Giulio), dit Il Romano.	5	—	9	—	»	—
Sanzio (Raffaello)	17	—	59	—	16	—
Viti (Timoteo).	»	—	2	—	»	—
Zucchero (Taddeo).	1	—	5	—	»	—
Zucchero (Federigo)	1	—	1	—	»	—

ÉCOLE BOLONAISE.

	FLORENCE.		VIENNE.		VENISE.	
Albano (Francesco).	2	—	1	—	»	—
Aspertini (Guido).	1	—	»	—	»	—
Bagnacavallo (B. Ramenghi, surnommé Il).	1	—	1	—	»	—
Barbieri (G. Francesco), dit Guercino	3	—	9	—	»	—
Bibiena (Giovanni Maria Galli da).	»	—	»	—	1	—
Canuti (Domenico).	1	—	»	—	»	—
Carpi (Girolamo da)	1	—	»	—	»	—

NOMS :	FLORENCE.		VIENNE.		VENISE.	
Carracci (Annibale)	4	dessins.	9	dessins.	»	dessins.
Carracci (Lodovico)	1	—	4	—	»	—
Carracci (Agostino)	2	—	6	—	»	—
Cremonini (Giovanni). . . .	2	—	»	—	»	—
Cesi (Bartolomeo).	2	—	»	—	»	—
Faenza (Marco da).	1	—	»	—	»	—
Francia (Francesco).	3	—	1	—	»	—
Grandi (Ercole).	1	—	»	—	»	—
Passarotti (Bartolomeo). . .	1	—	2	—	»	—
Primaticcio (Francesco). . .	4	—	13	—	»	—
Procaccini (Camillo).	1	—	1	—	»	—
Pupini, dit dalle Lame . . .	1	—	»	—	»	—
Scarsellino (J. Scarcella ou Scarsella, dit le).	1	—	»	—	»	—
Spagnuolo (G. M. Crespi, dit Lo)	1	—	»	—	»	—
Tura (Cosimo).	1	—	»	—	»	—
Zampieri, dit Il Domenichino.	1	—	5	—	»	—
Reni (Guido)	1	—	8	—	»	—

ÉCOLE LOMBARDE.

NOMS :	FLORENCE.		VIENNE.		VENISE.	
Abate (Nicolo del).	1	—	2	—	»	—
Allegri (Antonio), dit Il Correggio.	2	—	17	—	»	—
Briziano (G. Battista). . . .	1	—	»	—	»	—
Caravaggio (Polidoro Caldara, dit Il).	3	—	2	—	»	—
Cavedone.	1	—	»	—	»	—
Clovio (Giulio).	1	—	»		»	
Sesto (Cesare da).	»	—	3	—	1	—
Lanfranco.	1	—	»	—	»	—
Mazzuoli, dit Il Parmigiano.	7	—	7	—	2	—

ÉCOLE VÉNITIENNE.

NOMS :	FLORENCE.		VIENNE.		VENISE.	
Barbarelli, dit le Giorgione. .	10	—	2	—	1	—
Bellini (Giovanni).	3	—	4	—	»	—
Bellini (Gentile).	2	—	»	—	»	—
Calliari (Paolo), dit Il Veronese.	1	—	9	—	1	—
Campagnola (Domenico). . .	»	—	3	—	»	—
Carpaccio (Vittore).	2	—	»	—	»	—

NOMS :	FLORENCE.		VIENNE.		VENISE.	
Franco (Battista)	2	dessins.	»	dessins.	»	dessins.
Ligozzi (Jacopo)	2	—	»	—	»	—
Luciano, dit fra Sebastiani del Piombo	1	—	1	—	»	—
Mantegna (Andrea)	5	—	6	—	»	—
Montagna (Bartolomeo)	1	—	»	—	»	—
Palma (il Giovane)	»	—	1	—	»	—
Regillo, dit Il Pordenone	1	—	4	—	»	—
Robusti, dit Tintoretto	3	—	8	—	2	—
Tiepolo (Niccolo)	1	—	»	—	»	—
Vecellio (Tiziano)	10	—	7	—	»	—

ÉCOLE PIÉMONTAISE.

NOMS :	FLORENCE.		VIENNE.		VENISE.	
Cambiaso (Luca)	3	—	»	—	»	—
Sodoma (Razzi, dit Il)	3	—	»	—	»	—

ÉCOLE NAPOLITAINE.

NOMS :	FLORENCE.		VIENNE.		VENISE.	
Garofalo (Carlo)	1	—	»	—	»	—
Giordano (Luca)	1	—	»	—	»	—
Rosa (Salvator)	6	—	1	—	»	—

ÉCOLE FRANÇAISE.

NOMS :	FLORENCE.		VIENNE.		VENISE.	
Boucher (François)	»	—	3	—	»	—
Callot (Jacques)	4	—	5	—	»	—
Courtois (Jacques), dit le Bourguignon	4	—	4	—	4	—
Delaune (Étienne)	»	—	3	—	»	—
Dughet (Gaspard), dit le Guaspre Poussin	1	—	6	—	»	—
Gelée (Claude), dit le Lorrain	5	—	7	—	»	—
Goujon (Jean)	»	—	1	—	»	—
Greuze	»	—	6	—	»	—
Lebrun (Charles)	»	—	4	—	»	—
Lesueur (Eustache)	»	—	5	—	»	—
Nanteuil (Robert)	2	—	»	—	»	—
Lepautre	1	—	»	—	»	—
Poussin (Nicolas)	7	—	12	—	»	—
Oudry (Jean-Baptiste)	»	—	4	—	»	—
Valentin	1	—	»	—	»	—
Watteau (Antoine)	»	—	2	—	«	—

ÉCOLE ALLEMANDE.

NOMS :	FLORENCE.		VIENNE.		VENISE.	
Baldung (J.), surnommé Grun	1	dessins.	»	dessins.	»	dessins.
Burgkmayer (Jean)	1	—	»	—	»	—
Cranach (Lucas)	»	—	2	—	»	—
Dürer (Albrecht)	2	—	76	—	»	—
Holbein (Hans), le Jeune	»	—	1	—	»	—
Schöngauer (Martin)	4	—	»	—	»	—
Zwoott (J. M.), dit le Maître à la Navette	1	—	»	—	»	—

ÉCOLE FLAMANDE.

NOMS :	FLORENCE.		VIENNE.		VENISE.	
Breughel le Vieux	»	—	1	—	»	—
Breughel le Jeune	1	—	1	—	»	—
Dyck (Anton van)	1	—	9	—	»	—
Hals (Franz)	»	—	1	—	»	—
Mabuse (Jean de)	2	—	»	—	»	—
Meulen (van der)	»	—	1	—	»	—
Rubens (Peter Paul)	»	—	27	—	»	—
Stradanus (Jean)	1	—	»	—	»	—

ÉCOLE HOLLANDAISE.

NOMS :	FLORENCE.		VIENNE.		VENISE.	
Backhuysen (Ludolph)	»	—	4	—	»	—
Berghem (Nicolas)	»	—	3	—	»	—
Dow (Gérard)	»	—	1	—	»	—
Heemskerk (Martin)	1	—	»	—	»	—
Jardin (Carle Du)	»	—	1	—	»	—
Lucas de Leyde	2	—	»	—	»	—
Metzu (Gabriel)	»	—	2	—	»	—
Mieris (Franz), le Vieux	»	—	2	—	»	—
Neer (Arthur van der)	»	—	2	—	»	—
Ostade (Adrien van)	»	—	7	—	»	—
Ostade (Isaac van)	»	—	2	—	»	—
Poelenburg (Corneille)	»	—	2	—	»	—
Potter (Paul)	»	—	5	—	»	—
Rembrandt	»	—	44	—	»	—
Ruysdael (Jacob)	»	—	1	—	»	—
Ruysdael (Salomon)	»	—	2	—	»	—
Saftleven (Herman)	3	—	3	—	»	—
Terburg (Gerard)	»	—	6	—	»	—
Velde (Adrien van de)	»	—	4	—	»	—
Waterloo (Antoine)	»	—	3	—	»	—
Wouvermans (Philippe)	»	—	2	—	»	—

C. *Biographies des peintres.*

a. Biographies collectives.

Felsina Pittrice ; *vite de' pittori Bolognesi*, etc.— Bologne pittoresque; vies des peintres bolonais; par le comte Charles-César MALAVASIA. Bologne, 1678, 2 vol. pet. in-4, fig. —N° 995.

Academia nabilissimæ artis pictoriæ, sive de veris et genuinis hujusdem proprietatibus, theorematibus secretis atque requisitis aliis, etc. (a J. SANDRART). Noribergæ, 1683, in-fol. fig. — N° 1493.

L'Abecedario pittorico dall' autore ristampato, corretto, etc. — L'Abécédaire pittoresque (d'A.-P. ORLANDI), réimprimé, corrigé, par l'auteur. Bologne, 1719, in-4. — N° 1218.

Abrégé de la vie des plus fameux peintres, avec leurs portraits, gravés en taille-douce, les indications de leurs principaux ouvrages, etc.; par D'ARGENVILLE. Paris, 1745-52, 3 part. en 3 vol. in-4, dont un de Supplément, fig. — N° 62. — Un double en deux parties, sans Supplément.

Vies des premiers peintres du roi, depuis le Brun, jusqu'à présent. Paris, 1752, 2 tom. en 1 vol. in-12. — N° 1639.

Notizie de' professori del disegno, etc. — Notices sur les maîtres dans les arts du dessin, depuis Cimabue, de 1260 jusqu'en 1670; par BALDINUCCI, augmentées des annotations de Maria MANNI. Florence, 1767-74, 21 tom. en 6 vol. in-4. — N° 92.

Extrait des différents ouvrages publiés sur la vie des peintres, par M. P. D. L. F. (PAPILLON DE LA FERTÉ). Paris, 1776, 2 vol. in-8, front. — N° 592. — 3 exempl.

Dictionnaire des peintres espagnols; par F. QUILLIET. Paris, 1816, in-8. — N° 1372.

Galerie des peintres célèbres. Avec des remarques sur le genre de chaque maître; par C. LECARPENTIER, peintre. Paris, 1821, 2 vol in-8. — N° 905.

Vie des peintres flamands et hollandais, par DESCAMPS, réunie à celle des peintres italiens et français, par D'ARGENVILLE. Marseille, 1840-42, 3 vol. in-8, portr. — N° 436.

Histoire des peintres français au XIXe siècle; par Charles BLANC. Paris, 1845, in-8. — N° 154.

Recherches sur la vie et les ouvrages de quelques peintres provinciaux de l'ancienne France; par Philippe CHENNE-VIÈRES-POINTEL. Paris, 1847, 4 vol. in-8. — N° 299.

Dictionnaire historique des peintres de toutes les écoles depuis les temps les plus reculés jusqu'à nos jours; ouvrage rédigé sur un plan entièrement neuf, précédé d'un Abrégé de l'histoire de la peinture, suivi de la nomenclature des peintres modernes et d'une collection complète de monogrammes; par Adolphe SIRET. Bruxelles, 1848, in-4. — N° 1527.

Galerie des peintres lyonnais; par Augustin THIERRIAT. Lyon, 1851, in-16. — N° 1564.

Quelques Notes sur les peintres lorrains des XVe, XVIe et XVIIe siècles; par Henri LEPAGE. Nancy, 1853, in-8. — N° 940.

Les Peintres des fêtes galantes : Watteau-Lancret, Pater-Boucher; par Charles BLANC. Paris, 1854, in-18. — N° 156.

Mosaïque. Peintres, musiciens, etc., à partir du XVe siècle jusqu'à nos jours; par P. HÉDOUIN. Paris, 1856, in-8, fig. — N° 754.

Les Saint-Aubin. Étude contenant quatre portraits inédits gravés à l'eau-forte; par Edmond et Jules DE GONCOURT. Paris, 1859, in-4, fig. — N° 705.

Histoire des peintres de toutes les écoles (depuis la renaissance jusqu'à nos jours, accompagnée du portrait des peintres, de la reproduction de leurs plus beaux tableaux et du fac-simile de leurs signatures, marques et monogrammes, avec notes, recherches et indications); par Charles BLANC. Paris, (1863 et suiv.), 10 vol. in-4, fig. — N° 155. — (Suite en cours de publication.)

Michel-Ange, Léonard de Vinci, Raphaël, avec une Étude sur l'art en Italie avant le XVIe siècle, etc. (Voir page 179.) — N° 321 A.

Biographies de peintres : Recueil de pièces diverses. 2 vol. in-8. — N° 149 A.

(Voir encore *Biographie universelle des artistes*, p. 70 et suiv., et aussi p. 171 et suiv. et p. 185 et suiv.)

B. *Biographies individuelles.*

a. Peintres français.

Notice historique et critique sur **Boulanger** de Boisfremont, peintre d'histoire; par HELLIS. Rouen, 1838, in-8, portrait. — N° 154.

Samuel **Boissière**, peintre de Montpellier au XVII⁰ siècle; par H. KÜHNHOLTZ. (Extrait de la *Revue du Midi.*) Montpellier, 1845, in-8, une pl. — N° 837.

Notice historique sur Sébastien **Bourdon**, lue à la Société des sciences et belles-lettres de Montpellier, en 1811, par POITEVIN. (Montpellier), 1812, in-4, portr. — N° 1321.

Considérations philosophiques sur la vie et les ouvrages de Sébastien **Bourdon**. Paris, 1818, in-8, portr. — N° 341.

Notice sur L. **Bruandet**, peintre, 1753-1803; par ASSELINEAU. Paris, 1855, in-8. — N° 77.

Antoine **Caron** de Beauvais, peintre du XVI⁰ siècle; par A. de MONTAIGLON. Paris, 1850, in-8. — N° 1096 A.

Philippe de **Champagne**, né à Bruxelles en 1602, mort à Paris en 1674; par C. LECARPENTIER, peintre. Rouen, 1807, in-8. — N° 149 A. (Voir aussi au n° 196.)

Notice historique et nécrologique sur Marie-Philippe **Coupin**, peintre d'histoire; par A.-F. BOISSELIER, peintre. Versailles, 1852, in-8. — N° 168 et 506.

Étude sur Jean **Cousin**, suivie de Notices sur Jean Leclerc et Pierre Woeiriot; par Ambroise FIRMIN-DIDOT. Paris, 1872, in-8, avec 7 portr. — N° 470 A.

Étude sur Louis **David**; par Charles BLANC. Paris, 1847, in-8. — N° 154.

Notice historique et inédite sur Louis **David**; par CHAUSSARD. Paris, 1806, in-8, portrait. — N° 1256.

Funérailles de Paul **Delaroche**, professeur à l'École des beaux-arts. 6 novembre 1856; par Léon VINIT. In-8. — N° 547 A.

Notice nécrologique sur le baron **Denon** ; par P.-A. Coupin.
Paris, 1825, in-8. — N° 357.

Recherches sur la vie et les ouvrages de Claude **Deruet,** peintre et graveur lorrain (1588-1660) ; par E. Meaume. Nancy,
1853, in-8. — N° 1021.

Éloge de **M. Desvosge,** fondateur et professeur de l'École
de dessin, peinture et sculpture de Dijon, de l'Académie
des sciences, arts et belles-lettres de cette ville, lu dans la
séance du 8 avril 1813, par Frémiet-Monnier. Dijon, 1813,
in-8. — N° 1328.

Notice sur François **Doyen,** peintre ; par C. Lecarpentier.
Rouen, 1809, in-8. — N° 906. — Un double au n° 149 A.

Documents sur Charles **Errard,** peintre et architecte du roi.
Nantes, 1853, in-8. — N° 482.

Mémoire pour servir à la vie de Henry de **Favannes,** peintre
du roy. In-12. — N° 1027.

Notice historique sur le comte de **Forbin,** lue à l'Académie
des Beaux-Arts, le 27 mars 1841, par le vicomte de Siméon.
(Paris), in-8. (Extrait du *Moniteur universel* du 28 mars
1841.) — N° 1526.

Notice sur Louis **Francia,** peintre de marines, par Ernest
Le Beau. S. l. n. d., in-8. — N° 889.

Éloge historique de Benigne **Gagnereaux,** peintre d'histoire ;
par Henri Baudot. Dijon, 1847, plaq. in-8, portr. — N° 113.

François **Gérard,** peintre d'histoire. Essai de biographie et de
critique ; par Charles Lenormant. 2° édition. Paris, 1847,
in-8, fig. — N° 936.

Gérard de **Lairesse,** né à Liége en 1640, mort à Amsterdam
en 1711 ; par C. Lecarpentier. S. l. n. d., in-8. (*Suite de la
Galerie des peintres célèbres.*) — N° 149 A.

Géricault, notice par Charles Blanc. (Paris, 1845), in-8. —
N° 154.

Catalogue de l'œuvre de **Géricault;** par Charles Clément.
Paris, 1866, in-8. — N° 321 G.

Notice biographique sur J.-B.-L. **Germain,** peintre d'histoire ;
par Lacatte-Joltrois. Reims, in-8. — N° 506.

Notice nécrologique sur **Girodet,** peintre d'histoire; par
P.-A. Coupin. S. l. n. d. (Paris, 1825), in-8, portr. (Extrait
de la *Revue encyclop.*) — N° 149 A.

Henry de **Gissey,** de Paris (1608-1673), dessinateur ordinaire
des plaisirs et des ballets du roi; par Anatole DE Montaiglon.
Paris, 1854, in-8. — N° 1101.

A.-J. **Gros,** étude par Charles Blanc. Paris, 1845, in-8. —
N° 154.

Gros et ses ouvrages, ou Mémoires historiques sur la vie et les
travaux de ce célèbre artiste; par J.-B. Delestre. Paris,
in-8, portr. — N° 419.

Notice sur **J. Guérin,** par Desains. In-8. — N° 154.

Funérailles de M. Louis **Hersant,** professeur à l'École impériale des Beaux-Arts, le 5 octobre 1860; par Léon Vinit.
Paris, 1860, in-8. — N° 547 A.

Ingres, sa vie et ses ouvrages; par Charles Blanc. Avec un
portrait du maître, gravé par Flameng, et douze gravures sur
acier par Henriquel Dupont, Dien, Dubouchet, etc. Un fac-
simile d'autographe et une gravure sur bois d'après le buste
d'Ingres, par M. Bonnassieux. Paris, 1870, in-8, fig. —
N° 157 C.

Ingres, sa vie, ses travaux, sa doctrine d'après les notes ma-
nuscrites et les lettres du maître; par le vicomte Henri Delaborde. Ouvrage orné d'un portrait gravé par Morse et du
fac-simile d'un autographe. Paris, 1870, in-8. — N° 405 D.

Essai historique sur **Jouvenet,** peintre, né à Rouen en 1644;
par Ch. Lecarpentier. Rouen, an XII, in-8. — N° 149 A.

Notice nécrologique sur M. J.-J. **Lagrenée,** prononcée le
jour de son décès, par A.-L.-T. Vaudoyer, architecte, son
collègue à l'École des Beaux-Arts, et son neveu (extrait du
Moniteur du 22 février 1821). In-8. — N° 149 A.

Éloge de M. **Lancret,** peintre du roi. (Paris), 1743, in-8. —
N° 551.

Notice sur la vie et les travaux de E.-H. **Langlois,** du Pont-
de-l'Arche; par Charles Richard. Rouen, 1838, in-8, portrait. — N° 1437.

Recherches historiques, biographiques et littéraires sur le peintre **Lantara**, avec la liste de ses ouvrages, son portrait et une lettre apologétique de Couder, peintre d'histoire; par Émile BELLIER DE LA CHAVIGNERIE. Paris, 1852, in-8, portr. et fig. — N° 122.

Éloge historique de Maurice-Quentin **de La Tour**, peintre du roi; par l'abbé DU PLAQUET. Saint-Quentin, 1789, plaq. in-8. — N° 524.

Maurice Quentin **de La Tour**, peintre de Louis XV; par Charles DESMAZE. Paris, 1854, in-32. — N° 461. — Un double.

Les Peintres de Laon et Saint-Quentin. **De La Tour**; par CHAMPFLEURY. Paris, 1855, in-8. — N° 286.

Éloge biographique de Maurice-Quentin **de La Tour**, peintre du roi Louis XV, suivi de notes et documents historiques; par DRÉOLLE DE NODON. Paris, 1856, in-8, portr. — N° 494.

Réflexions sur le génie et les ouvrages du grand **Lebrun**, peintre; par Lucas CADET. In-8. (Extrait de la *Décade philosophique*.) — N° 149 A.

Précis historique de la vie de la citoyenne **Lebrun**, peintre; par le citoyen J.-B.-P. LEBRUN. Paris, an II de la République française (1794), in-8. — N° 897. — Un double au n° 149 A.

Essai sur la vie et l'œuvre des **Lenain**, peintres laonnois; par CHAMPFLEURY. Paris, 1850, in-8, portr. — N° 287.

Nouvelles Recherches sur la vie et les ouvrages d'Eustache **Le Sueur**; par L. DUSSIEUX, avec un Catalogue des dessins de Le Sueur, par A. DE MONTAIGLON, attaché à la collection des dessins du Louvre. Paris, 1852, in-8 — N° 539.

Notice sur la vie et les ouvrages de **Le Sueur**, par J.-B.-M. GENCE (extrait de la *Biographie universelle*). In-8. — N° 149 A.

Notice sur Jean **Letellier**, peintre du xviie siècle, né à Rouen; par C. LECARPENTIER. (Rouen), s. d., in-8. — N° 149 A.

Recherches sur Louis **Licherie**, peintre normand (1626-87); par Émile BELLIER DE LA CHAVIGNERIE. (Extrait du *Bulletin de la Société des Beaux-Arts de Caen*.) Caen, 1860, in-8. — N° 125.

Oraison funèbre de feu Achille-Etna **Michallon**, pensionnaire du roi, peintre en paysage historique, prononcée par V.-A. VANIER, son cousin, le mercredi 25 septembre 1822. Paris, 1822, in-12, portr. — N° 555.

La Vie de Pierre **Mignard**, premier peintre du roy; par l'abbé DE MONVILLE, avec le Poëme de Molière sur les peintures du Val-de-Grâce et deux Dialogues de M. de Fénelon, archevêque de Cambray, sur la peinture (avec le portrait de Mignard). Paris, 1730, in-12. — N° 1112.

Éloge de Pierre **Mignard**, dit le Romain, premier peintre de Louis XIV, prononcé dans la grand'salle de l'hôtel-de-ville de Troyes, pour la distribution des prix de l'École gratuite élémentaire de dessin, le 2 septembre 1781, par COURTALON DELAISTRE. Troyes, 1781, in-8. — N° 149 A.

Notice historique sur Jean **Naigeon**, peintre d'histoire, ancien conservateur du musée du Luxembourg. Paris, 1848, in-8. — N° 506.

Notice sur le peintre **Portail**; par DUGAST DE MATIFEUX. In-8. (Extrait de la *Revue des provinces de l'Ouest*, 1854-55.) — N° 510.

Éloge de Nicolas **Poussin**, peintre ordinaire du roi. Discours qui a remporté le prix à l'Académie royale des sciences, belles-lettres et arts de Rouen, le 6 août 1783, lu à l'assemblée de l'Académie royale de peinture et sculpture, au Louvre, le 4 octobre suivant, par Nicolas GUIBAL, ancien pensionnaire du roi, premier peintre et directeur de la galerie du duc de Wurtemberg, etc. Paris, 1783, in-8, front. — N° 728. — Un double au N° 149 A.

Essai sur la vie et sur les tableaux du **Poussin**; par CAMBRY. Paris, an VII (1799), in-8. — N° 714. — Un double au n° 149 A.

Éloge historique de **Poussin**, peintre; par LECARPENTIER. Rouen, 1805, in-8. — N° 903.

Vie de Nicolas **Poussin**, considéré comme chef de l'École françoise, suivie de Notes inédites et authentiques sur sa vie et ses ouvrages, des mesures de la statue de l'Antinoüs, de la description de ses principaux tableaux et du catalogue de ses œuvres complètes, ornée de planches gravées en taille-douce et à l'eau-forte; par Gault de Saint-Germain. Paris, 1806, in-8, portr. et fig. — N° 672 A.

Éloge de Nicolas **Poussin**, etc.; par Nicolas Ruault. Paris, 1809, in-8. — N° 149 A.

Mémoires de Maria Graham sur la vie de Nicolas **Poussin**. Traduits de l'anglais. Paris, 1821, in-8, portrait. — N° 714.

Notice sur la vie et les tableaux du **Poussin**; par J.-B.-M. Gence. Paris, 1823 (extrait de la *Biographie universelle*, t. 35°), in-8. — N° 149 A.

Discours sur Nicolas **Poussin**, par Raoul-Rochette, lu dans la séance publique annuelle des cinq Académies, le mardi 2 mai 1843. Paris, 1843, gr. in-8. — N° 714.

Le **Poussin**, sa vie et son œuvre, suivi d'une Notice sur la vie et les ouvrages de Philippe de Champagne et de Champagne le neveu; par H. Bouchitté. Paris, 1858, in-12. — N° 196.

Les Andelys et Nicolas **Poussin**; par Gandar. Paris, 1860, in-12, fig. — N° 668.

Notice historique sur la vie et les ouvrages de P.-P. **Prudhon**, peintre (par Mlle Voiart). Paris, 1824, in-8, portr. — N° 1196. — Un double au n° 149 A.

Prud'hon, sa vie, ses œuvres et sa correspondance; par Charles Clément; ouvrage orné de 30 gravures et de son portrait. Paris, 1872, in-8. — N° 321 H.

Notice sur la vie et les ouvrages de Léopold **Robert**; par E.-J. Delécluze, suivie de la Description de quatre tableaux de ce peintre : *L'Improvisateur napolitain. — La Madone de l'arc. — Les Moissonneurs. — Les Pêcheurs de l'Adriatique*, gravés par Z. Prévost. Paris, 1838, gr. in-8, portr. et fig. — N° 418.

Discours prononcé aux funérailles de M. Georges **Rouget**, peintre d'histoire, le 11 avril 1869; par Henry d'Escamps. Paris, in-4. — N° 564 D.

Recherches sur Mlle Anne-Renée **Strésor**, membre de l'ancienne Académie de peinture, 1651-1713; par Bellier de la Chavignerie. Paris, 1860, in-8. — N° 126.

Notice sur M. **Taillasson**, peintre d'histoire, lue à la Classe des beaux-arts de l'Institut, le 2 décembre 1809; par T.-C.

Bruun-Neergaard. Paris, 1810, in-8. (Extrait du *Magasin encyclopédique.*) — N° 149 A.

Vie de Jean-Baptiste **Vanloo**, professeur de l'Académie royale de peinture et de sculpture; par Dandré-Bardon. Paris, 1779, in-12. — N° 384,

Vie de Carle **Vanloo**. Paris, 1765, in-12. — N° 1636.

Notice sur Christian **Van-Pol**, peintre de fleurs, lue à la Classe des beaux-arts de l'Institut impérial de France; par Bruun-Neergaard. In-8. (Extrait du *Moniteur*, n° 232, an 1813). — N° 149 A.

Carle **Vernet**, étude; par Charles Blanc. Paris, 1845, in-8. — N° 154.

Joseph **Vernet** et la peinture au xviii° siècle; par Léon Lagrange, avec le texte des livres de raison et un grand nombre de documents inédits. Paris, 1864, in-8. — N° 857 C.

Notice sur M. **Vien**; par Reboul. S. l. n. d., in-8. — N° 149 A. — Un double. — N° 1256.

Nécrologie. Notice sur Mme **Vincent**, née Labille, peintre; par Joachim Lebreton. In-8. (Extrait du 2° volume des *Nouvelles des Arts*, n° 18). — N° 149 A.

Simon **Vouet**, né à Paris en 1582, mort dans la même ville en 1641; par C. Lecarpentier. S. l. n. d., in-8. (*Suite de la Galerie des peintres célèbres.*) — N° 149 A.

Antoine **Watteau**, né à Valenciennes en 1684, mort en 1721; par C. Lecarpentier, peintre. (Rouen), s. d., in-8. (*Suite de la Galerie des peintres célèbres.*) — N° 149 A.

Notice sur Antoine **Watteau**, de Valenciennes; par Arthur Dinaux. Valenciennes, 1834, in-8, portr. — N° 474.

Watteau; par Edmond et Jules de Goncourt. Étude (suivie de la vie inédite de Watteau par le comte de Caylus). Paris, 1860, in-4, fig. — N° 707.

Pour les Notices sur la vie et les ouvrages de **Gérard, Girodet, Guérin, Lethière, Prudhon, Regnault, Taunay, Carle Vernet, Vincent**, voyez : *Recueil de Notices historiques;* par Quatremère de Quincy. Paris, 1834-37, 2 vol. in-8. — N° 1370. (*Voy.* ci-dessus, p. 72.)

b. Peintres étrangers.

Niccolo dell' Abbate. Étude; par Frédéric REISET (avec le fac-similé d'un dessin de Nicolo, gravé par Léon Gaucherel, et 2 autres pl.). Paris, 1859, in-8. — N° 1406.

Notice sur Jacques **Barry**, peintre d'histoire, né en Irlande; par M. DE VIALART SAINT-MORYS. S. l. n. d., in-8. (Extrait du *Journal des Arts, des Sciences et de la Littérature.*) — N° 149 A.

Michel-Ange-Amerigi, dit le **Caravage**, né en Lombardie en 1559, mort en 1609, près de Rome; par C. LECARPENTIER. S. l. n. d., in-8. (*Suite de la Galerie des peintres célèbres.*) — N° 149 A.

Antonio de Allegris, ou **le Corrége**, né en 1494, mort en 1534; par C. LECARPENTIER. S. l. n. d., in-8. (*Suite de la Galerie des peintres célèbres.*) — N° 149 A.

Pietre de Cortone, peintre, né à Cortone en 1596, mort à Rome en 1669; par C. LECARPENTIER. (Rouen), s. d., in-8. (*Suite de la Galerie des peintres célèbres.*) — N° 149 A.

Essai sur le **Giorgion**; par le docteur RIGOLLOT. Amiens, 1852, in-8. — N° 1442.

Lanfranc (Jean), né à Parme en 1581, mort à Rome en 1647; par C. LECARPENTIER. S. l. n. d., in-8. (*Suite de la Galerie des peintres célèbres.*) — N° 149 A.

Éloge historique de **M. Mengs,** premier peintre du roi d'Espagne, de Pologne, etc., avec un Catalogue de ses principaux ouvrages de peinture. S. l., 1781, in-12. — N° 552.

Histoire de la vie et des ouvrages de **Michel-Ange Bonarroti,** ornée d'un portrait; par QUATREMÈRE DE QUINCY. Paris, 1835, gr. in-8. — N° 1361.

Paulus Potter, sa vie et ses œuvres; par T. V. WESTRHEENE. La Haye, 1867, in-8. — N° 1685 G.

Abrégé de la vie de **Raphaël Sansio d'Urbin,** très-excellent peintre et architecte; où il est traité de ses œuvres, des stampes (*sic*) qui en ont esté gravées, tant par Marc-Antoine Bolognois qu'autres excellent (*sic*) graveurs. De l'origine de

la graveure en taille-douce, avec une adresse des lieux où
les principaux peintres italiens, descrits par VASARI, ont travaillé. Trad. de l'ital. en franc., par P. Daret, graveur. Paris,
1651, in-16, fig. — N° 4.

Recherche curieuse de la vie de **Raphaël Sansio d'Urbin,**
de ses œuvres, peintures et stampes (*sic*), qui ont esté gravées en taille-douce par Marc-Antoine Bolognois et autres
graveurs, avec une adresse des lieux où les principaux peintres d'Italie ont travaillé. Décrite par George VASARI. Et un
petit recueil des plus beaux tableaux, tant antiques que modernes, architectures, sculptures et figures qui se voyent
dans plusieurs églises de Lyon, le tout recueilly par I. de
Bombourg, Lyonnois. Lyon, 1675, in-12. — N° 1619.

Histoire de la vie et des ouvrages de **Raphaël;** par QUA-
TREMÈRE DE QUINCY. 3ᵉ édition, revue et augmentée. Paris,
1835, in-8, portr. — N° 1362.

— Appendice à l'ouvrage intitulé : Histoire de la vie et des
ouvrages de **Raphaël;** par QUATREMÈRE DE QUINCY. Paris,
1852, gr. in-4, fig. — N° 1370 C.

Raphaël d'Urbin, et son père Giovanni Santi; par J.-D. PAS-
SAVANT. Édition française, refaite, corrigée et considérablement augmentée par l'auteur sur la traduction de
M. Jules Lunteschutz, revue et annotée par M. Paul Lacroix. Paris, 1860, 2 vol. in-8. — N° 1247 A.

Rembrandt Harmens Van Rijn. Ses précurseurs et ses
années d'apprentissage; par C. VOSMAER. La Haye, 1863,
gr. in-8. — N° 1670 D.

Rembrandt, discours sur sa vie et son génie avec un grand
nombre de documents historiques; par SCHELTEMA. Nouvelle
édition, corrigée et augmentée, publiée et annotée par
W. Bürger. Paris, 1866, in-8, portr. — N° 1505 B.

Rembrandt Harmens Van Rijn, sa vie et ses œuvres;
par C. VOSMAER. La Haye, 1868, gr. in-8, fig. — N° 1670 E.

Histoire de la vie de P.-P. **Rubens,** chevalier et seigneur de
Steen, illustrée d'anecdotes, qui n'ont jamais paru au public,
et de tableaux étalés dans les palais, églises et places publiques de l'Europe; et par la démonstration des estampes exis-

tantes et relatives à ses ouvrages. Enrichie du portrait dudit
chevalier, gravé en taille-douce, d'après son dessin, exécuté
à la plume, de sa propre main, à l'âge de 53 ans; par
J.-F.-M. MICHEL. Bruxelles, 1771, in-8. — N° 1056.

Nouvelles Recherches sur Pierre-Paul **Rubens**, contenant une
Vie inédite de ce grand peintre, par Philippe Rubens son
neveu, avec des notes et des éclaircissements recueillis par le
baron DE REIFENBERG. Bruxelles, 1835, in-4. — N° 1474 A.

Vie de Léonard de **Vinci**, suivie du Catalogue de ses ouvrages
dans les beaux-arts; par P.-M. GAULT DE SAINT-GERMAIN.
Paris, 1803, in-8. — N° 149.

Léonard de Vinci (1452-1519); par E.-J. DELÉCLUZE. Paris,
1841, in-8. — N° 416.

APPENDICE A LA SCULPTURE ET A LA PEINTURE.

ICONOGRAPHIE.

STATUES, BUSTES, MÉDAILLES ET PORTRAITS.

(Voir aussi : HOLBEIN, p. 193, et PETITOT, p. 197.)

Recueil de divers portraits des principales dames de la Porte du
Grand-Turc, tirés au naturel sur les lieux; par Georges DE LA
CHAPPELLE. Paris, 1648, pet. in-fol. fig. — N° 849.

Iconographie ancienne, ou Recueils authentiques des portraits
des empereurs, rois et hommes illustres de l'antiquité. Première partie : Iconographie grecque; par E.-Q. VISCONTI.
Paris, 1808, 2 part. en 3 vol. gr. in-fol., fig. — Deuxième
partie : Iconographie romaine. Paris, 1817, 24, 26, 4 vol.
gr. in-fol., fig. — N° 1654.

> Les trois derniers volumes de l'Iconographie romaine sont en partie
> l'ouvrage de A. Monge.

Portraits des personnages français les plus illustres du XVI° siècle, reproduits en fac-simile sur les originaux dessinés aux
crayons de couleur par divers artistes contemporains : Re-

cueil publié, avec notices, par P.-G.-J. Niel. Paris, 1848-56,
in-fol., portr. — N° 1186.

Portraits inédits d'artistes français; par Phil. de Chennevières,
lithographies et gravures par F. Legrip. Paris, 1853, pet.
in-fol. — N° 298 A.

Iconografía española. Coleccion de retratos, estatuas, etc. —
Iconographie espagnole. Collection de portraits, statues, mausolées et autres monuments inédits des rois, reines, grands
capitaines, écrivains, etc., du xie au xviie siècle; copiés sur
les originaux par D. Valentin Carderera y Solano (texte
franç. et esp.). Madrid, 1855-64, 2 vol. in-fol., fig. — N° 254.

Le Panthéon de la Bourgogne, collection de 36 portraits des
plus hautes célébrités bourguignonnes, accompagnés chacun
d'une Notice biographique, par E. Nesle. Beaune, 1863,
in-fol., fig. — N° 1182 A.

François Ier chez Mme de Boisy. Notice d'un recueil de crayons
ou portraits aux crayons de couleur, enrichi par le roi Fran-
çois Ier de vers et de devises inédites appartenant à la bibliothèque Méjanes d'Aix; par Rouard. Paris, 1863, in-4, fig.
— N° 1466 A.

Iconographie des lettres de Mme de Sévigné. Collection de
137 portraits extraits des attiques du palais de Versailles et
gravés sur acier. Paris, in-8. — N° 787 A.

VI. GRAVURE.

1. SES PROCÉDÉS ET SON HISTOIRE.

Traité des manières de graver en taille-douce sur l'airain, par le
moyen des eaux-fortes, et de vernis durs et mols, d'impri-
mer les planches et de construire la presse; par A. Bosse.
Augmenté de la nouvelle manière dont se sert M. Le Clerc,
graveur du roy. Paris, 1701, in-8, front. et fig. — N° 187.

De la Manière de graver à l'eau-forte et au burin, et de la gravure en manière noire, etc.; par Abraham Bosse. Nouvelle
édition, revue, corrigée et augmentée du double, et enrichie
de dix-neuf planches en taille-douce. Paris, 1745, in-8,
front. et fig. — N° 188.

Traité historique et pratique de la gravure en bois; par
J.-M. Papillon. Paris, 1766, 2 vol. in-8, fig. et portrait. —
N° 1243 A.

De la Xilographie ou gravure sur bois; par H. Brevière.
Rouen, 1833, in-8. — N° 209.

A Treatise on Wood engraving, etc. — Traité sur la gravure en
bois, historique et pratique, accompagné de trois cents illustrations gravées sur bois; par John Jackson. Londres, 1839,
in-8, fig. — N° 799 B.

Nouveau Manuel complet du graveur, ou Traité de l'art de la
gravure en tout genre, d'après les renseignements fournis
par plusieurs artistes, et rédigé par A.-M. Perrot. Nouvelle
édition très-augmentée par M.-F. Malepeyre. Paris, 1844,
in-12, fig. — N° 1277.

Essai sur la restauration des anciennes estampes et des livres
rares, ou Traité sur les meilleurs procédés à suivre pour
réparer, détacher, décolorier et conserver les gravures,
dessins et livres; par A. Bonnardot. (Paris), 1846, in-8. —
N° 172.

Histoire artistique et archéologique de la gravure en France,
etc.; par Alf. Bonnardot. Paris, 1849, in-8. — N° 172 A.

Considérations sur la gravure en taille-douce et sur le graveur
Gérard Audran; par Gatteaux. (Paris), 1850, in-4. — N° 670.

Des Types et des manières des maîtres graveurs, pour servir à
l'histoire de la gravure en Italie, en Allemagne, dans les
Pays-Bas et en France (aux xve, xvie et xviie siècles); par
J. Renouvier. Montpellier, 1853-56, in-4. N° 1416.

Les Graveurs sur bois contemporains; par G. Duplessis. Paris,
1857, in-8. — N° 526.

Histoire de l'origine et des progrès de la gravure dans les Pays-
Bas et en Allemagne, jusqu'à la fin du xve siècle; par
J. Renouvier. Bruxelles, 1860, in-8. — N° 1416 A.

Le Peintre-Graveur, contenant l'histoire de la gravure sur bois,
sur métal et au burin, jusque vers la fin du xvie siècle, etc.;
par J.-D. Passavant. Leipzig, 1860-64, 6 vol. in-8, avec portrait. — N° 1347 B.

Histoire de la gravure en France; par G. DUPLESSIS. Ouvrage
couronné par l'Institut de France (Académie des beaux-
arts). Paris, 1861, in-8. — N° 527 A.

Les Commencements de la gravure à Florence; par le vicomte
Henri DELABORDE. Paris, 1868, in-4. — N° 405 C.

Notice sur deux estampes de 1406 et sur les commencements
de la gravure en criblé; par Henri DELABORDE. (Extrait de
la *Gazette des Beaux-Arts*.) Paris, 1869, in-4. — N° 405 B.

Histoire de la gravure par ses produits, ou Catalogue d'une
collection d'estampes originales de toute nature et de toutes
les écoles, représentées par leurs principaux maîtres et comparées par époques, depuis la première moitié du xve siècle
jusqu'au commencement du xixe; par C. LEBER. Suivie des
procédés employés pour graver et nettoyer les estampes.
Orléans, 1872, in-4. — N° 889 A.

2. ŒUVRES DES GRAVEURS.

Les Lieux les plus remarquables de Paris et de ses environs;
par Israël SILVESTRE. Paris, 1633-46, pet. in-4 obl. — N° 1521.

Voyez ci-dessus *Palais et Châteaux*, p. 122, n° 1522.

Cabinet du roy. Collection d'estampes connue sous ce nom.
23 vol. grand et petit in-fol. Paris, 1667 environ. —
N° 233 A.

1er volume.	Tableaux du Cabinet du roy.	
IIe —	Batailles d'Alexandre.	
IIIe —	Médaillons antiques depuis Auguste jusqu'aux fils de Constantin.	
IVe —	Plans et vues des châteaux et maisons royales : châteaux de Blois, Vincennes, Saint-Germain, Fontainebleau, Chambord. — Maisons royales de Madrid, Mouceaux, etc.	
V^e —	Le Louvre et les Tuileries.	
VIe —	Vues et plans du château de Versailles.	
VIIe —	Description de la Grotte de Versailles.	
VIIIe —	Labyrinthe de Versailles.	
IXe —	Statues et bustes antiques des maisons royales, 1re partie.	
X^e —	Tapisseries du roi.	
XIe —	Courses de têtes et de bagues par le roi Louis XIV.	
XIIe —	Les Plaisirs de l'île enchantée, ou les fêtes et divertissements du roi à Versailles.	
XIIIe —	Description générale de l'hôtel royal des Invalides.	
XIVe —	Profils et vues de quelques châteaux et forteresses de France.	

XV⁰ volume. Vues et plans de toutes les villes assiégées et conquises par
    Louis XIV.
XVI⁰, XVII⁰, XVIII⁰ — L'OEuvre de Vander Meulen (3 vol.). Chasses roya-
    les, batailles, siéges de villes, paysages de style, études de che-
    vaux.
XIX⁰-XXIII⁰ — Plans, profils et vues de camps, places, siéges et batailles,
    servant à l'histoire de Louis XIV, et gravées d'après le che-
    valier de Beaulieu, ingénieur du roi, par Cochin en 1743.

Le Cabinet du roi. Collection d'estampes commandées par
    Louis XIV ; par G. Duplessis. Paris, 1869, in-4. — N° 527 D.

Chasteau (G.). Recueil factice de ses œuvres. In-fol. — N° 294.

OEuvre du chevalier Hedlinger, ou Recueil des médailles de ce
    célèbre artiste, gravées en taille-douce, accompagnées d'une
    explication historique et critique, et précédées de la vie de
    l'auteur, par Chrét. de Mechel. Basle, 1776, 2 parties en
    1 vol. gr. in-4, fig. — N° 750 A.

Recueil de cent cinquante paysages et marines, ornés de figures
    et ruines, composés, dessinés et gravés par Perelle. (Sans
    texte.) Paris, in-fol. — N° 1266.

Raccolta di opere varie inventate ed incise all'acqua forte, etc.
    — Recueil de diverses compositions inventées et gravées
    à l'eau-forte par le célèbre P. Testa. Rome, s. d., 32 pl.
    in-fol. obl. (Sans texte.) —- N° 1556 A.

Douze planches à l'eau-forte dont la première faisant frontis-
    pice représente un palais et un jardin ; par Sébastien Le Clerc.
    (Sans texte.) Chez N. Langlois, rue Saint-Jacques, à la Vic-
    toire, avec privilége du Roi, pet. in-4 obl. — N° 913 B.

34 pièces à l'eau-forte. Vues d'Orient, d'Italie et de France ;
    par Toudouze. In-fol. — N° 1589 A.

L'OEuvre d'Henriquel Dupont. In-fol. — N° 757 B.

Eaux fortes, par Eugène Blery. In-fol. — N° 159.

Eaux-fortes, par Daubigny. In-fol. — N° 396 E.

Société française de gravure fondée en 1868, pour soutenir et
    développer l'art de la gravure. Paris, gr. in-fol. pl. —
    N° 715 B. — (En cours de publication.)

A. *Recueils d'estampes gravées d'après les maîtres.*

Recueil d'estampes d'après les maîtres de 1416 à 1795. 2 vol.
gr. in-fol. — N° 1403 A.

Chalcographie du Musée impérial du Louvre (Recueil de planches gravées d'après les maîtres). 40 vol. in-fol.— N° 1124 K.

> Toutes les gravures dont la chalcographie du Musée possède les plan-
> ches ont formé ce recueil. La collection connue sous le titre de *Cabinet
> du Roi* s'y trouve confondue, et renferme 4608 numéros.

Gravures d'après divers maîtres : Guido Reni, Lanfranc, Dominiquin, Guerchin, etc. ; par Nicolas DORIGNY. In-fol. —
N° 489 A.

Recueil d'Estampes par Étienne PICARD, dit le Romain. In-fol.
— N° 1296 A.

Œuvre de Marc-Antoine RAIMONDI : Collection des 40 plus
belles gravures de cet illustre maître, d'après Raphaël et
d'après l'antique, reproduites par les procédés de l'hélio-
gravure de Édouard Baldus. Paris, in-fol. — N° 1374 B.

Recueil de gravures de tous les maîtres, de tous les genres, de
toutes les époques. 16 vol. in-fol. ; un 17ᵉ vol. est consacré à
la table des matières. — N° 1403 F.

> Ce recueil se compose de quinze mille gravures. — Donné à la biblio-
> thèque par M. le baron Cloquet, membre de l'Académie de médecine.

B. *Catalogues de collections d'estampes ou de gravures d'après
les écoles de peinture.*

Le Peintre graveur; par Adam BARTSCH. Vienne, 1803-21,
21 vol. in-8 de texte et une plaq. in-4 obl., fig. — N° 108 A.

Catalogue d'estampes des écoles d'Italie, de Flandre et de
France ; portraits, catafalques, pompes funèbres, plans,
cartes géographiques, collection d'estampes connue sous le
nom de Cabinet du roi, et différens autres recueils, etc.
1808, in-4. — N° 1219 A.

Cabinet de Paignon-Dijonval. État détaillé et raisonné des dessins et estampes dont il est composé ; par BÉNARD, peintre
et graveur. Paris, 1810, in-4. — N° 133.

Notice des estampes exposées à la Bibliothèque du roi, contenant des recherches historiques et critiques sur ces estampes
et sur leurs auteurs. Précédée d'un Essai sur l'origine, l'accroissement et la disposition méthodique du cabinet des
estampes. Paris, 1819, in-12. — N° 1205 H.

Le Peintre-Graveur français, ou Catalogue raisonné des estampes, gravées par les peintres et les dessinateurs de l'École française. Ouvrage faisant suite au Peintre-Graveur de
M. Bartsch; par A.-P.-F. Robert-Dumesnil. Paris, 1835-71,
11 vol. in-8. — N° 517.

Le Graveur en taille-douce, ou Catalogues raisonnés des estampes
dues aux graveurs les plus célèbres; par Charles Le Blanc.
Leipzig, 1847, 2 t. en 1 vol. in-8. — N° 892.

Manuel de l'amateur d'estampes, contenant : 1° un dictionnaire
des graveurs de toutes les nations; 2° un répertoire des
estampes dont les auteurs ne sont connus que par des marques figurées; 3° un dictionnaire des monogrammes des
graveurs inconnus; 4° une table des peintres, sculpteurs,
architectes et dessinateurs, d'après lesquels ont été gravées
les estampes mentionnées dans l'ouvrage; 5° une table
méthodique des estampes décrites dans le dictionnaire et
dans le répertoire; par Charles Le Blanc. Paris, 1854-56,
2 vol. gr. in-8. (A-Pencz; ouvrage interrompu.) — N° 893.

Catalogue de toutes les estampes qui forment l'œuvre d'Israël
Silvestre, précédé d'une Notice sur sa vie; par L.-E. Faucheux. Paris, 1857, in-8. — N° 603.

Le Peintre-Graveur français continué, ou Catalogue raisonné
des estampes gravées par les peintres et les dessinateurs de
l'Ecole française, nés dans le XVIII° siècle. Ouvrage faisant
suite au Peintre-Graveur français de M. Robert-Dumesnil;
par Prosper de Baudicour. Paris, 1859-61, 2 vol. in-8. —
N° 517.

Catalogue raisonné de l'œuvre des trois frères : Jean, Jérôme
et Antoine Wierix; par L. Alvin. Bruxelles, 1866, in-8,
portr. — N° 24 B.

Catalogue de la célèbre collection d'estampes de feu Mme Antonia Brentano, née de Birkenstock. Francfort, 1870, in-4.
— N° 269 N.

5. BIOGRAPHIES DES GRAVEURS.

Éloge historique de **Callot**, noble Lorrain, célèbre graveur
(par F. Husson). Bruxelles, 1766, in-4. — N° 549.

Éloge historique de **Callot**, graveur lorrain; par Des Maretz.
Nancy, 1828, in-8. — N° 459.

Recherches sur la vie et les ouvrages de Jacques **Callot**; suite
au Peintre-Graveur françois de M. Robert-Dumesnil; par Ed.
Meaume. Paris, 1860, 2 tom. en 1 vol. in-8. — N° 1023.

> La première partie de cet ouvrage, qui contient seulement la biographie
> de Callot, a été publiée à Nancy en 1853, in-8. — N° 1022.

Catalogue de l'œuvre de Ch.-Nic. **Cochin**, fils, écuyer, chevalier de l'ordre du roy, censeur royal, garde des desseins du
cabinet de Sa Majesté, secrétaire de l'Académie royale de
peinture et de sculpture; par Charles-Ant. Jombert. Paris,
1770, in-8. — N° 816 A.

Essai d'un catalogue de l'œuvre d'Étienne **de la Belle**, peintre
et graveur florentin, disposé par ordre historique suivant
l'année où chaque pièce a été gravée; avec la Vie de cet artiste traduite de l'italien, et enrichie de notes; par Charles-
Ant. Jombert. Paris, 1772, in-8. — N° 816 A.

Discours prononcé par M. Henry Descamps aux funérailles de
M. **Dien**, graveur en taille-douce, le 22 août 1865. Paris,
1865, in-4. — N° 564 B.

Éloge de Sébastien **Le Clerc**, chevalier romain, dessinateur
et graveur ordinaire du cabinet du roi, avec le catalogue de
ses ouvrages et des réflexions sur quelques-uns des principaux; par l'abbé de Vallemont. Paris, 1715, in-12, portrait
de Séb. Le Clerc, gravé par E. Jeaurat. — N° 1608.

Catalogue raisonné de l'œuvre de Claude **Mellan** d'Abbeville,
par Anatole de Montaiglon, précédé d'une Notice sur la vie
et les ouvrages de Mellan, par P.-J. Mariette. Abbeville,
1856, in-8. — N° 1100.

Biographie et Catalogue de l'œuvre du graveur **Miger**; par
Émile Bellier de la Chavignerie. Paris, 1856, in-8, portr.
— N° 123.

Notice sur les **Tardieu,** les **Cochin** et les **Belle,** graveurs et peintres; par Alex. Tardieu. Paris, 1855, in-8. — N° 1555.

Geofroy **Tory,** peintre et graveur, premier imprimeur royal, réformateur de l'orthographe et de la typographie sous François Ier; par Auguste Bernard. Paris, 1857, in-8, fig. N° 1585 A.

(Pour les notices sur la vie et les ouvrages des graveurs : **Barre, Bervic** et **Duvivier,** voyez : *Recueil de Notices historiques;* par Quatremère de Quincy. Paris, 1834-37, 2 vol. in-8. — N° 1370. (Voy. ci-dessus, p. 72.)

VII. LITHOGRAPHIE ET PHOTOGRAPHIE.

Essai historique sur la lithographie; par G. P. Paris, 1819, in-8, une pl. — N° 570.

Groupes de plantes variées, dessinées, lithographiées ; par Eugène Bléry. Paris, 1848-49, in-fol., fig. — N° 160.

Répertoire encyclopédique de photographie; par H. de La Blanchère. Partie non périodique. Paris, s. d., 2 vol. in-8, fig. — N° 158 A.

VIII. ARTS INDUSTRIELS.

1. GÉNÉRALITÉS.

Discours qui a obtenu la mention honorable sur cette question proposée par l'Institut national : Quelle est l'influence de la peinture sur les arts d'industrie commerciale; par P.-T. Déchazelle. Paris, 1804, in-8. — N° 403.

Moniteur des arts, de la littérature et de toutes les industries relatives à l'art. Album des expositions du Louvre. Paris, 1845-47, 4 tom. en 2 vol. in-4, fig. — N° 1091.

Le Trésor de la curiosité, tiré des catalogues de vente de tableaux, dessins, estampes, livres, marbres, bronzes, ivoires, terres cuites, vitraux, médailles, armes, porcelaines, meubles, émaux, laques et autres objets d'art, avec diverses notes et notices historiques et biographiques ; par Charles Blanc. Paris, 1858, 2 vol. in-8. — N° 157 A.

Recueil de dessins pour l'art et l'industrie ; par Adalbert DE BEAUMONT. Paris, 1859, 2 vol. in-fol. (Sans texte.) — N° 116 A. — (En cours de public.)

L'Art pour tous. Encyclopédic de l'art industriel et décoratif, publié sous la direction de M. Cl. Sauvageot, fondé par M. Émile Reiber, archit. Paris, 1861, in-fol., fig. — N° 71 A.

Les Arts industriels du moyen âge en Allemagne. Rapport adressé à Son Excellence le Ministre de l'instruction publique et des cultes sur l'exposition archéologique de Vienne en 1860 ; par Alfred DARCEL. Paris, 1863, in-8, fig. — N° 396 A[1].

Idée générale d'un enseignement élémentaire des beaux-arts appliqués à l'industrie ; Conférences faites à l'Union centrale des beaux-arts, le 28 mai 1866 ; par Eugène GUILLAUME, membre de l'Institut, directeur de l'École des beaux-arts. Paris, 1866, in-8. — N° 734 A.

Les Merveilles de l'exposition universelle 1867, arts, industrie, bronzes, meubles, etc. ; par Jules MESNARD, texte par Francis AUBERT. Deuxième édition. Paris, 1869, 2 tom. en 1 vol. in-4, fig. — N° 1050 A.

Études sur les beaux-arts. De l'Enseignement des beaux-arts au point de vue de leur application à l'industrie lyonnaise ; par Léon CHARVET, archit. Lyon, 1870, gr. in-8. — N° 292 A.

2. LES ARTS INDUSTRIELS DANS LEURS DIVERSES APPLICATIONS.

(Voir aussi : *Archéologie du moyen âge,* p. 44 et suiv.)

Les Tapisseries du Pape, dessinées d'après RAPHAEL par Antonius Lafreri, et publiées à Rome, 1655, par Giacomo de Rossi. Pet. in-fol. obl. (Sans titre ni texte.) — N° 1387 K.

Tapisseries du roy où sont représentez les quatre éléments et les quatre saisons. Paris, 1699, in-fol. (*Voy.* p. 212, Cabinet du roy, t. X.). — N° 233 A.

Notice sur la manufacture nationale de tapisseries des Gobelins ; par C.-A. GUILLAUMOT, architecte, directeur de cette manufacture. Paris, 1800, in-8. — N° 735 C.

Notice historique sur la tapisserie brodée par la reine Mathilde, épouse de Guillaume le Conquérant. Paris, 1804, in-12. — N° 1195.

Description de la tapisserie conservée à Bayeux ; par SIMART LE THIEULLIER. Caen, 1824, in-8, fig. — N° 499.

Notice historique sur la manufacture royale de tapisseries de Beauvais ; par DUBOS. Beauvais, 1834, plaq. in-8. — N° 497.

Designs for furniture in the gothic style, etc. — Dessins pour meubles dans le style gothique du xvᵉ siècle, composés et gravés sur bois par A. PUGIN. — Londres, 1835, in-4. (Sans texte.) — N° 1349.

Designs for iron and brass work, etc. — Dessins pour les ouvrages en fer et en bronze dans le style des xvᵉ et xvıᵉ siècles ; par A. PUGIN. Londres, 1836, in-4. (Sans texte.) — N° 1347.

Les Anciennes Tapisseries historiées, ou Collection des monumens les plus remarquables de ce genre qui nous soient restés du moyen âge, à partir du xıᵉ siècle au xvıᵉ inclusivement ; texte par Achille JUBINAL ; gravures par les meilleurs artistes, d'après les dessins de Victor Sansonetti. Paris, 1838, in-fol., fig. — N° 827 A.

Toiles peintes et Tapisseries de la ville de Reims, ou la Mise en scène du théâtre des confrères de la Passion ; planches dessinées et gravées par C. Leberthais. Études des mystères et explications historiques, par Louis PARIS. Paris, 1843, texte en 2 vol. in-4 et atlas gr. in-fol. — N° 1244 B.

Description méthodique du musée céramique de la manufacture royale de porcelaine de Sèvres ; par A. BRONGNIART et D. RIOCREUX. Paris, 1845, in-4, fig. en coul. — N° 213.

Études céramiques. Recherche des principes du beau dans l'architecture, l'art céramique et la forme en général ; théorie de la coloration des reliefs ; par J. ZIEGLER. Paris, 1850, in-8 et atlas in-fol. — N° 1703 B.

Notice sur l'origine et les travaux des manufactures de tapisserie et de tapis réunies aux Gobelins, et Catalogue des tapisseries qui y sont exposées ; par A.-L. LACORDAIRE. Paris, 1852, in-8, fig. — N° 850 A.

Dictionnaire d'orfévrerie, de gravure et de ciselure chrétiennes, ou de la Mise en œuvre artistique des métaux, des

émaux et des pierreries ; par l'abbé Texier. Paris, 1857, in-8.
N° 1557 C.

Esquisse historique sur l'ivoirerie (beaux-arts et industrie);
par L.-N. Barbier. Paris, 1857, in-12. — N° 103.

Recueil de toutes les pièces connues jusqu'à ce jour de la
faïence française, dite de Henri II et de Diane de Poitiers ;
dessinées par Carle Delange et publiées par MM. Henri et
Carle Delange. Paris, 1861, in-fol., fig. en coul. — N° 1403 D.

Histoire artistique, industrielle et commerciale de la porcelaine, accompagnée de recherches sur les sujets et emblèmes qui la décorent, les marques et inscriptions qui font
reconnaître les fabriques d'où elle sort, etc., par Albert
Jacquemart et Edmond Le Blant, enrichie de 26 planches
gravées à l'eau-forte par Jules Jacquemart. Paris, 1862,
in-4, fig. en coul. — N° 800 A^1.

Monographie de l'œuvre de Bernard Palissy, suivie d'un
choix de ses continuateurs ou imitateurs, dessinée par
MM. Carle Delange et C. Borneman, et accompagnée d'un
texte par MM. Sauzay et Henri Delange. Paris, 1862,
in-fol., fig. en coul. — N° 1233 A.

La Faïence, les Faïenciers et les Émailleurs de Nevers; par
du Broc de Ségange; publication de la Société Nivernaise.
Paris, 1863, in-4, fig. — N° 498 A.

Les Collections célèbres d'œuvres d'art dessinées et gravées,
d'après les originaux, par Édouard Lièvre. Paris, 1864, 2 vol.
in-fol. — N° 966 A.

Un Mobilier historique des xviie et xviiie siècles; par Paul
Lacroix (le bibliophile Jacob). Paris, 1865, in-4, fig. —
N° 852 B.

Musée impérial du Louvre. Les Gemmes et Joyaux de la couronne, publiés et expliqués par Henry Barbet de Jouy, dessinés et gravés à l'eau-forte d'après les originaux, par Jules
Jacquemart. Paris, 1865, in-fol., fig. — N° 1124.

De l'Ameublement et de la Décoration intérieure de nos appartements, conférence faite à l'Union centrale des beaux-arts
appliqués à l'industrie, le 15 juin 1866; par E. Guichard,
architecte-décorateur. Paris, 1866, in-8. — N° 729 A.

Histoire des poteries, faïences et porcelaines; par M. J. MAR-
RYAT. Ouvrage traduit de l'anglais sur la deuxième édition et
accompagné de notes et additions par MM. le comte d'Ar-
maillé et Salvetat. Avec une préface de M. RIVEREUX. Paris,
1866, 2 vol. in-8, fig. — N° 1012 A.

Les Émaux cloisonnés anciens et modernes; par Philippe
BURTY. Paris, (1868), in-12, fig. en coul. — N° 230 A.

Recueil de faïences italiennes des XVᵉ, XVIᵉ et XVIIᵉ siècles,
dessinées par Carle Delange et C. Borneman, avec texte par
Alfred DARCEL et Henri DELANGE. Paris, 1869, in-fol., fig.
en coul. — N° 1403 C.

Serrurerie, ou les ouvrages de fer forgé du moyen âge et de
la renaissance; par J.-H. DE HEFNER-ALTENECK; édition française publiée par M. Edwin Tross, texte traduit par M. Daniel Ramée. Paris, 1870, in-4, fig. — N° 753 A.

Histoire de la céramique en planches phototypiques inalté-
rables, avec texte explicatif par Auguste DEMMIN. Paris,
1871, in-fol., fig. — N° 424 B. — (En cours de publication.)

De la Poterie gauloise. Étude sur la collection Charvet; par
Henri DU CLEUZIOU. Paris, 1872, gr. in-8, fig. — N° 323 A.

FIN.

TABLE ALPHABÉTIQUE

DES

NOMS D'AUTEURS

ET DES

OUVRAGES ANONYMES

A

A. D., 169.

Abeken (Guillaume), 38.

About (Edmond), 20.

*Abrégé de l'anatomie du corps de l'homme, 78.

*Academia nobilissimæ artis, 208.

*Académie de France à Rome, 8.

*Académie (l') de la peinture, 176.

*Académie des Inscriptions, 32.

Alberti (L.-B.), 174.

*Académie royale de peinture, 9.

*Account (an) of all the pictures, 18.

Adam (L.-S.), 163.

Adams, 111, 168.

Addison, 16.

Adhemar (J.), 107.

*Adresse et projets de statuts, 9.

Agincourt (Seroux d'), 27, 164.

Albane (François), 190.

Albrizzi (Jean-Baptiste), 57.

*Album des boiseries sculptées, 168.

*Album des divers fers, 107.

Alexandre D., 18.

Algarotti, 172.

Alibey el Abbassi, 66.

Aligny (Théodore), 190.

Allais, 129.

*Almanach de peinture, 20.

*Almanach historique et raisonné des architectes, 71.

Alphand (A.), 127.

Alvimar (d'), 15.

Alvin (L.), 225.

Amé (Émile), 182.

Andréoli (E.), 151.

Androuet du Cerceau, 79, 82, 100, 122, 141, 152.

*Anecdotes des beaux-arts, 25.

Angelis (Paulus de), 144.

Angelico (Fra), 190.

Anger, 118.

*Annales de la Société académique d'architecture, 97.

*Annales des bâtiments, 21.

*Annali dell'Instituto, 31.

*Antiche Camere (le), 119.

*Antichi Monumenti, 37.

*Antichità di Ercolano (le), 39.

*Antiquités de l'empire de Russie, 48.

*Antiquités du Bosphore, 34.

*Antiquités étrusques, 34.

Antoine (Jean), 99.

Q

R

TABLE MÉTHODIQUE DES MATIÈRES.

ÉTUDES SPÉCIALES.

FIN.

Paris. — Typographie Georges Chamerot, rue des Saints-Pères, 19.

www.ingramcontent.com/pod-product-compliance
Lightning Source LLC
LaVergne TN
LVHW051059060726
842525LV00003B/716